中世禅僧の墨蹟と日中交流

西尾賢隆著

吉川弘文館

はしがき

本書は前書『中世の日中交流と禅宗』を承け、そのさいに「あとがき」で提唱した「墨蹟文書」を書名に用いたいと思った。古文書の一つとして墨蹟を用いた橋本雄氏「中国の師から日本の弟子へ—大宰府崇福寺円爾宛無準師範尺牘写—」（九州国立博物館紀要『東風西声』第三号、二〇〇七年）といった論稿も発表されている。が、博物館の図録等の解説を見ると、一般に馴染むところまでは、とても至っているとはいえない。そこで、一歩引いて「墨蹟」とのみ書名の中に用いた。

博物館や美術館等で日常的に墨蹟を見る機会がある。その墨蹟に何が書かれているのか、ということが、本書の原点である。その墨蹟を史料として、古文書として日中の交流の一端を解明したい、という願いで各章を論述した。以下に本書の大雑把な内容を紹介したい。

Ⅰ　墨蹟文書にみる日中の交流

日本と中国との交流について、研究するとき、生の史料として墨蹟は、これに過ぎるものはない。従来、墨蹟は博物館や美術館で展示されることはあっても、その内容について、何が書かれているか、十分に検討されてきたとはいえない。その結果、墨蹟のタイトルさえも適切なものとはいえないものもある。また公刊された史料のなかには、文意のよく通じないものもある。それをもとの墨蹟と照合すると、文意がよく理解できる。そういう点から、いかに墨蹟が史料として重要なものであるかを認識するに至った。

第一章　五島美術館蔵「山門疏」考

五島美術館に蔵するところの、いわゆる「山門疏」は、墨蹟文書の一つといいうる。その内容をみると、入寺疏の一種であるとはいえず、勧縁偈であって勧縁疏ともいえない。径山の無準師範を住持とする当局から日本の有縁の方方への奉加帳としてもたらされたものであり、無準の円爾宛て尺牘と、径山の都監寺である徳敷が円爾に宛てた書簡と、計三点の墨蹟が同時にもたらされたものであった。仏殿・経蔵を重建するための募財の公式文書を、本来は疏で書くべきところのものを、四六文ではなく、七言絶句でもって代用したものである。

第二章　板渡の墨蹟

墨蹟を古文書として位置付けて史料の一つとして活用しようとするものであり、無準師範が日本の承天寺住持である弟子の円爾に宛てた尺牘である。それを板渡の墨蹟といっている。径山復興のために円爾を介して博多綱首の謝国明が板一〇〇〇枚を径山に贈ったことに対するお礼の書簡である。円爾が径山の無準へ宛てた尺牘の案文等々により、円爾には号がなく諱のみであることを併せてみているのがこの章である。

第三章　徳敷の墨蹟

五島美術館の「山門疏」と、東京国立博物館の板渡の墨蹟と徳敷の墨蹟との三通の墨蹟は、ともに寛元三年（一二四五）にもたらされている。この徳敷の墨蹟の釈文・語釈・日本語訳を試みたのが本章である。この径山への板木は、私は謝国明から径山への喜捨と受け取っているが、榎本渉氏は寄進ではなく貿易の一環として代価の支払いを求められたものであることを詳説する（「板渡の墨蹟から見た日宋交流」『東京大学日本史学研究室紀要』第一二号、二〇〇八年）。

第四章　両浙の寺院をめぐった日本僧

白雲慧暁が寧波の瑞巌山希叟紹曇に参じ、大事了畢した墨蹟を取り上げる。杭州浄慈寺の霊石如芝には、正堂士顕に与えた道号の偈頌がある。この正堂は無見先覩の証明を承けながら、日本に帰ると南山士雲の法を嗣いでいる。無夢一清は湖州道場寺の東陽徳煇《てひ》から道号の偈頌を受け、百丈山で後堂首座として秉払を遂げている。蘇州の幻住庵の勧縁偈が五島美術館にあり、中峰明本の会下にこの勧進帳が回されたことになる。鎮江の金山にいた即休契了のもとには、愚中周及が参じ、書状侍者の役位につき、仏殿重建の上梁文を書いている。即休は愚中に、出世せず山林樹下での工夫を求める。金剛幢の古林清茂には、月林道皎は八年に亙り提誨をうけ、後堂首座となり秉払を勤める。わが国からの渡海僧は夥しい数になると思われるが今に名の残る者は、本の一部とみられる。

第五章　東隆寺蔵諸山疏

南嶺子越が厚東《こ》の東隆寺（諸山）から聖福寺（十刹）へと昇住するさいに筑前の諸寺より一致して新命和尚の入院を促した墨蹟が今に残り、四六文として分ち書き・読み下し・典拠・現代語訳を試みる。南嶺には行状はないものの道行碑があり、その釈文と読みを示す。この道行碑の文を求めて法孫の桂隠元久が行状を持ち入明したのは、景泰四年（一四五三）のことであり、そのときの上表文、宝徳三年遣大明表をもとの墨蹟は残らないものの、四六文として分ち書き・読み下し・典拠・現代語訳を試みている。

Ⅱ　墨蹟にみる法語・鐘銘・頂相・入寺疏・祭文・印可状

第一章　建長寺の鐘銘

蘭渓の『大覚録』建寧《にん》寺語録のうち香語と索話は四六文で、拈香・上堂は四六文・駢賦で作られている。建長寺の鐘銘は、駢賦として分ち書き・読み下し・現代語訳を試みる。この挂鐘の香語は、二つの七絶の間に駢賦の入ったものである。最明寺開堂小参は、四六文・古則の提起・七絶とからなる。それを分ち書き・読み下し・典拠・現代語訳を試みる。鐘銘は墨蹟そのものは残らないものの、蘭渓の筆蹟を伝え古文書の一種と考えてもよい。

第二章　蘭渓道隆の法語

蘭渓が左馬禅門に与えた法語を四六文として分ち書き・読み下し・典拠・現代語訳を示す。北条時宗に示したものか、足利義氏に示したものか、残念ながら比定しえない。『大覚録』序・跋からすると、建長録の上堂は、建長三年の途中から正元元年の辞衆上堂までとなり、建寧録は正元元年から弘長元年のものとなる。朗然居士の求めによる頂相賛を駢賦として分ち書き・読み下し・典拠・現代語訳を示す。朗然は北条時宗といってよい。蘭渓は、これまで無学祖元に比べて低くみられる傾向があったが、『大覚録』を見ていると、そうとはいえない、と考えるに至った。

第三章　禅林四六文小考

大覚派の南嶺子越が筑前聖福寺に住持した際の江湖疏を四六文とわかるように分ち書きし、典拠をもとに現代語訳する。宏智派の渡来僧である東陵永璵が夢窓のために作文した頂相賛を四六文として分ち書き・典拠・現代語訳を付す。桂岩居士細川頼之の肖像画の賛は、押韻するので駢賦に属する。絶海中津の作成したものである。蘭渓道隆諷誦文とされるものは、三分割された回向文であり、前半は散佚し、中間と後半は、別々に所蔵されているが、対句の平仄から一つのものといいうる。これらの墨蹟は、五山文学草創期の作例といえる。

第四章　寂室和尚を祭るの文

寂室元光を祭る文の撰述者は、法嗣弥天永釈である。序と駢賦とからなり、それを分ち書き・読み下し・典拠・現代語訳した。この祭文の墨蹟は残らない。法姪月心慶円撰の祭文は墨蹟が伝わり、それは四字句で隔句ごとに下平声陽韻を踏むものである。読み下し・典拠・現代語訳を示す。弥天の永安寺置文は、寂室の意を体した遺誡である。弥天の見性悟心という禅師号は、墨蹟も残り、単対のみとはいえ四六文といいうる。

第五章　竺仙梵僊の墨蹟

金剛幢下のリーダーといってよい竺仙梵僊の墨蹟を取り上げる。一つ目は、明叟斉哲が真如寺に入院するさいの祝賀の七絶であり、二つ目は、明叟の真如寺に住する諸山疏、三つ目は、小浜の高成寺にある竺仙が大年法延に与えた印可状を取り上げる。釈文・読み下し・典拠・現代語訳を試みる。

第六章　正木美術館蔵道旧疏

根津美術館の「墨の彩――大阪正木美術館三十年」展の図録を見て、古文書の一つとして、この霖父乾逌が相国寺に入寺したさいの道旧疏を読むことにした。霖父には列伝がないものの、江湖疏目子を手掛かりとして、道旧疏を四六文で作成されていることがわかるように分ち書きに平仄を調べリズムに適ったものであることを確認した。典拠、機縁の語を見て現代語訳を試み、道旧疏の作者は梅雲承意で、横川景三が清書したものであることを明らかにした。伝のない霖父にとって貴重な史料ともいえる。

Ⅲ　禅林の四六文・駢賦

第一章　五山における入寺疏

五山文学の双璧といわれる絶海中津の相国寺への入院法語のさい、山門疏・諸山疏・道旧疏・江湖疏・同門疏が絶海により披露されている。その五つの疏のうち、一番重要な山門疏（墨蹟は残らない）を分ち書き・読み下し・典拠・現代語訳を試みる。この山門疏は、絶海の学芸上の弟子である惟肖得巌により作文されたものであり、このような五山僧の作文力がわが国の外交文書の作成にも応用されている。

第二章　蘭渓道隆の四六文

蘭渓道隆は、参禅学道は四六文章に非ず、と遺誡する。その蘭渓は常楽寺でも、建長寺でも、入院や上堂に当って法語を説くのに四六文や韻を踏むところの駢賦をも用いているものの、冗漫なところもあり、文学としてよりも、修行者をどう導くかに力点を置いて、作詩・作文しているといえる。

第三章　来々禅子課茶榜

絶海中津の撰述した相山良永が京城安国寺に住持したさいの茶榜と湯榜を四六文として分ち書きして示す。これを参考にして、竺仙梵僊の作文になる清拙正澄が円覚寺に入寺したときの茶榜を分ち書き・読み下し・典拠・現代語訳を試みる。墨蹟は今に残らない。

Ⅳ　戦国武将への肖像画賛と法語

第一章　山内一豊夫人と南化玄興

一豊夫人の肖像画の賛は、四言と七言とからなり、隔句に下平声先韻を踏む詩により作られている。典拠・現代語訳を試みる。南化の法嗣単伝士印が夫人の小祥忌に間に合うように着賛したものである。夫人の道号は南化の付与したものであり、道歌から久参の大姉といいうる。南化が妙心寺に住したときの山門疏は、策彦周良の作文である。四六文として分ち書き・読み下し・典拠・現代語訳を試みる。

第二章　機山信玄と禅宗関山派

武田信玄の七仏事のさいの掛真法語は、建福寺の東谷宗杲によって作文されている。その法語を分ち書きして平仄を付し駢賦に当ることを示す。読み下し・典拠・現代語訳を試みて、信玄の人と為りを明らかにしようとする。その信玄はどの宗といった偏った思い入れはないものの、その中で、関山派を意識していることは間違いない。

第三章　速伝宗販の機山玄公奠茶法語と古今事文類聚

武田信玄の奠茶法語の撰者である速伝宗販の禅師号勅書、鉄山宗鈍が速伝の頂相に付した賛を紹介する。奠茶法語は、掛真法語と同じ駢賦の一つといえる。読み下し・典拠・現代語訳を試みる。そこから信玄の人と為りは探りえないが、典拠の大半は『古今事文類聚』であることが明らかになる。速伝の知識人としての教養は、五山との間に格差を認めがたい。

多くの墨蹟文書のなかで、本書に取り上げえたのは、本の一部にしか過ぎない。入寺疏は、山門疏・諸山疏・江湖疏・道旧疏・同門疏と一通り見たことになる。中国の語録を見ていると、官府疏を目にするが、本書では一点も見ていない。たまたま目にしなかっただけかもしれないけれども、そこに官寺に対する日中の相違があるようである。前書では、より多くの上表文を読むという宿題を残していたのに、本書では、ただ一点のみ取り上げたに過ぎず、宿題を先送りしたことになってしまった。

本書は、この一〇年間で、そのとき、そのときの関心によって書いている。それゆえ、どの章からでも目を通していただき、博雅の士のご教道を願う次第である。

二〇一〇年十月二十日

西尾賢隆

目次

Ⅱ　墨蹟にみる法語・鐘銘・頂相・入寺疏・祭文・印可状

Ⅰ　墨蹟文書にみる日中の交流

第一章　五島美術館蔵「山門疏」考

はじめに

ここ数年来、入寺疏を読み解くことに意を用いてきた。『五山文学全集』や『五山文学新集』、それに語録等に多くの入寺疏が所収されている。しかし、墨蹟として現に残るものは、それほど多くはない。それらの概要を示したものに、玉村竹二氏の「応仁以前の五山入寺疏の伝存一瞥」（『日本歴史』三八九号、一九八〇年）がある。個別的なものに、同じく玉村氏の「西岸寺所蔵入寺疏軸について」（『日本禅宗史論集』上、思文閣出版、一九七六年）、山口隼正氏の「日向大慈寺入寺疏と京城諸山疏・相城諸山疏」（『宮崎県史研究』一一号、一九九七年）があり、私も「正木美術館蔵道旧疏」（『禅学研究』七八号、二〇〇〇年。本書Ⅱ—第六章所収）を取り上げた。

五島美術館には、無準師《ぶしゅんし》範《ばん》墨蹟「山門疏」なるものがあり、一九六四年に国宝に指定されている。迫力のある大幅である。山門疏という名称に引かれて、入寺疏の一つと思い込み、これをテーマにしようとした。ところが、その内容を読んでみると、「山門疏」ではなく、勧縁偈である。おそらくは、これは文化財専門審議会専門委員であった田山方南氏が[1]、この墨蹟を一九五三年に重要文化財に指定するに際し[2]、「山門疏」と命名したことによるものであろう。そこで、このいわゆる「山門疏」をなぜそう呼べないのか、そして、これは日中交流史の上で、どんな位置づけをもつ古文書なのかを考察することにする。

一　径山重建仏殿経蔵勧縁偈

無準師範（一一七八～一二四九）にはわが国から多くの渡海僧が参禅し、また法嗣《はっす》の無学祖元や兀庵普寧も渡来している。これらの弟子たちとともにわが国に将来されたものが今に残る無準の墨蹟であり、帰国後も師の無準と遣り取りされた書簡も、墨蹟の一部をなす。その墨蹟の一つ「山門疏」をまず読むことにより[3]、どのようなものなのか把握することにしたい。

臨安府径山万年正続院
本院開山　特賜仏鑑円照
禅師咋蒙
聖恩宣押入内陞座錫賚金
帛并五処住持所得施利
就寺之中途剏建接待一所
延接往来雲衲以崇報
上之意継蒙
宸翰特賜万年正続之院
寺宇已成惟大仏宝殿法
宝蔵殿未能成就謹持短疏仰扣

大檀伏望
開広大心成殊勝事幸ゝ甚ゝ
堂ゝ殿宇斧雄哉
須是頴林梁棟材挙似
知音軽領話行看
輪奐聳崔嵬
今月　日山門　疏
頭首　徳拱　興能　徳清
幹縁都監寺　徳敷「徳敷」小印
都勧縁特賜仏鑑円照禅師師範「師範」小印
「仏鑑禅師」半印

右の釈文に対し、次に書き下し文を掲げることにする。

臨安府径山《きんざん》万年正続院
本院開山　特賜仏鑑円照禅師、昨に聖恩の宣を蒙り、押して入内し陞座す。金帛并びに五処の住持を錫《し》賚す。得る所の利を施《もち》い寺の中途に就いて、接待一ヶ所を刱建し、往来の雲衲を延接し、以て上の意に崇報せんとす。継いで宸翰を蒙り、特に万年正続の院

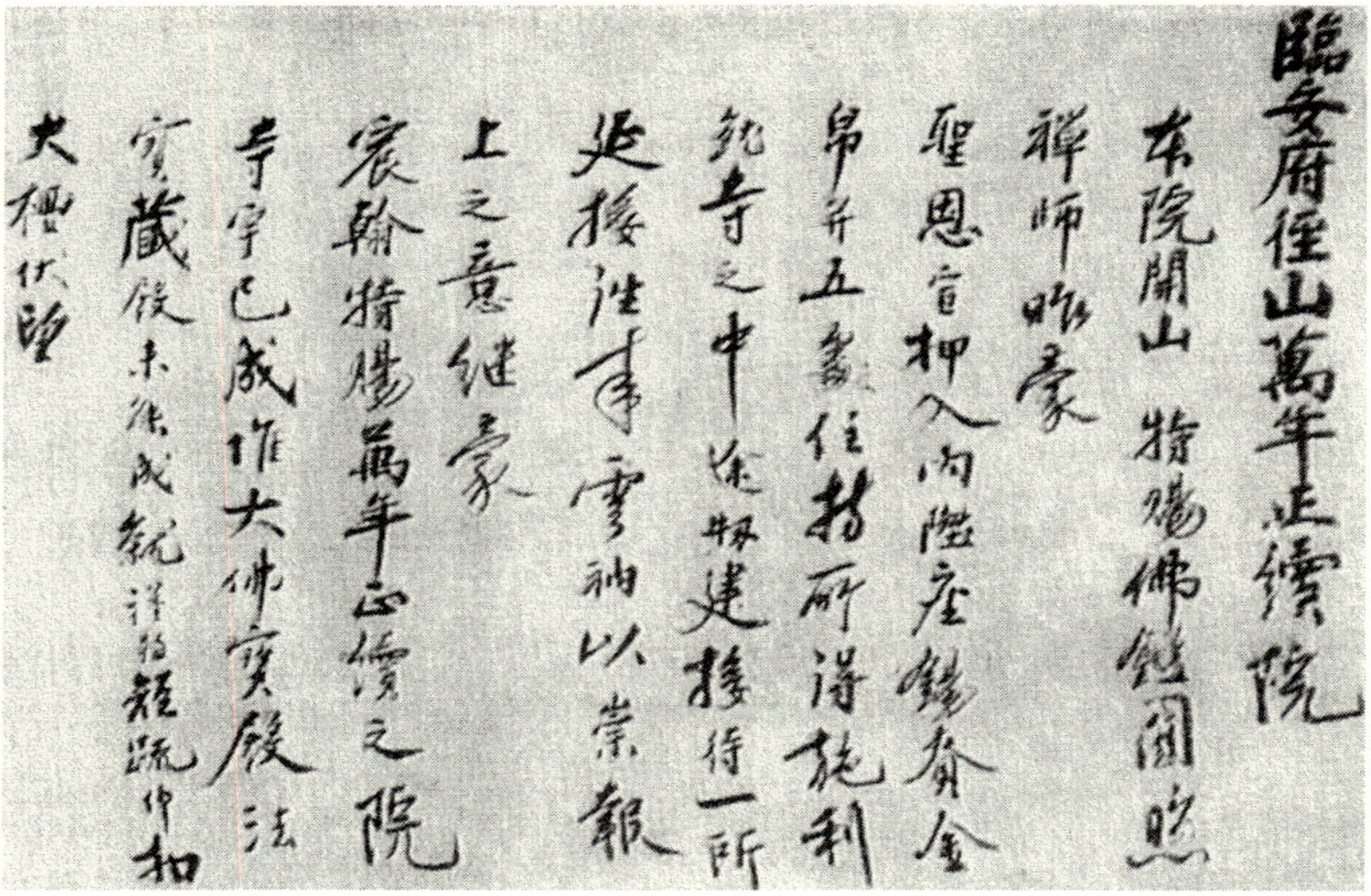
（国宝，五島美術館所蔵）

と賜う。寺宇已に成る。惟だ大仏宝殿・法宝蔵殿、未だ成就すること能わず。謹んで短疏を持し、仰いで大檀に扣く。伏して望むらくは、広大の心を開かれんことを。殊勝の事を成さば、幸甚、幸甚。

堂〻殿宇斧雄哉、　堂々たる殿宇斧雄なるかな、
須是頴林梁棟材。　須是《すべか》らく頴林梁棟の材なるべし。
挙似知音軽領話、　知音に挙似せば軽く話を領じ、
行看輪奐聳崔嵬。　行《ゆくゆ》く看ん輪奐　崔嵬に聳ゆるを。

今月　日山門　疏す

頭首　徳拱　興能　徳清

幹縁都監寺　徳敷

都勧縁特賜仏鑑円照禅師師範

○臨安府径山は、浙江省杭州市余杭市にある。○径山は、五山の第一（『扶桑五山記』巻一、大宋国諸寺位次、五山）。○仏鑑禅師の号は嘉熙三年（一二三九）正月二十五日に賜わる（『仏鑑録』巻二）。○円照は、正続院の西数百歩のところに帰蔵の庵を設け、理宗より賜わった庵名である（『仏鑑録』巻六、行状）。○入内陞座は、紹定六年（一二三三）七

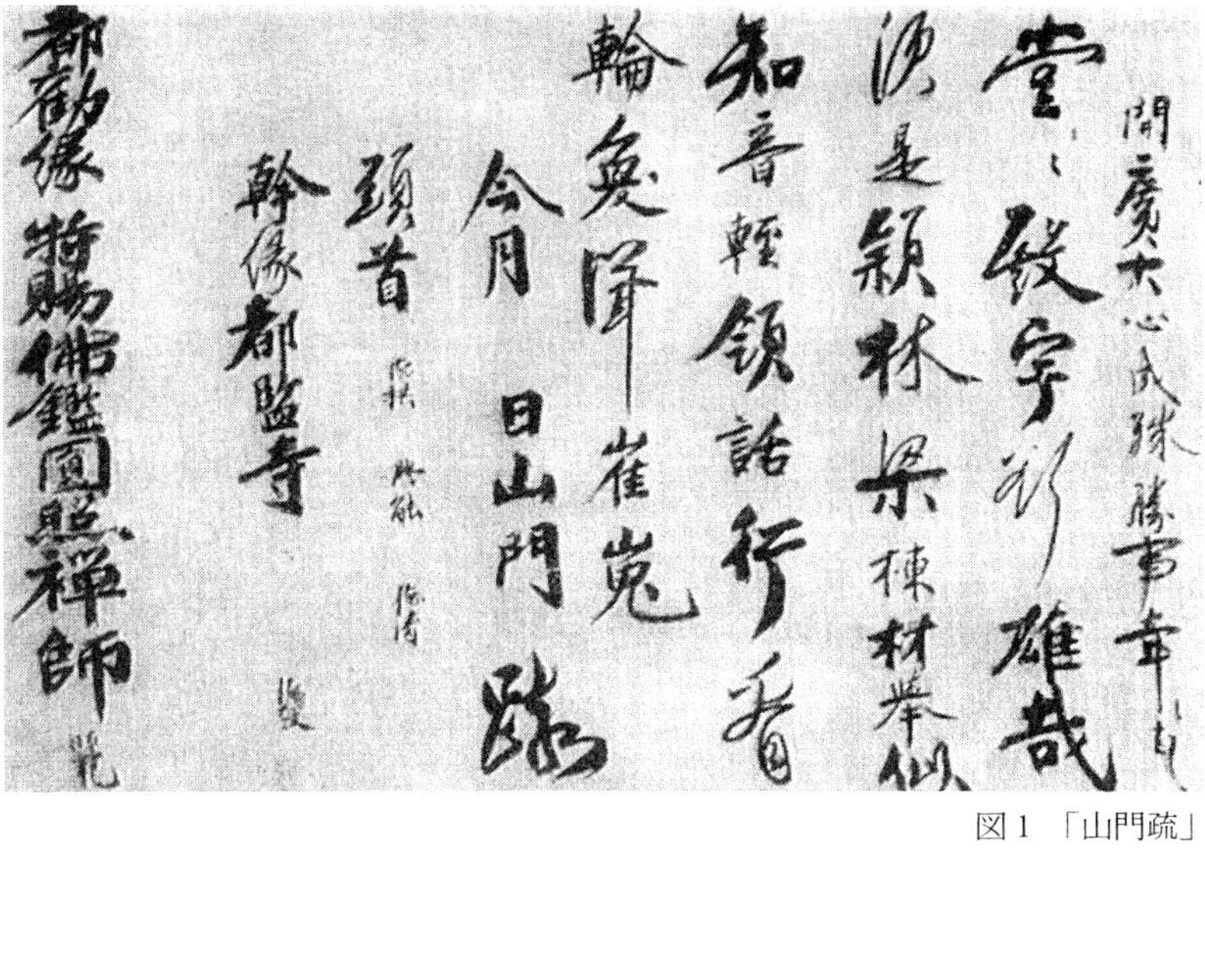

図１「山門疏」

月十五日のことである（『仏鑑録』巻六、径山無準和尚入内引対陞座語録）。○錫賚は、具体的には、金襴衣と度牒を賜わったことをいうのであろう（同上）。○接待所は[4]、無本覚心が径山に登ったとき、中途に化城院があった（『和歌山県史』中世史料二、興国寺文書五二号、「法灯国師縁起」四十三歳の条）。○万年正続院は、無準の入内以後、径山が再び焼ける前に建てられている（『後村先生大全集』巻一六二、径山仏鑑禅師墓誌銘）。○大仏宝殿とは、仏殿のこと。『趙州録』巻中に、「問う、如何なるか是れ伽藍。師云く、三門仏殿」とある。○法宝蔵殿とは、経蔵のこと。『景徳伝灯録』（以下、『景徳録』と略称）巻二十六、雲居道斉章に、「法灯、上藍院に住するに曁び、師乃ち経蔵を主る」とある。○短疏とは、短い文書ということで、本来、四六文で書くべきものであるところから、短疏といっているが、七言絶句で書かれているので偈といわなくてはならない。○幸甚幸甚は、心からありがたい、という意。『文選』巻四十三、陳伯之に与うるの書、丘希範に、「遅頓首、陳将軍、足下恙《つつが》無く、幸甚幸甚」とある。

○堂堂は、『文選』巻十一、景福殿賦に「爾《しか》して乃ち層覆の耽耽たるを豊かにし、高基の堂堂たるを建つ」とあり、『碧巌録』六十二則、雲門中有一宝、本則評唱に、「仏性堂堂として顕現するも、相に住するの有情は見難し」とある。○殿宇は、殿堂のこと。○須是は、必ずや……であろう。『三体詩』巻一、華陽巾、陸亀蒙に「須是《すべか》らく古壇秋霽の後、静かに香灶を焚いて寒星を礼すべし」とある。○梁棟材は、家の主な材。『白氏文集』巻二、有木詩に、「縦い梁棟の材に非ざれども、猶お尋常の木に勝る」とあり、『景徳録』巻十五、投子大同章に、「僧問う、璞を抱き師に投じ、師の雕琢を請う。師曰く、棟梁の材為らず」とある。○挙似は、『無門関』十三則、徳山托鉢に、「雪峰、巌頭に挙似す」とある。○知音は、『列子』湯問篇に、伯牙の琴の音を鍾子期がその心境まで聞きわけたことをふまえる。『碧巌録』十六則、鏡清草裏漢、本則評唱に「南院、籌を帷幄に運すと雖然《いえど》も、争奈せん土曠く人稀にして、知音の者少なし」とある。○頌話とは、話がわかってもらえること。『景徳録』巻二十二、白雲□祥章に、「問う、教意と祖意、同じきか別なるか。師曰く、別ならず。曰く恁麽《いんも》ならば即ち同じ。師曰く、話を領するを妨げず」とある。○輪奐は『文選』巻五十九、王巾、頭陀寺碑文に、「丹刻は翬飛し、輪奐は離立す」とある。○崔嵬は、『詩経』巻十三―一、小雅、谷風に、「習習たる谷風、維れ山の崔嵬たり。草として死せざる無く、木として萎せざる無し」とある。
○山門疏は、径山から出された文書という意。○頭首《ちょうしゅ》は、修行を司る西序の役位のこと。南宋の惟勉が編次した『叢林校定清規《しんぎ》総要』巻上、四節住持特為首座《しゅそ》大衆僧堂茶図に、頭首として前堂（首座）・後堂（首座）・書記・蔵主《ぞうす》・知浴・知殿の役位がみえていて、元の弌咸の編集した『禅林備用清規』と同じ配列とみてよい。とすると、頭首の三人目の徳清は、書記の役位についていた人とみてよいのではないか。○幹縁都監寺は、募金をする事務局長のこと。都監寺《つかんす》は、寺院経営を司る東序の役位知事の第一位であって、その他の知事を総括する立場にあった。(5)○都勧縁は、募財の最高責任者であり無準がその役についた。

右の典拠や語釈等、それに芳賀幸四郎『墨蹟大観』第二巻9の大意を参看し、私なりに現代語訳を以下に試みることにする。

臨安府径山万年正続院の開山特賜仏鑑円照禅師は、(6)先年理宗の命を奉じて、厚かましくも参内し説法することになりました。そのさい、金襴衣や空名度牒を賜わりました。(7)賜わったその利を用いて、径山への途中に接待院一ヶ所を創建し、往来の雲衲の宿泊等の便に供し、理宗皇帝の御恩に報い奉ることにしました。次いで宸翰を賜わり、特別に万年正続院と命名されました。宿泊施設としての宿坊はもはや完成しましたが、径山の仏殿と経蔵とは、まだ成就してはいません。そこで、謹んで募財のための趣意書としての疏の代わりの偈頌を持って、大檀越の援助を仰ぎ願う次第です。どうか、お願いいたします。広大な心を開かれ、仏殿と経蔵を成就するということのほかすぐれた事業を完成させえましたら、心からありがたいことです。

堂々とした殿堂、その細工は雄壮なことであり、必ずや、ぬきんでた林のうつばりとむなぎを主な材とするでありましょう。

肝胆相照らす知音に示したならば、いともたやすく話がわかってもらえ、やがてみごとな殿堂が径山に聳えているのを眺めたいものです。

今月　日　径山当局が申し上げます。

二 「山門疏」の製作者

従来、「山門疏」と呼ばれてきたものを、竹内尚次氏は〈径山正続院大仏殿法宝蔵殿勧縁疏〉と訂正し（『江月宗玩墨蹟之写の研究』上、国書刊行会、一九七六年）、芳賀氏は〈正続院仏殿・宝蔵建立勧縁の疏〉（前掲書）とする。しかし、『日本の国宝』九二（朝日新聞社、一九九八年、名児耶明執筆）や『国宝・重要文化財大全』八（文化庁監修、毎日新聞社、一九九九年）では、いまだに「山門疏」とする。いったん、墨蹟のタイトルが立てられると通説になってしまい、なかなか変更されない。私は墨蹟そのものから〈径山重建仏殿経蔵勧縁偈〉と称すべきだと考える。文体からいっても、絶対に「山門疏」とはいえない。そのことは次節で考える。その前に、従来、この墨蹟は田山方南氏に代表されるように「全部仏鑑の自筆にかかる」（『禅林墨蹟』一一）とされてきたのに対し、私は、無準の自筆は、最後の「師範」という署名のみと考える。そのことを以下に述べてみたい。

中国の寺院は、宋以後のいわゆる近世にあって、禅寺・教寺・律寺の別なく、清規により運営された。西序の頭首の役位の中で、前堂首座、後堂首座についで書記が重職として位置づけられている。北宋末の『禅苑清規』では、書状の項（巻三）が頭首に入っている。これはまだ書記と書状侍者に分化していなかったことを示す。請頭首（巻三）に、「頭首とは、首座・書記・蔵主・知客・浴主を謂う」とあり、書記の役職があるところからすると、書記とも書状とも用いられていたことになる。

　書状の職は、山門の書疏を主執す。……毎年の化主の書疏は、預め先ず安排し、即時に応副し子細に点検せよ（巻三、書状）。

　書記は、即ち古規の書状なり。職文翰を掌る。凡そ山門の榜疏書問、祈禱の詞語、悉く之に属す。蓋し古の名宿は、多く朝廷の徴召を奉じ、及び名山大刹、凡そ聖旨勅黄を奉じて住持する者、即ち謝表を具う。示寂には遺表有り。或いは賜う所問う所、倶に表を奉じて進む。而も住持は専ら大法を柄って文字を事とすること無し。元戎の幕府に、記室参軍の名を署するに取る。禅林に於て、特に書記を請じ、以て之を職《つかさど》らしむ。猶お書状を存し、侍者に列して、方丈私下の書問を司らしめ、内記と曰うと云う。而して名の著わるる者は、黄龍南公《慧南》より始む。又た東山演祖《五祖法演》、是の職を以て、仏眼遠公《清遠》に命じて、名を以て之を激し、外典に兼通して其の法海の波瀾を助けしむ。而も先に大慧《宗杲》も亦た嘗て之に充てらる。凡そ斯の職に居る者は、宜しく三大老を以て則と為して可なるべし（『勅修百丈清規』巻四、書記）。

南宋の『叢林校定清規総要』巻上に、頭首に書記の役位も見えるので、無準の墨蹟と称されるこの勧縁偈も、径山の書記が製作したものとみてよい。化主は、この墨蹟に即すると、勧縁の主ということになる。書記は住持に代って、寺院の公式文書を作文した。だからこそ、外典つまり中国の古典にも通ずることが必要であった。

いわゆる「山門疏」といわれるこの墨蹟を無準自筆とすると、序文の書き出しと最後に、特賜仏鑑円照禅師、と禅師号を用いるであろうか、もし本人が書いたとすると、無準老僧とか、円照叟とか、老僧師範などと書いたのではなかろうか。

書記は第二座ともいわれ、頭首の中でも重要な位置を占めるけれども、誰と特定するのは難しい。あえていうと、先にも触れたように、第三人目の徳清としてもよいであろう。

この墨蹟は、もと東福寺にあり、それが転々として、現在は五島美術館の所蔵に帰している。なぜ東福寺にもとあったのであろうか。文書そのものには宛名はない。その手がかりになるものが、長谷川家旧蔵で、現在文化庁が蔵するところの、円爾あて徳敷の尺牘である（前掲書『国宝・重要文化財大全』八、墨蹟三一）。


徳敷咨目拝行して、日本承天堂（頭）和尚尊属禅師に上覆す。維《こ》れ時仲夏の月、暑気益々隆《さかん》なり。共《うやうや》しく惟みるに、

（高提仏鑑、日本並明。

栄鎮名藍、緇素帰敬。

尊候動止万福なり。徳敷叨《みだり》に監寺を冒すの時、常に誨益を聆くも、違遠にして倏《たちま》ち七祀を経たり。

（相距殊邦、無由瞻礼、
一誠傾仰、昕夕不忘。

山間建造、正乏維持。

豈に謂《おも》わんや吾が尊属、
眷此名山、師資益著。

道望感於巨檀、博施捐於大器。

老竜君暗中点首、窮衲子定表開眸。

恩有所帰、福無不被。

惟みるに是に去歳五月、大舟此に抵る。……捨を蒙るの板、已に先に五百三十片を領じ、寺に帰し訖る。外の三百三十片は、尚お慶元府に在り、継用経画して帰せんことを請う。余の百四十片未だ至らず、亦た之を知らんと欲す。茲に来り恃むこと眷末にあり、輙ち瀆を冒すこと有り。正続の接待建つこと已に数載。惟《た》だ大仏宝殿及び蔵殿未だ備わらず。和尚運悲、智力闡広、大門此の大縁を成すを欲得《ほっ》す、故に小補に非ず。謝綱使の書中も、亦た一機を露《あら》わす。疏頌一軸、幷びに老和尚の書信、併せて此に申呈す。……伏して尊督を乞う。不宣。徳敷咨目再拝して、承天堂頭和尚尊属禅師侍者に上覆す。

この尺牘は、徳敷が承天寺住持円爾にあてたものである。[8] 文中、疏頌一軸とあるのは、いわゆる「山門疏」、私のいう「径山重建仏殿経蔵勧縁偈」のことである。本来、勧縁疏は四六文で作製されるけれども、ここでは偈頌《げじゅ》でもって代替しているところから、[9] 疏頌という語を用いたとみてよい。老和尚の書信とは、「板渡の墨蹟」（東京国立博物館蔵）として有名な、無準から承天堂頭円爾あての尺牘のことである。[10] とすると、尺牘二通と勧縁偈とは、どれも承天寺堂頭あてのものであり、円爾が東福寺に移るに際し、円爾が一緒に承天寺から持ってきたものといえる。

三通の墨蹟文書は、承天寺の円爾あてに、同時にもたらされたものである。では、日本に将来されたのはいつのことであろうか。

板一〇〇〇枚を円爾が謝国明に勧めて径山へ寄捨させたのは、径山が淳祐二年（一二四二、壬寅）火災にあったことによる。[11] 巨舟によって運ばれてきた一〇〇〇枚のうち華亭（上海市松江県）についた五三〇枚は畿内ということで入関手続きが一年に亙って行われなかった。この点から、芳賀幸四郎氏は、無準の板渡の墨蹟が円爾のもとに淳祐三年（一二四三）にもたらされたとする（『墨蹟大観』第一巻12）。妥当な説だといえる。[12] したがって、勧縁偈も淳祐三年に円爾のもとに届けられたといえる。

三　無学和尚住建長山門疏

山門疏の一つの例として、無準の法嗣の一人である無学祖元が建長寺に弘安二年（一二七九）八月二十一日入院するさい、建長寺から出されたものを取り上げることにする（『仏光録』巻三、山門疏）。

日本国建長禅寺、本寺住持見《げんニ》闕《ク》。奉《ジ》二大将軍元帥《ノ》鈞命《ヲ》一、恭《シク》請《ジテ》二太白首座前真如和尚《ヲ》一、開堂演法《セシムル》者《ナリ》。右伏《シテ》
以《おもんみるに》、
此土《ニ》有《リ》二大乗器《ノ》一、老胡廼《チ》自《より》レ西来《リ》、
我《ガ》国《ニ》無《ク》二闡提《ノ》人一。聖教漸《ク》流《レ》レ東《ニ》去《ゆク》。
白叟黄童咸《みナ》帰《シ》二淘汰《ニ》一、
重臣世主力《メテ》為《ス》二咨参《ヲ》一。
端《まさニ》請《ジ》二導師《ヲ》一、
遠《ク》将《やル》二勤命《ヲ》一。
共《うやうやシク》惟《ミルニ》　新命堂頭和尚大禅師
気吞《ミ》二仏祖《ヲ》一、
眼蓋《ウ》二乾坤《ヲ》一。
透《リ》二円照向上関《ノヲ》一、芝渓水千尋浪激《シ》、
分《チ》二環谿《ノ》第一座《ヲ》一、曇華室数仞牆高《シ》。

為《ニ》二日本《ノ》一作《リ》二司南車《ト》一、尽大地《ニ》有《リ》二成仏《ノ》分一、
向《おいテ》二建長《ニ》一弘《メ》二済北《ノ》道《ヲ》一、阿那箇不《カル》レ断《ゼ》二命根《ヲ》一。
蘭漿近《ク》二江皐《ニ》一、即《チ》傾《ケ》二誠《ヲ》於開士《ニ》一、
金風生《ジ》二杖履《ニ》一、径《チニ》　尉《ス》二望《ヲ》於将軍《ニ》一。
正令全提《シ》、
輿情胥《あい》悦《ブ》。

今月　日　山門疏《ス》。

知事比丘　禅

入寺疏のうち、新命《しんめい》和尚を拝請するのに、その寺から出された文書を山門疏という。隔対・単対の四六文により構成されている。無準と有縁のものからと、無学のものを例としたために、のちの蒲室疏法のようには、隔対・単対がバランスよく配列されてはいないものの、対句の左右対称が整った句作りにはなっている。円照とは[13]、師の無準のことを指し、環谿とは法兄の惟一のことであり、環谿のもとで無学は分座説法したことになる。「山門疏」と内容の近いものを、日本のものではあるが、次に掲げる（『鎌倉市史』史料編第三、黄梅院文書三二号）。

端鹿山円覚禅寺黄梅院重建華厳塔

勧縁小偈幷《ビニ》　叙

塔始《メ》刱《はじム》二於弘安某年《ニ》一。厥《その》制三層、又《層ゴトニ》方三間、高広称《ウ》レ是《ニ》、下安《ニジ》二釈迦・多宝二尊如来《ノ》像《ヲ》一、四隅《ニ》列《ス》二置四天王象《像ヲ》一。

左右位《スルニ》　以《テシテ》日本国内大小《ノ》神祇《祇》名牌《ヲ》、而翼《スヲ》衛之。霊応頗《ル》多《シ》。其四《ノ》壁《ニハ》、則《チ》以《テシ》絵《ノ》事《ヲ》、幻《あらわス》善財南詢五十三知識之相《ヲ》。因号《テス》華厳塔《ト》焉。旧記《ニ》云《ウ》、開山仏光祖師《ハ》、親《みずから》以《テ》仏舎利参粒・袈裟壱頂《ヲ》、蔵《ス》于塔心《ニ》。会《たま》〻応安七年歳次甲寅冬十一月二十三日、寺罹《ルトキ》欝攸之厄《ニ》、則《チ》塔《モ》亦《タ》燼《ス》矣。烏《あ》乎《あ》数《ナル》哉。明年永和初元、余承《ケ》官差《ヲ》、任《ジ》起《ス》廃《ヲ》事《ニ》、労《スル》土木《ヲ》者《こと》五載。康歴庚申春、大殿《ニ》既成《ル》。余時《ニ》迫《ラレ》東山建仁寺之命《ニ》、塔巧《ノ》未《ダ》潰《とゲ》《ズ》于成《ルヲ》。不亦為《タなラ》欠典《ニ》乎《や》。今守塔大苾蒭昌遵、不容《ゆるサ》袖《ニスルコトヲ》　手《ヲ》、遂《ニ》不遠《シトセ》千里《ヲ》、以《テ》幹事《ヲ》来《ル》京師《ニ》。謀《リ》于諸老《ニ》、以《テシ》欲終《エントノ》厥巧《ヲ》、俾《しム》周信《ヲシテつくラ》　為化縁《ノ》疏《ヲ》。文《ハ》則《チ》未《ダ》暇《いとまアラ》、姑《ク》裁《つくり》小偈《ヲ》、代《エ》疏《ニ》、仰《グ》于諸〻《ノ》大檀那《ニ》。揮《ふるイ》金《ヲ》成《ストキハ》此《ノ》勝事《ヲ》、則《チ》合尖《ノ》一句、不待《シテタ》挙《スルコトヲ》　而円《まどかナラン》　矣。偈曰《ニク》

昔日ノ浮図堕シ二刦灰ニ一、従新《あらタニ》架起スルニ奈《いかんセン》レ無キヲレ材。直ニ
将《もつテ》二大地ヲ一為シ二檀越ト一、玄度何ノ時カ不ラン二再来セ一。

至徳四年丁卯夏五周信謹識　堂義（朱印）

幹縁比丘

都勧縁比丘「昌遵」（自署）

証明　左丞相征夷大将軍

このあと、募財に応じた禅僧たちの名と、それぞれの朱印が押されている。いわゆる「山門疏」とされる墨蹟も、この義堂周信の著わした勧縁小偈を参照してより正しくタイトルを付けると、「径山重建仏殿経蔵勧縁偈并叙」ということになる。一面、いかに勧縁疏を作るのは、大変だったか了解させられることにもなる。典拠をふまえ、機縁の語を考え、四六駢儷体の文書を短時日のうちに作製することは、八百余人の雲衲から選ばれた書記とはいえ[14]、なかなか大変なことであり、容易に作りうるものではなかった。そこで七言絶句の偈頌でもって疏に代えたということになる。

おわりに

この小論を書くきっかけは、中国でも日本でも入寺疏は多く作られてはいるものの、現に墨蹟として残っているものが少ないところから、五島美術館蔵の「山門疏」と標題のあるものに注目したことにある。おそらくは、重要文化財に指定するに当り、当時の文化財審議委員が、文中、山門疏とあるところから、内容を検討することなしに「山門

疏」と付けてしまい、国宝とするさいにも、それを踏襲したということになる。私は芳賀幸四郎氏や竹内尚次氏の説に賛意を表することになるけれども、せっかくの両氏の訂正も文化財行政に生かされていない現状に鑑み、なぜ「山門疏」と呼んではいけないのか考えてみた。その結果、「径山重建仏殿経蔵勧縁偈并叙」と称したらどうだろうと提案する。

墨蹟を見ているうちに、無準師範の字によく似ているが、どうも違うのではないかと思うようになった。文章そのものも無準本人とは思えない[15]。もちろん、この勧縁偈は径山当局から出されたものではあっても、無準の強い意向を受けていることは間違いない。とすると、五山第一の径山という官寺機構から見ると、両序（両班）のうちの西序（西班）頭首第三に位する書記によって作製されたと考えるのが自然である。もし、径山の中に書き手となるものがなかったとしたならば、誰がこの偈を書いたか記すはずである。「山門疏す」とあることは、正規のルートにのって書記がこの勧縁偈を書いた証左とみてよい。当時の径山の書記は誰であったか、特定できないものの、頭首の三人目に名のある徳清ではないかと考えている。それぞれが署名押印するこの勧縁偈は、五山官寺体制を踏まえて径山からだされた奉加帳であるという点で、無準本人の「師範」という署名のみが自筆ということになる。

同じ五島美術館蔵の呉門幻住庵の勧縁偈は、序の部分と五言律詩とから構成されているが、すべて中峰明本の自筆とみてよい。五山官寺体制を否定し、林下として生きた中峰は道人の機を展ばすことにのみ心を傾けた[16]。書記の手を通さずに自分で庵の窮状を檀越に訴えたものといえる。五山と林下とでは、募財の仕方まで相違したとみてよい。

径山から出された勧縁偈は、博多の承天寺堂頭であった円爾のもとに届けられた。それは無準の円爾あて尺牘と、径山の都監寺（今でいう事務局長）徳敷の円爾あて尺牘と同時にもたらされたもので、寛元元年（一二四三）のことであった。とすると、この墨蹟は、発行もとがわかり、宛名がわかり、発行年がわかるという点で、貴重な古文書の一種といえる。私のいう「墨蹟文書」の一つということになる。

無準の法嗣無学祖元が建長寺に入寺したときの山門疏、義堂周信の記した華厳塔勧縁小偈を見ることにより、間違っても五島美術館蔵「山門疏」を、そう呼べないことを検討した。その序文にあたるところを読むと、「五処の住持」となっているが、実は理宗から度牒を賜わったことを紹介した。その空名度牒を売り捌いた利益により接待所としての正続院が建立されたことになる。一二三四年金朝が滅亡すると、直接にモンゴル軍と対峙することになった南宋朝は、恒常的に莫大な軍事費を必要とすることになった。国家財政の逼迫から度牒が売り出され、国の財源の一つとなっている。理宗は、端平の更化により政局の転換を図らんとしているが、思うようにはならなかった。そのような中での理宗の下賜ということになり、径山も南宋政権の動向の埒外にはないということを表わしている。

わが国からの渡海僧の多くは、径山に登り修行をしている。その径山への途中に建てられた接待所の一つが正続院ということになる。無料の宿泊所である正続院は建てられたものの、径山の仏殿や経蔵を再建するという大事業はまだ残っていて、そのための募財趣意書がわが国の承天寺住持円爾のもとに径山からもたらされた。それが「山門疏」ということになる。募財のための大檀越として期待されたのは、宋人である謝国明を始めとする博多綱首であったとみてよい。東アジア世界に貿易を展開する博多綱首は、径山を代表する無準の目に檀越と映っていたことになる。

無準の法嗣の一人、兀庵普寧は、中国に帰ったのち婺州（浙江省金華市）雙林寺の住持となっていたが、咸淳五年（一二六九）正続院に寄寓している。このころ、正続院は無準の塔所としての意味合いも持っていたようである。五山第一の寺格を誇る径山は、東アジアの国々からも修行のため登っていて、一〇〇〇人を前後する内外の雲衲が掛搭している。(17)とすると、正続院の接待所としての役割も、後代にまで続いたとみてよいであろう。

注

（1）「田山方南先生略歴」（『田山方南先生華甲記念論文集』田山方南先生華甲記念会、一九六三年）。

（2）『五島美術館の名品――絵画と書』九〇（五島美術館、一九九八年）。

（3）田山方南『禅林墨蹟』一一「仏鑑禅師墨蹟　山門疏」（禅林墨蹟刊行会、一九五五年）、芳賀幸四郎『墨蹟大観』第二巻九「無準師範　正続院仏殿・宝蔵建立勧縁の疏」（求龍堂、一九七七年）。

（4）元代、径山東路の半山に大円院を剏建し、雲侶を接待した（『山庵雑録』巻上）。接待院について、石川重雄「宋元時代の接待・施水庵について」（『史正』一七号、一九八八年）、「宋元時代における接待・施水庵の展開―僧侶の遊行と民衆教化活動―」（宋代史研究会編『宋代の知識人――思想・制度・地域社会』汲古書院、一九九三年）があり、万年正続院にも触れる。

（5）拙稿「元代の叢林経営をめぐって」（『禅文化研究所紀要』五号、一九七三年、のち『中国近世における国家と禅宗』第九章に再録、思文閣出版、二〇〇六年）参看。

（6）特賜仏鑑円照禅師と、とくに賜わったと断るのは、師号を金で買ったのではないということを強調したいからだと思う（竺沙雅章「宋代売牒考」『中国仏教社会史研究』同朋舎出版、一九八二年、参看）。

（7）無準は理宗から賜わった空名度牒を売り捌いて建築資金としたといえよう（竺沙前掲論文参看）。

（8）川添昭二「承天寺の開創と博多綱首謝国明―鎌倉中期の対外関係と博多―」（廣渡正利編『博多承天寺史　補遺』文献出版、一九九〇年）、「承天寺と謝国明」（『宗教文化』六九号、一九九七年）参看。

（9）詩で入寺疏に準ずることがあった（『禅林象器箋』草疏）。

（10）前掲書『国宝・重要文化財大全』八、墨蹟一七。

（11）前掲書『国宝・重要文化財大全』八、墨蹟一八、畠山記念館蔵、無準の承天堂頭あて尺牘。径山仏鑑禅師墓誌銘（『後村先生大全集』巻一六二）には、淳祐元年（一二四一）径山が再び焼けたとする。

（12）『静岡県史』資料編五、中世一は無準の尺牘（九五八号）も、徳敷の尺牘（九五九号）も、宝治元年（一二四七）の条に掛ける。それは徳敷の尺牘に「七年」とあるのを円爾が帰国して七年と解したことによる。私は徳敷が監寺になってから七年経過したと解する。径山が炎上してから五年も経てからの書翰とはいえない。

(13) 清拙正澄が乾峰士曇の求めによって書いた跋語に、「径山円照の道、日東に伝うるの学者は聖一国師より始む。円照の訃至るの時、師方に法を承天に開き、文を作り祭を致す。唐の法度を按ずるに、甚だ盛挙なり」（『五島美術館蔵茶道名宝展』二五、日本経済新聞社、一九八〇年）とある。

(14) 無準が西禅寺の首座道契に与えた書翰に、「老拙、区々たる土木今幸いに将に就《な》らんとす。今夏は堂に八百余人を安んぜん」（『国宝・重要文化財大全』八、墨蹟二一）とあり、径山の無準のもとには八百余人の雲衲がいたことになる。なお、大慧宗杲が紹興七年（一一三七）に径山の法席を主ったとき、衲子雲集して一七〇〇衆に至ったという（「径山興聖万寿禅寺記」石井修造「中国の五山十刹制度の基礎的研究」㈠『駒沢大学仏教学部論集』一三号、一九八二年）。

(15) 江月宗玩は『墨蹟之写』元元⑦でもって、「此文字、於堺宗橘、被見候、大坂、道仲之所持也、祖父花絵持候五字、無準也、久聞及事ハ、無準ノ様ナル事アリ、雖然、語無準ニテナキ乎、如何」とする。

(16) 拙稿「元朝における中峰明本とその道俗」（『禅学研究』六四号、一九八五年、のち『中国近世における国家と禅宗』第八章に再録）、「元の幻住明本とその波紋」（『中世の日中交流と禅宗』吉川弘文館、一九九九年）参看。

(17) 建長元年（一二四九）無本覚心が径山に登ったとき、衆僧一〇〇〇人といわれた（「法灯国師縁起」四十三歳の条）。

第二章　板渡の墨蹟

はじめに

ここ数年来、墨蹟を史料として日中の交流について研究してきた。かなり以前のことになるものの吐魯番文書を史料として研究している方から、刊本等の文献史料から研究することに対する疑義を呈された。しかし、そのころ、私の研究対象は、唐代後半期以降のいわゆる近世の仏教であったことから、そういわれても他に適当な史料もない、というところで留まっていた。ところが、日中の交流を研究するようになると、墨蹟を古文書の一つとして積極的に用いなくては、という姿勢にしだいに変ってきた。最近の図録等に用いられる写真は、非常に精妙になっているものの原物も見る必要があると思い博物館等に出かけるようにしている。

東京国立博物館の二〇〇〇年の『日本国宝展』では、無準師範《ぶしゅんしばん》(1)筆の板渡の墨蹟も展示されていた。その104作品解説は、富田淳氏によってなされているものの、釈文はなく、概説されているに過ぎない。一九九〇年の展示では、角井博氏が本墨蹟129を解説する。しかし、これも簡単な説明のみである。同じ東京国立博物館で行われた東京大学史料編纂所史料集発刊一〇〇周年記念『時を超えて語るもの―史料と美術の名宝―』の作品解説では、釈文と参考文献も付されている。欲を言えば、釈文についての現代語訳も付いていたらと思われる。特別展に訪れる観覧者のほとんどは、その道の専門家ではない、という点でそれくらいの配慮が望まれる。

この板渡の墨蹟は、吉川弘文館の『国史大辞典』第十二巻「〈別刷〉墨蹟」の項を見ると、中国と日本の代表的なもの五四通を掲載するなかの一通として掲げる。この項を執筆された今泉淑夫氏が、多くの無準師範のものでは、この板渡の墨蹟が代表的なものと判断されたとみてよいであろう。そこで、釈文・日本語訳を示し、この墨蹟文書が、日中の交流史の上でどのような意義をもつものか考えてみたい。さらに、無準からこの尺牘を送られた承天寺堂頭である円爾は、角井・富田両氏とも円爾弁円とする。(2) 円爾は諱であって号がない。今日の歴史的成果を反映する前掲の辞典で葉貫磨哉氏が「円爾」の項を一九八〇年に執筆する。それでもなお、図録等の解説で目にする。円爾には号がないことを、私なりに考えてみたい。

一　無準師範の尺牘

板渡の墨蹟の釈文は、伊藤松編輯の『隣交徴書』二篇巻一に「答円爾長老書」と題して収めるのを始めとして、白石虎月編『東福寺誌』（一九三〇年）建長元年、無準師範示寂の条に出し、辻善之助『日本仏教史』第三巻（一九四九年）に『日本図経』十八から転載する。(3) 田山方南は『禅林墨蹟』（一九五五年）12「板渡之書翰」として釈文を載せ、この釈文によりつつ芳賀幸四郎は『墨蹟大観』第一巻（一九七七年）12に釈読・解説・大意を試みる。(4)
以上のような釈文を参看し、私なりに釈文を試みることにする。

師範和南手白
日本承天堂頭長老。維時隆
暑、緬惟

道体安隠。去秋初能上人来収
書。且知住持有況、老懐慰喜。又
荷遠念、山門興復重大、特化千板
為助、良感道義。不謂巨舟之来。為
風濤所鼓、其同宗者多有所失。
此舟幸得泊華亭。又以[5]
朝廷以為内地不許抽解、維持一年、
方得遂意。今到華亭、已領五百
三十片。其三百三十片、尚在慶元、
未得入手。余乙百四十片、別舡未到。
且留能上人、在此少住。後見数目
分暁、却津発其帰、方得作書、
到謝
綱使謝丈大檀越也。嘗聞
日本教律甚盛[6]、而禅宗未振。今
長老既能竪立此宗。当一々依従上
仏祖所行、無有不殊勝矣。便中
略此布復、未及詳具。余宜

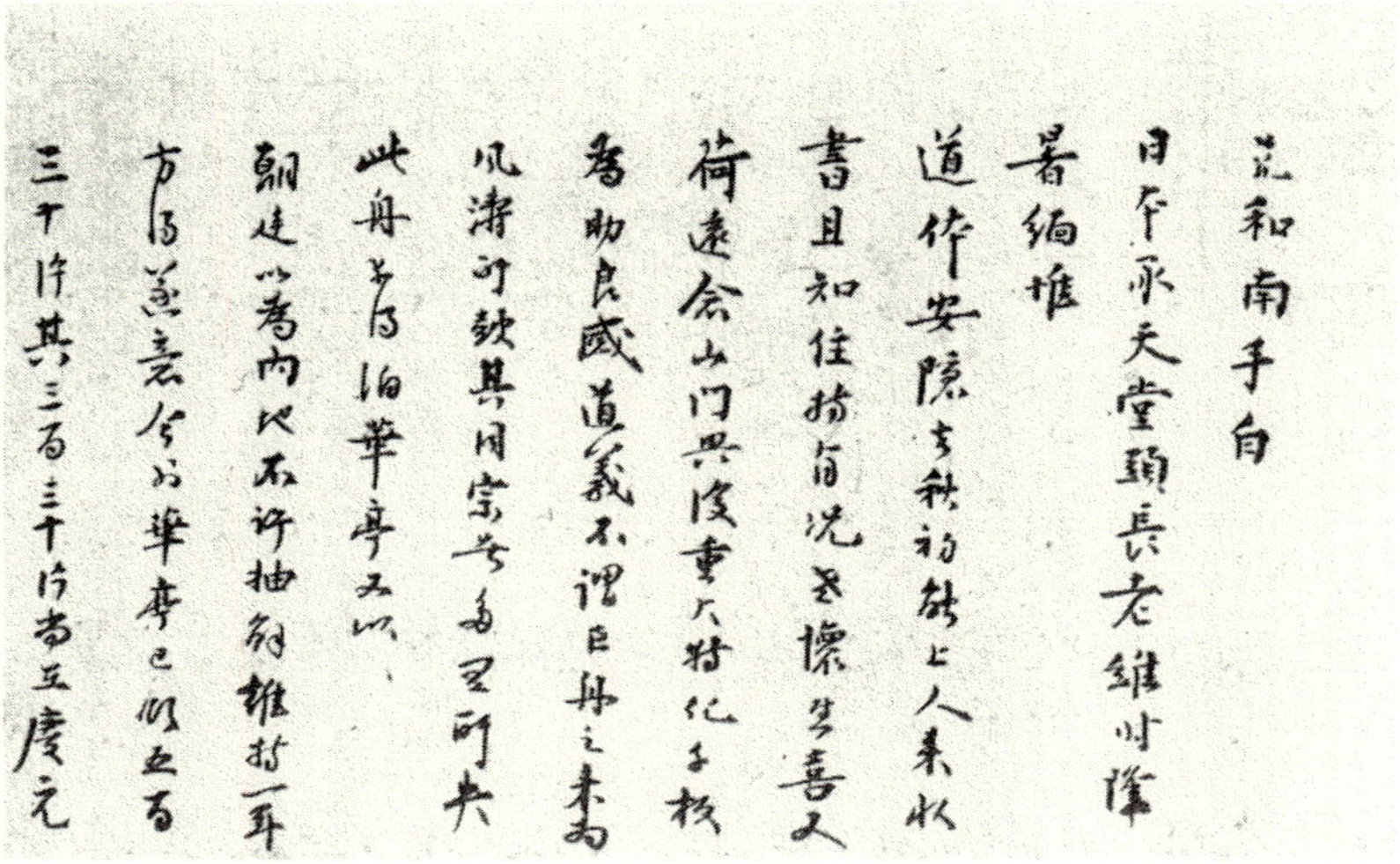

東京国立博物館所蔵）

為大法多々珍愛。是祝。師範和
南手白。

この東京国立博物館所蔵の「板渡の墨蹟」といわれる尺牘の釈文に対し、次に書き下し文を掲げることにする。

師範和南して手《みずか》ら日本承天堂頭長老に白《もう》す。維《こ》れ時隆暑、緬《とお》く惟《おもんみ》るに、道体安隠なりやと。去秋初め能上人来りて書を収む。且つ住持の況有るを知り、老懐慰喜す。又た遠念を荷い、山門興復重大のとき、特に千板を化して助を為す。良《まこと》に道義に感ず。謂《おも》わざりき、巨舟の来るとは。風濤の鼓《う》つ所と為り、其の同宗の物多く失う所有り。此の舟幸いに華亭に泊することを得たり。又た朝廷内地と以為《な》し抽解を許さざるを以て、維持すること一年、方《はじ》めて意を遂《と》ぐることを得たり。今ま華亭に到り、已に五百三十片を領《う》く。其の三百三十片、尚お慶元に在り、未だ入手することを得ず。余の一百四十片は、別紅未だ到らず。且く能上人を留め、此に在りて少《しばら》く住《とど》む。後ち数目の分暁なるを見て、却って其の帰るを津発せしめ、方めて書を作るを得て、謝を綱使謝丈大檀越に致さん。嘗て聞くならく、日本の教律甚だ盛

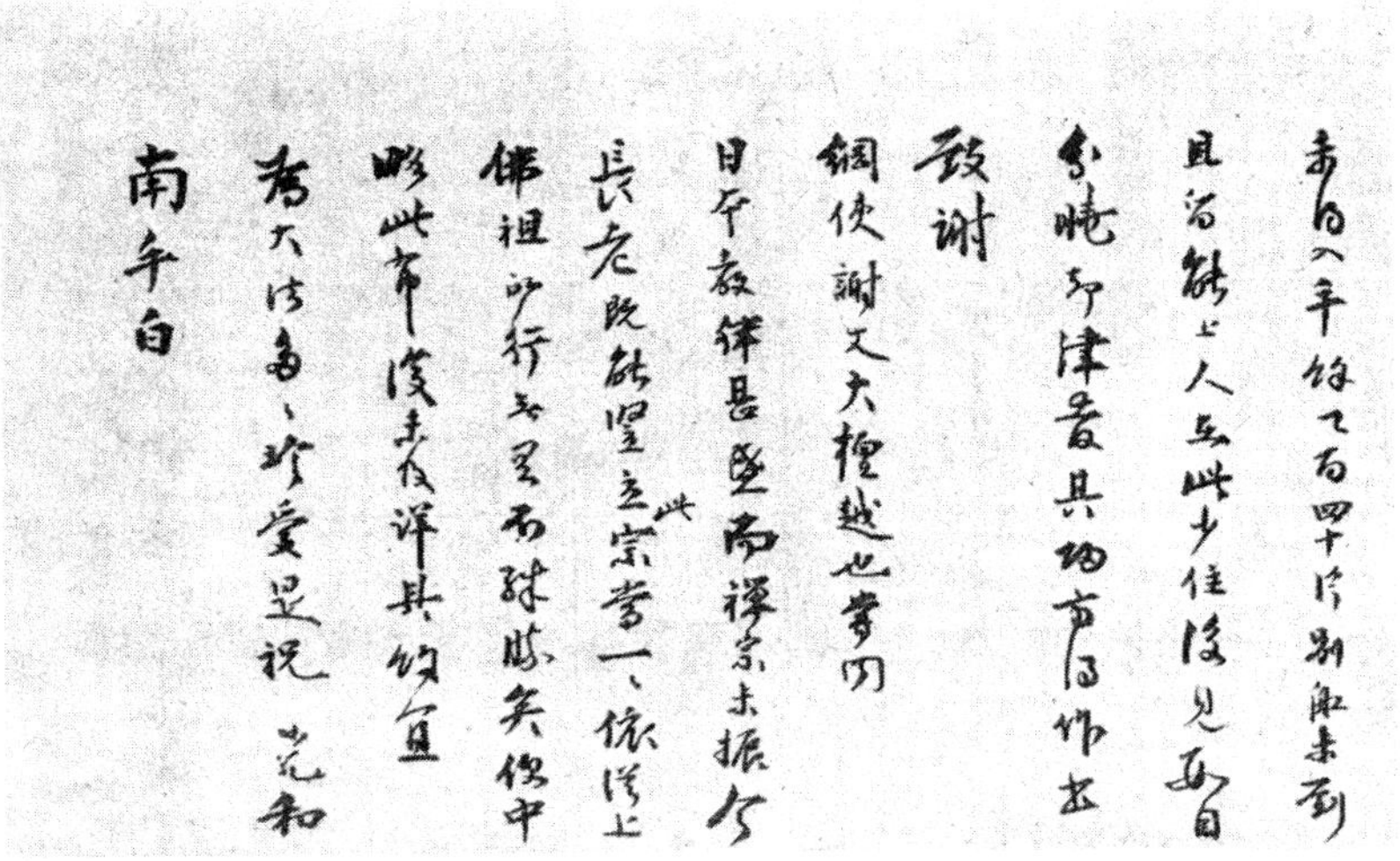

図2 「板渡の墨蹟」（国宝,

んにして、禅宗未だ振わずと。今ま長老既に能く此の宗を竪立す。当に一々従上仏祖の所行に依るべし、殊勝ならざること有る無し。便中略し此《ここ》に布復し、未だ詳具するに及ばず。余は宜しく大法の為に多々珍愛すべし。是《ここ》に祝《いの》る。師範和南して手ら白す。

○和南とは、合掌して礼拝すること。戴安「与遠法師書」（木村英一編『慧遠研究』遺文篇、六四頁、創文社、一九六〇年）に、「安公和南、……戴安公和南」とある。○手白とは、書状侍者の手を煩わさないで自ら書いたことをいう。『黄竜南禅師書尺集』「与順首座」書（花園大学陸川文庫）に、「某《それがし》手ら白す。故歳、安上人、香城より此に至り、且く高跡を談ず」とある。○承天寺は、福岡市博多区博多駅前にある。[7] ○堂頭とは、住持のこと。『臨済録』行録に、「首座《しゅそ》云く、汝何ぞ去《ゆ》きて堂頭和尚に、如何なるか是れ仏法的的の大意と問わざる」とある。○長老とは、住持の敬称。『禅苑清規《ぜんねんしんぎ》』巻十、百丈規縄頌に、「其の闔院の大衆は、朝参・夕聚し、長老は上堂陞座し、主事・徒衆は、雁立して側聆す。賓主問酬して、宗要を激揚するは、法に依りて住することを示す」とある。○隆暑は、きつい暑さ。『文選』巻二十八、陸士衡、従軍行に、「隆暑は固に已に惨《いた》く、涼風は厳しく且つ苛《はげ》し」とある。○緬惟は、遠く偲ぶという意。慧遠「沙門祖服論」（木村前掲編書）に、「素風を緬《しの》びて古を懐《した》い、華俗を背《す》て以て心を洗う」とある。○道体は、体のこと。『景徳録』巻二十一、招慶道匡章に、「師上堂して曰く、声前に薦得するも、平生に孤負し、句後に機を投ずるも、殊に道体に乖くと。什麼《なん》の為に此の如し。大衆且く道へ、従来合に作麼生かすべきと」とある。○安隠は、安穏に同じ。安らかでおだやかなこと。『景徳録』巻四、牛頭法融章に、「問うて曰く、恰恰として心を用いる時、若為《いかん》が安隠に好《おわ》らんと」とある。○能上人は、芳賀前掲書に説かれるように、日野原節三氏蔵の印可状「日本の能侍者は、本色の衲子にして、歳久しく相従い、能あるを善くし理を体し、鼻頭既に通天の竅有り」（『国宝・重要文化財大全』八、19、毎日新聞社、一九九九年）とある能侍者と同じとみてよいが、『正誤仏祖正伝宗派図』にはなく、詳らかにしえない。無準の法を嗣いだのち日本に帰ってはいないのであろうか。なお、上人は、無準が円爾に与えた印可状にも、「円爾上人」（東福寺所蔵、『国宝・重要文化財大全』八、16）とあることからすると、修行が進み大事を了畢したが、まだ新命の住持として出世前の禅僧を上人とよんでいる。○老懐は、老人の思い。○慰喜とは、喜ばしい限りのこと。なによりの慰め。『経進東坡文集事略』巻四十五、答張文潜書に、「文潜県丞張君足下に頓首す。……至慰至慰」とある。○遠念は、『文選』巻二十八、陸士衡、悲哉行に、「寤寐遠念多く、緬然として飛沈の若し」とある、遠くの人を思う心、といったことではなく、遠大な志、思い、という意味であろう。荷という動詞からそう考える。○板は、当時日本から巨船でもって輸入されていた（『諸蕃志』巻上、倭国の条。佐伯富「宋代都市の発展と住宅問題」『中国史研究』第三、同朋舎出版、一九七七年）。○道義は、道義の心。『荀子』巻一、脩身篇に、「志意の脩まれば則ち富貴にも驕り、道義の重ければ則ち王公をも軽んず」とある。○風濤は、風と大波。『蘇東坡集』答秦太虚書（小川環樹・山本和義、朝日新聞社、一九七二年）に、「往往にして風濤の隔つる所と為りて、即ち帰る能わざれば……」とあり、文中の「為―所＝」の為は、平声（なる、なす）である（小川環樹・西田太一郎『漢文入門』岩波全書、一九五七年、四三～四四頁）。○華亭県（上海市松江区）に市舶務、のち両浙市舶司の置かれていたこともあったが、乾道二年（一一六六）以後、宋の亡ぶまで復興されることはなかった（藤田豊八「宋代の市舶司及び市舶条例」『東西交渉史の研究』南海篇、岡書院、一九三二年）。○内地とは、開港場以外の土地ということで、日本向けの港ではない土地のこと。○抽解とは(8)、輸入品に対する関税。輸入日本貨の中で、抽分によって最も国庫の収入となるものは、硫黄と板木であった（森克己『森克己著作選集』第三巻、一三二頁、国書刊行会、一九七五年）。○慶元（浙江省寧波市鄞県）は(9)、日本との港として開かれていた（『宝慶四明志』巻六、市舶の項）。○少住は、少しの間留まること。『世説新語』巻下、容止篇に、「庾亮徐《おもむろ》に云う、諸君少しく住まれ、老子此の処に於て、興復た浅からずと」とある。○綱使とは、綱首の進奉使ということで、こう名乗ることによって、関税免除ということを期待したのであろう。綱首は、海舶のオーナーで巨商をいう（『萍洲可談』巻二）。○謝丈は、謝国明のこと。謝国明が中心となり、他の綱首らと語らって承天寺を建立した（川添前掲論文、注(4)参看）。○従上仏祖とは、これまでの仏や祖師のこと。『臨済録』行録に、「潙山、仰山に問う、石火も及ぶこと莫く、電光も通ずること罔《な》くんば、従上の諸聖、什麽を将てか人の為にする」とある。○便中は、書翰中。もしくは、御都合で。○布復は、佈覆、佈意、布覆に同じ。申し上げる（波多野太郎「尺牘講義」『東方』四四号、一九八四年）。○大法とは、仏法のこと。『虚堂録』巻一、興聖録に、「径山の倫蔵主至り上堂。……大法下衰し、人の唇歯を汚す」とある。○多多は、くれぐれも。○珍愛は、大切にする。自愛に同じ。『文選』巻四十一、李少卿答蘇武書に、「努力し自愛せよ」とある。日本のものではあるが、『蕉堅稿』与金剛物先和尚書に、「維れ時春深し。冀わくは、時に若《したが》って珍愛せよ。祝望の至に勝えず」とある。○祝は、おだいじに。『大慧書』答許司理に、「……祝祝」とある。

右の語釈や典拠等、それに前掲の芳賀幸四郎『墨蹟大観』第一巻12の大意を参看しつつ、私なりに日本語訳を以下に試みることにする。

師範私が合掌礼拝して自ら日本の承天寺堂頭長老に申します。きつい暑さに際し、遠くお体の安穏を偲びます。去年の秋の初め、□能上人がやって来て手紙を受け取りました。そして、あなたの近況を知ったことは、私のなによりの慰めです。その上に遠大な志を引き受け、径山再建という重大なとき、特別に千板を勧進し助力を惜しまれなかったことは、実にありがたく道義の心を思います。巨舟のやって来るとは思いもしませんでした。風と大波に打ち付けられ、同宗の者が多く失われることがあるというときに、この舟は幸いにも華亭に停泊することができました。ところが、朝廷は華亭を内地とし関税手続きが許可されないということで、一年経過して、やっと望みを適えることができました。いま華亭に出かけ、もう五三〇片を受け取り、その他の三三〇片は、まだ慶元にあり、入手できてはいません。残りの一四〇片は、別の船でまだ到着してはいません。まあちょっと□能上人を引き留め、ここに少しの間留まってもらいます。その数目の訳がわかってから帰国させることにし、このときはじめて手紙を認めて、綱首謝国明大檀越に感謝の言葉を申し上げたいと思います。以前に日本では教律が非常に栄えていて、禅宗はまだ盛んではないと、聞いたことがあります。いまあなたは、申すまでもなく禅宗をよく竪立しています。一つひとつこれまでの仏や祖師の行履に依ったならば、とりわけできないわけはありません。手紙をはしょって申し上げ、意を尽くして述べてはいません。その他、どうか仏法のためにくれぐれもお体を大切にして下さい。おだいじに。師範が合掌礼拝して自ら日本の承天寺堂頭長老に一筆認めます。

この無準師範から承天寺の円爾あての書簡は、鉄牛円心の編集した『聖一国師年譜』のなかで、仁治三年（一二四二）の条に引用する。

師聞径山有災、勧謝国明化千板贈之。仏鑑答書曰、又荷遠念、山門興復重大、特化千板為助、良感道義。云云。嘗聞日本教律甚盛、而禅宗未振、今長老既能竪立此宗、当一一依従上仏祖所行、無有不殊勝矣。云云。録到上堂。語要甚愜老懐。

師、径山に災有りと聞き、謝国明に勧めて、千板を化し之を贈る。仏鑑の答書に曰く、又た遠念を荷い、山門興復重大のとき、特に千板を化し助を為す、良に道義に感ず。云云。嘗て聞くならく、日本の教律甚だ盛んにして、禅宗未だ振わずと。今ま長老既に能く此の宗を竪立す。当に一一従上の仏祖所行に依るべし、殊勝ならざること有る無し。云云。録到り上堂。語要甚だ老懐に愜《かな》う。

無準の手紙がもたらされたときの円爾の上堂は、承天寺での語録が残っていないので、現在、見ることはできない。円爾の年譜を編集した鉄牛は、この尺牘を見て、一部を年譜に載録したものといえる。虎関師錬は、円爾の伝（『元亨釈書』巻七）に次のように記す。

仏鑑答書略曰、嘗聞日本教律甚盛、而禅宗未振、今長老既能竪立此宗、当一一依従上仏祖法式。又録到上堂。語要甚愜老懐。

虎関は、この文からすると、無準の尺牘を実際に見ることはせず、年譜から孫引いたといえる。円爾の伝を文意の通ったものとして理解するためには、尺牘をまずもって見る必要がある。

二　円爾の尺牘案

円爾が師の無準へ送った尺牘そのものの今に残るものはない。幸いにも一通、写しが東福寺の栗棘庵にあり、その案文が『異国日記』巻下に所収されている。栗棘庵文書の釈文を辻善之助前掲書も、今枝愛真前掲論文（注（3）参看）も掲載するものの、途中、文の異同があり、実見しないことには、どちらが正しいともいえない。いま円爾の尺牘の定稿を作り、現代語訳を行うことを目的とはしないので、取りあえず『異国日記』から釈文を掲げることにする。[11]

円爾百拝上覆
径山堂頭老師大和尚座下。円爾百生幸其（甚）、
得獲依附
法座、随衆弁道、殊沐
慈悲、開示
方便、以入解脱之門、究竟古今地。世縁万生、

対目挂心、猛列(烈)決断、始得全功。自尓以降、
時々自警、雖日本来円成、亦須漸断塵縁、
漸除習気、至於無作之作、無功之功。如大海
転入転深。区々之意、誠切言繋。再請開示
慈悲。円爾去歳以柔函、塵汗
座下。今年貶(貺)賜
法誨、百拝啓読、感歎不已、悉従教誨。且稔
領衆安然、
法体清勝為慰。特賜
錦袈裟一頂、
厚貺拝領、感激之私、銘篆肌膂。又承
甲寺罹火厄、三復踈(竦)然。切思難支梧。施主
有縁、謝国明已為結縁、欏木大板一百片、勝
載其□中。使頭依本分、反得乱倣情願、欲補
径山大仏殿、写円爾謝国明□。
老和尚道徳利物、遥備察。謹此布。
去歳八月始起、今年一覆。伏冀
老和尚道徳所鍾。慈亮不備。

竜天打供、了弁一大□。

径山堂頭大禅師

寛元元年九月

円爾百拝して、径山堂頭老師大和尚の座下に上覆す。円爾百生幸甚にして、法座に依附し、衆に随って道を弁ずることを獲、殊に慈悲に沐し、方便を開示し、以て解脱の門に入り、古今の地を究竟することを得たり。世縁万生、目に対し心に挂け、猛烈に決断し、始めて功を全することを得たり。爾より以降、時々に自らを警め、本来円成すと曰うと雖も、亦た須らく漸く塵縁を断ち、漸く習気を除き、無作の作、無功の功に至るべし。大海の転た入り転た深きが如し。区々の意、誠に切にして言《ここ》に繋し。再び慈悲を開示せられんことを請う。円爾去歳柔兆を以て、座下に塵汗す。今年法誨を貺賜し、百拝して啓読し、感歎して已まず、悉く教誨に従わん。且つ衆を領して安然、法体清勝なるを稔《し》り慰と為す。特に錦の袈裟一頂を賜い、厚貺拝領するは、感激の私(?)、肌膂に銘篆す。又た甲寺の火厄に罹るを承り、三復竦然たり。切に支梧し難きを思う。施主に縁有り、謝国明已に結縁を為し、櫂木の大板一百片、其の□中に勝載す。使頭、本分に依り、反って乱りに情願を作すを得て、径山の大仏殿を補せんと欲し、円爾、謝国明の□を写《か》く。老和尚道徳物を利すること、遥に備に察す。謹んで此《ここ》に布《もう》す。去歳八月始起し、今年一覆す。伏して冀わくは、老和尚道徳鍾むる所なるを、慈亮不備。

竜天打供し、一大□を了弁せん。

径山堂頭大禅師

寛元元年九月

ここに円爾の墨蹟ではなく、尺牘の案文を掲げたのは、一つには、寛元元年（一二四三）九月と、手紙を出した年月がわかるからである。先に私は板渡の墨蹟を芳賀説を承けて淳祐三年（一二四三）にもたらされたとしたが（「五島美術館蔵「山門疏」考」『日本歴史』六三八号、二〇〇一年。本書I―第一章所収）、右の案文を読むことにより、二年下げて淳祐五年に徳敷の墨蹟、「山門疏」とともに無準の墨蹟も将来された、と訂正せざるをえない。[12]

板渡の墨蹟では、綱使謝丈とあって、姓が謝氏であることはわかっても、名は省略されている。しかし、円爾の尺牘では、謝国明と名前を記されていて、それが案文を出したゆえんである。ただ、文中に「櫂木の大板一百片」とあるのは、無準、徳敷の墨蹟では、「千板」とあるのと一致しない。[13] 円爾のものは、写したさいに間違えたのであろうか。

円爾の尺牘案を取り上げようとした一番の目的は、円爾の尺牘の型を見ようとしたことにある。大体において書翰の構造になっているが、結びのところは乱れている。書き出しの、

円爾百拝上覆

径山堂頭老師大和尚座下……

とある「円爾」は、虎関師錬が『元亨釈書』巻七、本伝に「釈弁円、字円爾、以字行」という説によって、手紙を書くとすると、

弁円百拝上覆

径山堂頭老師大和尚座下……

と書き出さなくてはいけない。手紙の書き出しの部分は諱と決まっている。書翰中も号を用いることはなく、自分のことは、漢字のポイントを下げて小さく諱で書くのが普通である。右の書翰は写しだから、写し間違いという可能性

もある。そこで円爾が建長寺の蘭渓道隆に出した尺牘を見ると（『墨蹟大鑑』第三巻、35、堀池春峰氏蔵）、

円爾再拝上覆……

と、やはりなっている。[14] 実は、円爾に号がないということを玉村竹二氏は、「禅僧称号考」（『日本禅宗史論集』上、思文閣出版、一九七六年）のなかで一九四一年に発表されている。その後、葉貫磨哉氏は「聖一国師年譜と虎関師錬」（『中世禅林成立史の研究』所収、吉川弘文館、一九九三年）を一九七九年に著わし、教僧として見た場合は、円爾房弁円といいうるが、円爾弁円とはいえないとする。そして、『栄尊和尚年譜』から、入宋前は弁円の諱を用い、入宋して無準の会下となって以後、円爾を諱とする、と考察された。しかし、玉村氏は、度牒、戒牒に「円爾」とあることから、栄尊の年譜を信用度の薄いものとする。虎関が派祖を高くするため、円爾を道号に祭り上げ、弁円を諱に仕立てた、と考えられる（「聖一国師円爾」『臨済宗史』第一話、春秋社、一九九一年）。

円爾の無準への尺牘案、円爾から蘭渓への尺牘から、少なくとも無準のもとで修行して以後、円爾は諱として使用されている。いつから円爾を諱としたかの有力な史料になるのが、度縁であり、戒牒である。まず度縁には、和様と唐様の二種あり、唐様の筆書の部分のみを示すと（『東福寺文書』一、一号）、

駿州有渡郡久能寺沙弥円爾、俗姓氏平、見年十八、投於当寺住持堯弁、礼為本師。賜度僧牒、剃髪受具者。

駿州有渡《うと》郡久能寺沙弥円爾は、俗の姓氏は平、見《げん》に年十八、当寺住持堯弁に投じ、礼して本師と為す。度僧の牒を賜い、剃髪受具せんとする者なり。

とある。これは承久元年（一二一九）十月二十日の日付になっているが、実際は渡海に際し交付を受けたものといえる（相田二郎『日本の古文書』上、岩波書店、一九四九年、三四五頁）。日本では度牒のことを度縁といっているが、内容からすると、正しく度牒といってよい。

沙弥円爾戒牒（『東福寺文書』一、三号、『国宝・重要文化財大全』八、154、毎日新聞社）の疏のところを四六文だという
ことがわかるように分ち書きすると、

　沙弥円爾、稽首和南大徳足下。

　窃以

（三学殊途、必会通於漏尽、
　五乗広運、資戒足以為先。

是知

（表無表戒、務衆行之津梁、
　願無願心、祈七支之勝躅。

但円爾

（宿因多幸、得簉法門、
　未登清禁、夙夜剋悚。

今契承久元年十月廿日、於東大寺戒壇院、受具足戒。伏願大徳慈悲、戡済少職。和南謹疏。

　承久元年十月廿日　沙弥円爾謹疏。

沙弥円爾、大徳足下に稽首和南す。窃かに以《おも》んみるに、三学途を殊にし、必ず漏尽に会通し、五乗運を広くし、戒足に資するを先と以為《な》す。是に知んぬ、表、表戒無く、衆行の津梁に務め、願、願心無く、七支の勝躅に祈る。但だ円爾、宿因多幸にして、法門に簉《み》ちるを得、未だ清禁に登らず、夙夜剋く悚る。今ま承久元年十月廿日に契し、東大寺戒壇院に於て、具足戒を受く。伏して願わくは、大徳慈悲もて、少職を戡済せんことを。

和南し謹んで疏す。

となる。円爾が東大寺の戒壇院で具足戒を受けたのは、承久元年十月二十日ということになる。度牒を受けた日も同じということになると、度牒の方は、入宋のために用意したということになる。十二世紀末には、度縁(度牒)なしで受戒が行われたりしていることを勘案すると(松尾剛次「官僧と遁世僧―鎌倉新仏教の成立と日本授戒制―」『勧進と破戒の中世史―中世仏教の実相―』所収、吉川弘文館、一九九五年)、得度と受戒が同日であってもなんら不思議ではない時代になっていた。本来ならば、僧伝類によく「歳満つるに及び」と記すように、二十歳で具足戒を受ける決まりであったところ、円爾は十八歳で受戒したということになる。

円爾の戒牒は、文書の様式からしても、年齢からしても、鎌倉期の実情とは矛盾しない。いま私には、この戒牒が本物かどうか見分けるだけの力はない。言いうることは、円爾が入宋に当って、度牒と東大寺戒壇院の戒牒を準備しないことには、中国で一人前の比丘として待遇してもらえない、ということである。具足戒を受けた戒牒を持参せずに入宋しても、乍入叢林の新到さんと同じことになってしまう。だからこそ、道元の師、明全は比叡山で受戒済みだったが、さらに東大寺での戒牒を求め入宋している(前掲『国宝・重要文化財大全』八、151)。円爾が径山の無準のもとで、衣鉢侍者の役位に付けられ、爾老と親しみを込めて呼ばれたのも(『聖一国師年譜』)、戒牒があったからこそといえる。この爾老と呼ばれたことは、円爾が諱であることのなによりの証拠といえる。[15] 禅僧が一字で称されるとき、諱の二字目と決まっていることは、唐代の語録や灯史を見ると枚挙にいとまがない。円爾の度牒や戒牒が、たとえ偽文書であっても、その内容まで否定することはできない。したがって、円爾は得度して円爾と安名されて以後、生涯に亙って、彼の諱であった、といいうる。

虎関が号(字)を円爾とし、諱を弁円として以降、後世の人々を迷わせることになった。卍元師蛮は、『本朝高僧伝』巻二十で、「釈弁円、字は円爾」とし、虎関の説を承ける。ところが、同じ卍元が『延宝伝灯録』巻二では、「京兆慧日山東福寺弁円々爾国師」とする。そこで、辻善之助は、延宝の方を承けて、「円爾字は弁円」とする。[16] 虎関は、派祖の円爾に号がなく、円爾、あるいは爾と名を呼び捨てにするのも不遜だと思い、円爾を字（号）に祭り上げてしまったことになる。その誤りは大きい。爾老漢とか、爾老・爾公・爾和尚とか、と思うのは後生の考えである。

円爾に号がないことから、師の無準が円爾に附法した宗派図（『東福寺文書』一、五号）には「久能爾禅師」と、久能寺の久能を号のようにし、[17] 無準の自筆で、「承天爾禅師」と禅宗伝法宗派図（『東福寺文書』一、四号）には書き入れ、『慧日山宗派図』（駒沢大学本の禅文化研究所架蔵コピー）巻上、仏祖歴代名号の系図では「聖一円爾禅師」と、[18] 国師号をあたかも号のように用いる。次の葉のところには「始祖円爾弁円」とする。この宗派図を書いた天瑞守選は、仏祖の名号と宗派図とでは相違することに気が付かなかったものといえる。『上村本宗派目子』（東京大学史料編纂所架蔵写本）円通寺の項のところに、

無準師範　東福円尓　建長南山士雲　……

と、号のように東福を入れる。そして、東福寺の項に、「恵日山東福開山聖一国師、諱円爾」とする。号がなくても一向に不便ではないが、ただ系図を作ったりする場合、他との調和からすると、玉村氏の提唱されているように、「東福円爾」（『五山禅林宗派図』思文閣出版、一九八五年）とするのが、[19] 次善の策といえる。

おわりに

ここに、無準から円爾への板渡の墨蹟、円爾から無準への尺牘案を素材とすることにより、そして、榎本渉氏の前

掲論文（注(12)）を参看すると、私が先に「五島美術館蔵「山門疏」考」で寛元元年（一二四三）に無準・徳敷の板渡の墨蹟、「山門疏」三点を円爾のもとに届けられた、としたことは、寛元三年（一二四五）にと訂正せざるをえない。とはいっても、円爾は、寛元元年二月に上洛していて、九月には書翰を無準に送っていることからすると、承天寺堂頭と円爾を称することには問題が残る。無準は、手紙の宛名を崇福・承天・東福と使い分けしている点で、再考してみる必要がある。

五山第一径山の再建は、無準にとって大事業であり、円爾に心配するな、と言いつつも、丁寧な返書を届けたのは、その援助に対し厚く感謝の念を表わしている、とみてよい。謝国明の支援により径山へ「板千枚」が寄進されるに際し、関税がかけられようとしている点は、無準の墨蹟と同時に届けられた徳敷の墨蹟を精読する作業を必要とする。三隻の巨船が東中国海の波濤を越えて日宋間を往来したことになり、その商船に便乗して禅僧たちも中国に修行の場を求めた。その修行者たちに書状も託されたことになり、円爾のものは口能上人が預かった。それが寛元元年九月の尺牘だったことになる。

円爾の尺牘案からは、円爾弁円とは、間違ってもいえないことが明確になった。虎関師錬が、円爾の度牒や戒牒、尺牘を見ないで、『元亨釈書』の伝を書いたことにより、円爾には号がなく、諱のみであるのを「円爾弁円」と後世の人々に思いこませることになった。

注

（1）拙著『中世の日中交流と禅宗』（吉川弘文館、一九九九年）索引に、「無準師範（ぶしゅんしぱん）とふりがなを付けた。それは私の耳にそう残っていたからである。竹内尚次『江月宗玩墨蹟之写の研究』上（国書刊行会、一九七六年、九〇九頁）に「師範《シパン》」とルビがあり、江月宗玩はそう読んだようである。

（2）最近のもので例をとると、大隅和雄「蒙古襲来の陰で——元から日本へ渡った高僧」（『しにか』一四一号、二〇〇一年、七一頁）に、「東福寺の円爾弁円」とあり、『信心の世界、遁世者の心』（『日本の中世』2、中央公論新社、二〇〇二年、三八頁）に、「無住は同じころ、創建間もない京都の東福寺を訪ねて、開山円爾弁円の下で、……」とある。

（3）今枝愛真「入宋の禅師——聖一国師と大応国師の活躍」（『静岡市史』原始古代中世、一九八一年）に引用するものは、おおよそ辻善之助を踏襲する。

（4）川添昭二「承天寺の開創と博多綱首謝国明—鎌倉中期の対外関係と博多—」（廣渡正利編『博多承天寺史 補遺』所収、文献出版、一九九〇年）に引用する釈文は、南を而とする以外は、田山方南のものにより、訓読は南禅の宗を禅宗とする他は芳賀幸四郎の釈読による。

（5）以の読みをどう読んだらよいのか苦慮し、竺沙雅章氏の教示を得た。

（6）而を田山方南氏は南と読む。田山氏の句読の切り方は、中国文をまるで日本文のように切り、その影響を芳賀氏は承ける。

（7）承天寺については、廣渡正利編『博多承天寺史』（一九七七年）、『博多承天寺史 補遺』（一九九〇年）（共に文献出版）があり、論文には、川添前掲論文、伊藤幸司「大内氏の外交と東福寺聖一派寺院」（『中世日本の外交と禅宗』所収、吉川弘文館、二〇〇二年）がある。

（8）『萍洲可談』巻二、「凡そ舶至れば、帥漕、市舶の監官と其の貨を莅閲して之に征す。之を抽解と謂う。十分を以て率と為す」とある。

（9）のちの明代に、慶元には天寧寺があり、対外的役割を担った（村井章介「明州天寧寺探索」『日本歴史』六二八号、二〇〇〇年）。

（10）綱首については、林文理「『博多綱首』関係史料」（『福岡市博物館研究紀要』四号、一九九四年）、「博多綱首の歴史的位置—博多における権門貿易—」（大阪大学文学部日本史研究室編『古代中世の社会と国家』清文堂出版、一九九八年）等がある。

（11）『聖一国師年譜』寛元元年九月の条に、尺牘の省略したものが入っている。

師上書於仏鑑。其略曰、円爾百生幸甚、得獲依附法座、随衆弁道、殊沐慈悲、開示方便。自爾以降、時時自警、雖曰本来円成、亦須漸断塵縁、漸除習気、至於無作之作、無功之功。譬如大海転入転深。今年貺賜法誨、百拝啓読、懐仰不已。

特賜錦袈裟一頂、感激之私、銘篆肌膂。又弊寺自去歳八月始起、今年一周円備。此是老和尚道徳所及、龍天打供、了弁一大縁事。謹此布覆。伏冀慈亮。

(12) 榎本渉「宋代の『日本商人』の再検討」(『史学雑誌』一一〇編二号、二〇〇一年、のち『東アジア海域と日中交流―九～十四世紀―』吉川弘文館、二〇〇七年に再録)参看。

(13) 上田純一『九州中世禅宗史の研究』(文献出版、二〇〇〇年、三九六頁)に謝国明が径山へ材木一〇〇〇枚を寄進したことに触れる。

(14) 円爾から蘭渓への手紙は、玉村竹二「蘭渓道隆と樵谷惟僊との交友関係の変遷―それを物語る二通の尺牘―」(禅文化研究所編『山田無文老師喜寿記念禅学論攷』所収、思文閣出版、一九七七年。のち『日本禅宗史論集』下之二、思文閣出版、一九八一年に再録)、今枝愛真「円爾と蘭渓道隆の交渉―往復書簡を通して見たる一考察―」(今枝愛真編『禅宗の諸問題』雄山閣出版、一九七九年)に取り上げる。

(15) 円爾の系字に当る円は、天台円宗の円と考えてよいであろう。

(16) 福嶋俊翁氏も延宝の説を承け、弁円円爾とする(「仏鑑無準禅師」『福嶋俊翁著作集』第二巻、木耳社、一九七四年)。

(17) 現在の静岡市根古屋の久能山東照宮の地にあった久能寺は、園城寺の末寺であった(今枝前掲論文「入宋の禅師――聖一国師と大応国師の活躍」)。

(18) 『正誤仏祖正伝宗派図』に「無準師範―日本東福開山聖一国師円爾」とする。

(19) 京都国立博物館『禅の美術』(一九八一年)20 無準師範像の解説に、「会下に、入宋した東福円爾らがおり、日本の禅林に与えた影響は大きい」とする。

〔付記〕 今枝愛真「禅僧房号考」(『禅文化』六三号、一九七二年)に対し、玉村竹二「聖一国師の法諱は弁円か円爾か」(『禅文化』九四号、一九七九年)がある。

第三章　徳敷の墨蹟

はじめに

従来、五島美術館所蔵の無準師範《ぶしゅんしばん》筆「山門疏」といわれてきた墨蹟は、山門疏ではなく勧縁偈であり、径山《きんざん》の書記が製作したものであることを「五島美術館蔵「山門疏」考」（『日本歴史』六三八号、二〇〇一年。本書I—第一章所収）と題して発表した。東京国立博物館所蔵の「板渡の墨蹟」といわれる無準の尺牘は、その日本語訳を試み、手紙の宛て先である「日本承天堂頭長老」円爾に道号がないことを『禅文化研究所紀要』二六号（二〇〇二年。本書I—第二章所収）で論じた。

いま論題とした「徳敷の墨蹟」は、もと名古屋の長谷川家のもので、現在は東京国立博物館の手に帰している。この三通の墨蹟は、寛元三年（一二四五）に同時にもたらされたものである。無準の墨蹟をよく理解するためにも避けて通れないと考え、徳敷の墨蹟をテーマとした。

一　釈文

田山方南氏が『禅林墨蹟拾遺』四六（一九七七年）に訓読を発表すると、川添昭二氏は「承天寺の開創と博多綱首謝国明」（廣渡正利編『博多承天寺史 補遺』文献出版、一九九〇年、初出は『九州史学』八八・八九・九〇号、一九八七年）に引用し、釈文を加える。これを『古文書研究』は、四〇号（一九九五年）口絵の釈文に採録する。これより以前、今枝愛真氏は「入宋の禅師―聖一国師と大応国師の活躍―」（『静岡市史』原始古代中世、一九八一年）の中で釈文を試み、田山方南氏の不備を正すところがある。私も少し気がついた点があり、右の釈文を参看しつつ、以下に尺牘を写し取ることにする。

徳敷咨目、拝行上覆

日本承天堂和尚尊属禅師。維時仲夏之月、暑気益隆。共

惟

高提仏鑑、日本並明、

栄鎮名藍、緇素帰敬。

尊候動止万福。徳敷叨冒監寺之時、常聆

誨益、違遠倏経七祼。相距殊邦、無由瞻

礼、一誠傾仰、昕夕不忘。山間建造、正之維持。豈

謂吾

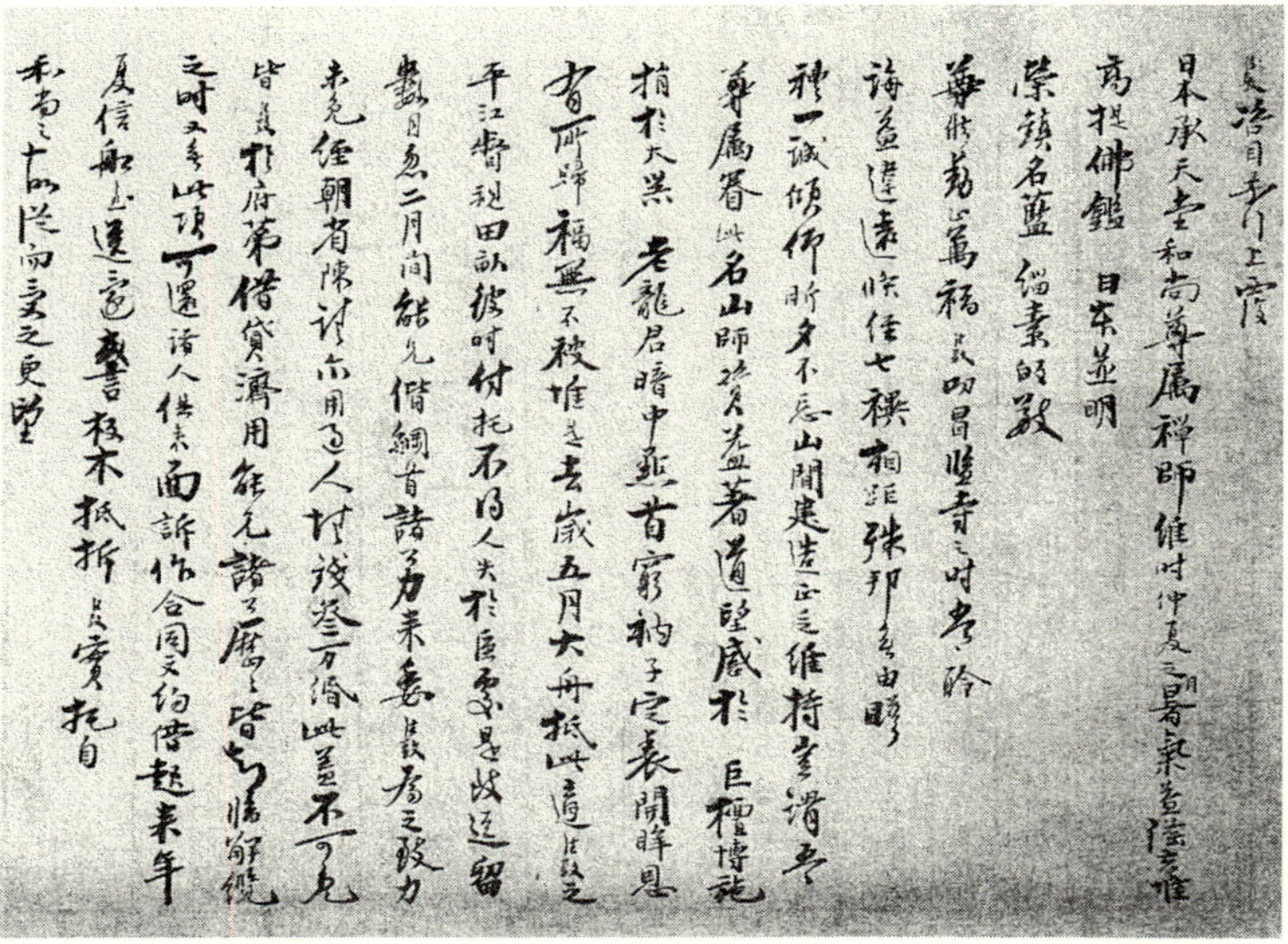

文化財，東京国立博物館所蔵）

尊属、眷此名山、師資益著。道望感於　巨檀、博施
捐於大器。　老竜君暗中点首、窮衲子定裏開眸。恩
有所帰、福無不被。　惟是去歳五月、大舟抵此。適徳
敷之
平江、督視田畝。彼時付托不得人、失於区処。是致
逗留
数月、忽二月間、能兄偕綱首諸公力来、委徳敷。為
之致力。
未免経朝省陳請尓。用過人情銭参万緡。此蓋不可免。
皆徳敷於府第、借貸済用。能兄諸公、歴々皆知。臨
解纜
之時、又無此項可還。諸人倶来面訴、作合同文、約
借起来年
夏信舡至送還。或言板木抵拆。徳敷実托自
和尚之故、従而受之。更望
鼎言於　謝綱使及諸公之前、力主其事廉。半歳無
爽此約、免使徳敷為負逋之人、是所真禱。蒙
捨之板、已先領五百三十片、帰寺訖。外三百三十片、

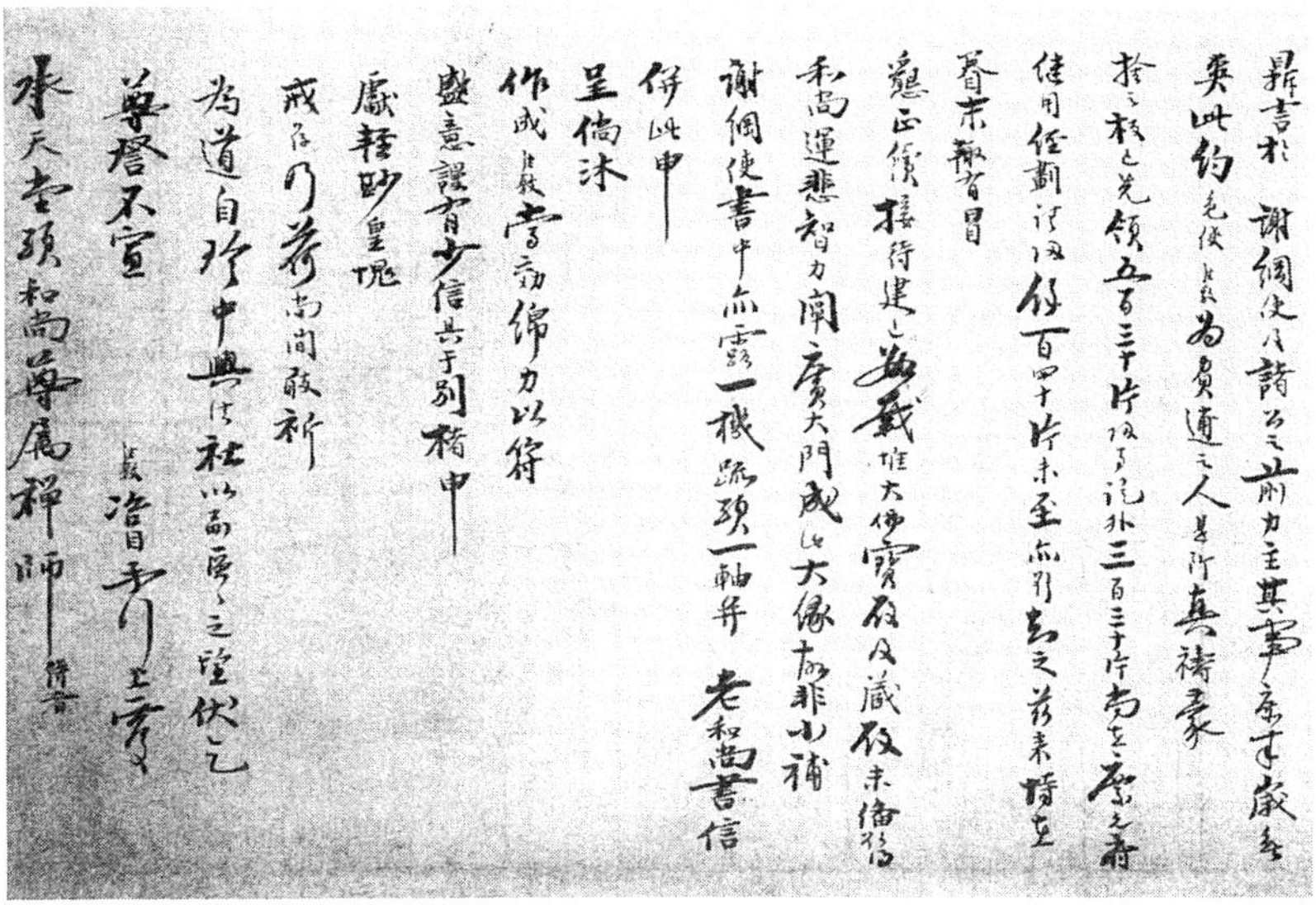

図３　「徳敷の墨蹟」（重要

尚在慶元府、
継用経劃請帰。余百四十片未至、亦欲知之。茲来侍在
眷求、輙有冒
懇。正続接待建已数載、惟大仏宝殿及蔵殿未備。欲得
和尚運悲、智力闡広、大門成此大縁、故非小補。
謝綱使書中、亦露一機。疏頌一軸、拚　老和尚書信、
併此申
呈。倘沐
作成、徳敷当効綿力以符
盛意。謾有少信具于別楮。申
献軽尠、皇愧
戒存、乃荷。尚間敢祈
為道自珍。中興法社、以副区々之望。伏乞
尊督。不宣。　徳敷咨目、拝行上覆
承天堂頭和尚尊属禅師侍者。

この徳敷の墨蹟は、無準の尺牘を補記するものであり、次に書き下し文を掲げることにする。

徳敷咨目し、拝行して日本承天堂（頭）和尚尊属禅師に上覆す。維れ時仲夏の月、暑気益々隆《きび》し。共《うやうや》しく惟るに
〳高く仏鑑を提げ、日本並明し、

名藍を栄鎮し、緇素帰敬す。
尊候の動止万福ならん。徳敷叨《みだり》に監寺を冒すの時、常に誨益を聆く。違遠にして倏《たちま》ち七祺《ねん》を経たり。

殊邦に相距て、瞻礼に由し無く、
一誠傾仰し、昕夕忘れず。
山間の建造、
正に維持に乏し。
豈に謂わん、吾が尊属
此の名山を眷《かえり》み、
師資益〻著わる。
道望　巨檀に感じ、
博施　大器を捐す。
老竜君、暗中に首を点じ、
窮衲子、定裏に眸を開く。
恩　帰する所有り、
福　被らざる無し、と。

惟《おもんみ》るに是れ去歳五月、大舟此《ここ》に抵《いた》る。適〻徳敷平江に之《ゆ》き、田畝を督視す。彼の時、付托人を得ず、区処を失す。是に逗留を致すこと数ヶ月、忽ち二月の間、能兄、綱首諸公と偕に力来し、徳敷に委ぬ。之が為に力を致す。未だ朝省を経て請を陳ぶるを免れざるのみ。用は人情銭三万緡に過ぐ。此れ蓋し免るべからず。皆な徳敷府第に於て、借貸し用を済《な》す。能兄・諸公、歴〻皆な知る。解纜の時に臨んで、又た此の項還す可き無し、諸人倶に来り面訴し、合同の文を作る。来年夏の信舡を借起し送還に至るを約す。或ひと板木抵拆すと言う。徳敷実に托して和尚の故自り、従って之を受く。更に望むらくは、謝綱使及び諸公の前に鼎言し、力めて其の事の廉なるを主《の》べんことを。半歳此の約に爽《たが》うこと無く、徳敷をして負逋の人為ら使むるを免れゝば、是れ真の禱《ねが》う所なり。捨を蒙るの板、已に先に五百三十片を領し、寺に帰し訖る。外の三百三十片は、尚お慶元府に在り、継いで経劃を用い帰せんことを請う。余の百四十片は未だ至らず、亦た之を知らんと欲す。茲に来りて恃むこと眷求に在り、輙ち愬を冒すこと有らん。正続の接待建つこと已に数載、惟だ大仏宝殿及び蔵殿未だ備らざるのみ。和尚運悲なるも、智力闡広にして、大門此の大縁を成さんと欲得《ほっ》す、故に小補に非ず。綱使に謝す書中、亦た一機を露わさん。疏頌一軸、幷びに老和尚の書信、此《これ》に併せて申呈す。倘し作成に沐せば、徳敷当に綿力を効し、以て盛意に符すべし。謾りに少信有り、別楮に具す。中献軽尠にして、皇愧戒存し、乃ち荷す。尚お間《しばら》く敢て道の為に自珍せんことを祈る。法社を中興し、以て区〻の望に副う。伏して尊察せんことを乞う。不宣。徳敷咨目し、拝行して承天堂頭和尚尊属禅師侍者に上覆す。

二　語　釈

以下に尺牘の語釈・出典を中心として見ていくことにする。

○咨目とは(1)、書翰に目を通すこと。『范文正公集』巻九、上呂相公幷呈中丞咨目に、「某諮目し、再拝して僕射相公に上る」とあり、咨と諮は音通。○上覆は、返事をさしあげる。『宋元尺牘』康与之致宮使尚書先生尺牘に、「与之宮使尚書先生の台席に上覆す」とある（上海書店出版社、二〇〇〇年）。○尊属は、ここは法兄と解してよいであろう。○共惟は、つつしんで思う。『大慧書』答張丞相に、「恭しく惟るに、……」とある。共と恭は音通。○仏鑑は、無準師範の禅師号。○並明は、『文選』巻五十六、陸佐公、石闕銘に、「茲の塗炭を拯い、此の横流を救う。功は天地に均しく、明は日月に並ぶ」とある。明並は、平仄の上から並明となっている。○名藍は、名刹。『禅苑清規』巻七、尊宿

入院に、「謝詞に云く、自ら慙ず、非器にして窃に名藍に任うること無し」とある。○尊候は、ここでは円爾のこと。○万福は、多くの幸い。『朱文公校昌黎先生集』巻十八、与孟尚書書に、「伏して惟るに万福ならん」とある。○叨冒は、その任でないが役職についている。○誨益は、教やためになること。○師資は、仏法の声師匠と弟子。『禅苑清規』巻二、小参に、「一日暫く賓主と為るも、終身便ち是れ師資」とある。○道望は、仏法の声望。『羅湖野録』巻上に、「雲居の舜禅師は、世の姓は胡、宜春の人なり。皇祐の間を以て棲賢に住す。而して帰宗の宝公・開先の遷公・同安の南公・円通の訥公と、道望相亜ぐ」とある。○博施は、『論語』雍也篇に、「子貢曰く、如し能く博く民に施して、能く衆を済わば何如。仁と謂うべきか」とある。○大器は、大切な器。『文選』巻四十九、晋紀総論に、「夫れ天下は大器なり。群生は重畜なり」とある。○竜君は、竜神。『宣和遺事』前集に、「九江・四海・五湖の竜君、皆な上帝の勅命を奉じ、且つ行雨を停む。独だ黄河の神のみ未だ睿旨を奉ぜず」とある。○暗中は、『景徳録』巻三十、参同契に、「暗中に当って明有り、明相を以て観ること勿れ」とある。○衲子は、禅僧のこと。『虚堂録』巻四、自讃に、「人を罵るの口を開かざれば、以て其の慈を見ること難く、衲子の病を徴せざれば、以て其の師を表すること難し」とある。○平江は、江蘇省蘇州市呉県市。○田畝は、田畑。『水滸伝』二二回に、「老漢は自ら孩児宋清と、此の荒村に在り。些かの田畝を守り過活す」とある。○付托は、付託、託付に同じ。『文選』巻三十七、諸葛孔明、出師表に、「命を受けて以来、夙夜憂歎し、託付効あらずして、以て先帝の明を傷つけんことを恐る」

とある。○区処は、『漢書』巻八十九、黄覇伝、顔師古の注に、「区処は、分別して処置するを謂う」とある。○逗留は、『漢書』巻九十四上、匈奴伝に、「上は虎牙将軍、期に至らず、詐りて鹵獲を増して、祁連は虜の前に在るを知り、逗留して進まざるを以て、皆な吏に下して自殺せしむ」とある。○能兄は、無準の板渡の墨蹟では、能上人とでてくる。『碧巌録』巻八、七十三則、馬祖四句百非に、「海兄に問取し去れ」とあるように、諱の系字を省略した形で、□能兄《さん》ということになる。○力来は、『漢書』巻九十九中、王莽伝に、「農事に力来し、以て年穀を豊かにせよ」とある。○致力は、『礼記』祭義に、「朔月・月半に、君牲を巡る。力を致す所以、孝の至なり」とある。○朝省は、朝廷のこと。『漢書』巻三十六、劉向伝に、「宗室の任を遠ざけ絶ち、朝省に給事することを得しめず、其の己と権を分つことを恐る」とある。○陳請は、請願を陳述する。『文心雕龍』章表に、「表は以て請を陳べ、講は以て異を執る」とある。○用過は、費用を切り詰める。『易』小過に、「君子以て行は恭に過ぎ、喪は哀に過ぎ、用は倹に過ぐ」とある。○人情銭は、政府に入る関税としての金のことであろう。○府第は、役所のこと。『夢粱録』巻二、蔭補未仕官人赴銓に、「蓋し臨安輦轂の下、榜に中るもの多《お》是《お》くは府第の子弟なり」とある。○借貸は、『晋書』巻四十三、王衍伝に、「父は北平に卒す。送故甚だ厚し。親識の借貸する所と為り、因りて以て之を捨つ」とある。○済用は、『後漢書』巻四十一、劉玄伝に、「陛下業を定むるは、下江・平林の埶に因ると雖も、斯れ蓋し時に臨んで用を済し、之を既に安きに施すべからず」とある。○歴々は、はっきりと。『虚堂録』巻二に、「上堂。一たび出づること数日、至る所の渓山風物、歴々と目に在り」とある。○解纜は、出帆する。『文選』巻二十、謝霊運、鄰里相送方山詩に、「纜を解いて流潮に及ばんとするも、旧を懐いて発する能わず」とある。○面訴は、面前で訴える。○合同の文は、契約書。『続資治通鑑長編』巻二〇五、治平二年七月辛巳の条に、「宮中用うる所の財費、悉く合同の憑由を以て之を取る」とあり、『陔余叢考』巻三十三、合同に、「今ま俗に契券を作り、所謂る合同なる者有り。両紙尾を以て相並べ、共に合同の二字を其の上に写して、各々其の一を執り、以て験と為す。蓋し古法に本づく」とある。○板木を中国の仏寺へ喜捨した先例に栄西がある。『攻媿集』巻五十七、天童山千仏閣記に、「是より先に日本国僧千光法師栄西は、願心を奮発し、西城に往き教外別伝の宗を求めんと欲す。告ぐるに天台万年の依るべきと為すを以てする者有るに若《したが》い、海を航して来り、師を以て帰と為す。天童に遷るに及んで、西も亦た随い至る。居ること歳余、師に改作の意有るを聞き、請いて曰く、摂受の恩に報いんと思い、糜軀憚らざる所、況んや此を下す者をや、吾れ国主の近属を忝くす。它日国に帰り、当に良材を致し以て助と為すべしと。師曰く、唯と。未だ幾くもならず遂に帰る。二年を越えて、果して百囲の木を致す。凡そ若干大舶に挟み、鯨波に泛べて至る」とある。○鼎言は、重要な話。○謝綱使は、謝国明。『景徳録』巻十八、玄沙師備章に、「法名は師備、福州閩県の人なり。姓は謝氏、幼にして好《よ》く釣を垂る。小艇を南臺江に泛べ、諸の漁に狎るる者なり」とあり、国明も福建の出身かと憶測する。○負逋は、租税の滞納。『新唐書』巻五、開元八年三月甲子の条に、「水旱の州の逋負を免じ、四鎮の行人の家に給復すること一年」とある。○経劃は、やりかた。『経進東坡文集事略』巻四十五、答秦太虚書に、「度るに嚢中尚お一歳有余を支うべし。時に至らば別に経画を作さん」とある。○眷求は、心にかけて求める。『書経』咸有一徳に、「一徳を眷求して、神主と作さしむ」とある。○正続接待は、径山の接待所名。○智力は、知力と労力。『管子』形勢解に、「能く自ら去りて、天下の智力に因れば、則ち身逸して福多し」とある。○闡広は、広くする。『史記』巻六、秦始皇本紀、二十八年の条、禅梁父の集解に「服虔曰く、禅は、土地を闡広するなり」とある。○大門は、寺の総門という限られたものでなく、径山そのものをさす。○大縁は、『禅苑清規』巻九、訓童行、立身第一に、「大縁の事に非ざれば、請仮《しんか》することを得ず」とある。○欲得は、『臨済録』示衆に、「你は祖仏を識らんと欲《ほっ》得するや。祇だ你面前聴法底是れなり」とある。○小補は、少しの補い。『孟子』尽心篇上に、「夫れ君子の過ぐる所は化し、在《お》る所は神《おさ》まり、上下は天地と流れを同にす。豈に之を小補すと曰わんや」とある。○一機は、一つの働き。『宛陵録』上堂に、「或いは一機一境を作し、揚眉動目して、祇対して相当たり、便ち契会せり、禅理を証悟するを得たりと道《い》い、……」とある。○作成は、『漢書』巻二十二、礼楽志、郊祀歌、玄冥に、「天地を経緯し、四時を作成す」とある。○綿力は、『初学記』巻二十、隋江総辞行李賦に、「進学枝葉に慙じ、綿力康衢に謝す」とある。○少信は、小信に同じ。小さい信義。『韓非子』外儲説篇左上、経六に、「小信成るときは、則ち大信立つ。故に明主は信を積む」とある。○別楮は、別紙。○皇愧は、おそれかしこまる。『資治通鑑』巻十三、漢文帝元年四月の条に、「又た問う、一歳の銭穀入ること幾何ぞ。勃又た知らざるを謝す。惶愧し、汗出で背を沾す」とある。皇と惶は音通。○自珍は、自愛に同じ。『韓愈全集校注』与崔羣書に、「珍重自愛せられ、飲食を慎しみ、思慮を少なくせられよ」とある。○法社は、径山をさす。『大宋僧史略』巻下、結社法集に、「梁の僧祐曾て法社、功徳邑会を建つるの文を撰す。歴代以来、僧寺を成就すれば、法会の社と為す」とある。○区々の望は、区々の意に同じ。『文選』巻四十一、李少卿、答蘇武書に、「功大に罪小なるに、明察を蒙らず、陵の心に弧負す。(2)区々の意あり。一念至る毎に、忽然として生を忘る」とある。○不宣は、不一・不悉に同じ。○侍者は、堂頭の侍者、万般に亙って秘書役を務めた（『禅苑清規』巻四、堂頭侍者）。

三　日本語訳

右の語釈等を手がかりに日本語訳を試みることにする。

「私徳敷がお手紙に目を通し、つつしんで日本承天寺堂頭和尚法兄《ほうひん》禅師のもとへ御返事を差し上げます。時に陰暦五月、夏の暑さの一層きびしきおり、つつしんでご案じ申し上げています。高く無準師範の禅を提唱し、日本の明は日月のように輝き、承天寺という名刹を光栄にも住持されて、僧俗から帰依をうけておられる。その法兄の日常は御機嫌うるわしきことと思います。

私がその任でないのに監寺《かんす》の役位に就いていたとき、いつもお教えを受けてから、遠く離れたちまちのうちに七年が経過しました。異国に相隔たって、お目通りする手立てもなく、ひたすらお慕いし、朝夕忘れることもございません。山中の建造物は、どうにも維持しがたいことです。わが法兄に述べないではおれません。あなたはこの名山を心にかけられ、師資ともますます世に顕われ、仏法の声望は大檀越に感化し、大いに布施して大切な物を喜捨するようにされました。仏法を守る竜神も密かに合点し、修行に苦しむ雲衲も禅定中に目を開くことになります。恩は帰着するところがあり、福は被らないものはありません。

振り返りますと、去年五月に、大船がここに到ったそのさいに、私は平江に出かけて田畑を見回っていました。そのとき寺のことを任せるよい人がなく、対処の時宜を失ってしまいました。ここに数ヶ月も逗留することになり、はや二月のころ、□能さんが綱首諸公とともに骨折って私に一任されました。ここに大いに尽力し、朝廷に要請するのを免れえないようです。

費用は切り詰めても関税としての参万緡、免れることはできません。一切私が役所で借りて用を足します。□能さん、それに綱首諸公は、どなたもちゃんと承知しています。出帆するさい、その上このお金を還すことができませんと、みんな揃ってやって来て面前で訴え、契約書を作成し、来年夏の使者の船に言づけて送還すると約契しました。ある者は板木の傷み割れているものがあるといっています。私は確かに無準和尚のもとから委託されてこれを受けました。その上、謝国明ら諸公の前でお話し、できるだけ関税の安くなるように述べたいと思っています。半年経ってこの約契に違うことなく、私に税の滞納者となるのを免れさせたならば、それは真に願うところです。

喜捨を願った板は、これまでに五三〇片を受け取り寺に着いています。外の三三〇片はまだ慶元の港にあり、引き続いて手段を講じ径山にもたらしたいと思います。その外の一四〇片はまだ到着しておらず、やはり事の次第を知りたいと思っています。

ここに至って願うことは心がけて求めることにあり、あえて真心に触れることを願っています。接待所である正続院が建立されてから数年経ちましたが、しかし仏殿と経蔵とはまだできてはいません。和尚は二回も径山が焼けるという悲運に遭っていますが、(3)智慧と定力とは深く広く、径山の再建という大いなる縁を成就しようとされていますので、ちょっとした補修といったものではありません。謝国明にお礼を述べる手紙にも、一つのよい処置を示したいものです。疏頌一軸、および和尚の手紙、それにこの私のものを併せてお送りします。もし径山を再建するというめぐみを受けましたならば、私は微力を尽くして手厚いおぼしめしとぴったりと合わせたいと思います。

まとまりのない小さい信義を述べたものがあり、別紙に用意しています。申し上げることが少なくて、恐れ畏みて心し、辱いことです。加えてくれぐれも久しく仏法のためにご自愛されるよう願います。径山を中興しようとする思いから微衷を付け加えました。どうか私の心中をお察し下さい。不宣」。

四　趙孟頫の酔夢帖

先に「幻住明本と日元の居士」(『中世の日中交流と禅宗』吉川弘文館、一九九九年)の中で引用した趙孟頫の酔夢帖(台北故宮博物院蔵、中国法書ガイド四九『趙孟頫集』二玄社、一九八九年、中川憲一釈文)の書翰そのものの部分を次に掲げて、その様式を見てみることにする。

弟子趙孟頫和南、拜覆
中峰和上師父侍者。孟頫自老妻之亡、
傷悼痛切、如在酔夢。当是諸幻
未離、理自応尓。雖疇昔蒙
師教誨、到此亦打不過。蓋是平生
得老妻之助整卅年、一旦喪之、豈
特失左右手而已耶。哀痛之極、
如何可言。過蒙
和上深念、遠遣師徳。賜以
法語、又重以悼章、又加以祭文。亡者得
此、固当超然於生死之塗、決定無疑。
至於祭饌之精、又極人間盛礼。尤
非所宜蒙。歿存感戢、不知将何上報
師恩。雖亡者妄身已滅、然
我師精神之所感通、尚不能無望於
慈悲拯抜、俾証菩提、此則区々大
願。因俊兄還山、謹此具復、臨紙哽
塞、不知所云。六月廿八日。弟子趙孟頫和南、

拝覆
中峰大和上師父侍者前。
弟子趙孟頫和南して、中峰和上《おしょう》師父侍者に拝覆す。孟頫老妻の亡より、傷悼痛切にして、酔夢に在るが如し。当に是れ諸幻未だ離れず、理自ら応ずべきのみ。疇昔師の教誨を蒙ると雖も、此に到りて亦た打ち過ぎず。蓋し是れ平生老妻の助を得ること整卅年、一旦之を喪うは、豈に特《た》だに左右の手を失うのみならんや。哀痛の極、如何ぞ言う可けん。和上の深念を過蒙し、遠く師の徳を遣わさる。賜うに法語を以てし、又た重ぬるに悼章を以てし、又た加うるに祭文を以てす。亡者此を得ば、固より当に生死の塗に超然とし、決定疑い無かるべし。祭饌の精に至っては、又た人間の盛礼を極む。尤も豪を宜しくする所にあらず、歿して感戢を存し、何を将《もっ》て上《かみ》師の恩に報いるかを知らず。亡者妄りに身已に滅ぶと雖も、然も我が師の精神の感通する所、尚お慈悲拯抜を望むこと無き能わず、菩提を証せしめば、此れ則ち区々たる大願なり。□俊兄《ひん》の山に還るに因り、謹んで此《ここ》に具復し、紙に臨んで哽塞し、云う所を知らず。六月廿八日。弟子趙孟頫和南して、中峰和上師父侍者に拝覆す。

拝覆は、拝行上覆を縮めたものであるから、手紙の書き出しと終りの様式はまったく同じということになる。南宋の徳敷と元の趙孟頫とでは、時代が逆転していて先例という訳にはいかないけれども、参考にはなる。とすると、従来、田山方南氏が拝行の再出のところを再拝と読んでいるのを、今枝愛真氏のように拝行と読まなくてはならない。そのことを踏まえて、手紙の誰が誰に宛てたものか省略のない書き出しと書き止めを再現すると、

徳敷咨目拝行上覆
日本承天堂頭和尚尊属禅師侍者……

……徳敷咨目拝行上覆
日本承天堂頭和尚尊属禅師侍者

となる。二行目の「日本承天堂和尚」と徳敷が書くところは、堂頭の頭を書き落としたことに気づかなかったといえる。なお、趙孟頫の夫人は管道昇という。前近代にあって、夫人の名が明らかなことはあまりない。

おわりに

徳敷が博多の承天寺住持である円爾のもとに尺牘を送付してきたのは、無準師範の板渡の墨蹟と径山重建仏殿経蔵勧縁偈と、三通時を同じくしてのことである。それは淳祐五年（寛元三年〈一二四五〉）のことであった。徳敷は当時、径山の寺院経営の責任者である監寺として材木を受け取る立場にあった。手紙の文面からすると、朝貢品と違って寺院への喜捨の品でも関税が課されていて、その関税は寄進者の払うものとされていたようである。これ以前、材木を中国の寺に寄進した場合どうだったのであろうか。

俊乗房重源は建久七年（一一九六）ごろに阿育王山の舎利殿造営に際し、周防国の木材を寄進しているが、中国の港へついた材木がどのようにして育王寺に運ばれたのかわからない（『東大寺造立供養記』『南无阿弥陀仏作善集』ともに小林剛編『俊乗房重源史料集成』所収、奈良国立文化財研究所、一九六五年）。これより前、平重盛が一艘分の檜木を阿育王山に贈り宝形の御堂を立てたといわれている（『源平盛衰記』巻十一、育王山送金。入間田宣夫「清衡の創業」『日本の中世』五、中央公論新社、二〇〇二年、六八頁）。金一〇〇〇両を宋の天子に献じているため[4]か、檜木の関税についてはなんら言及していない。また明庵栄西も良材を天童山に送り千仏閣の助けとしている（『攻媿集』巻五十七、天童山千仏閣記）。

江に浮かべ手車で山中へと運んだことはわかっても、港でどういう手続きを取ったか明らかでない。

　これらの寄進された木材がどのように荷あげされて育王山や天童山へと引き渡されたか、具体的な仕方は明瞭ではない。そういう点で、この徳敷の書翰は貴重である。この板木は、謝国明から径山へと寄進されたものと理解しているが、寄進ではなく貿易の一環として代価の支払いを求められているという説もある（榎本渉「宋代の「日本商人」の再検討」『史学雑誌』一一〇編二号、二〇〇一年、四二頁、のち『東アジア海域と日中交流―九～十四世紀―』吉川弘文館、二〇〇七年に再録）。要点は、「用過人情銭参万緡此蓋不可免」をどう読むかにあるようである。もしこの箇所の私の読みが当らないとしても、手紙全体の基調から、径山が材木の寄進に与ったと理解する。もし寄進でないとしたら、無準が板木を贈られて支援を受け、径山の落成したことに感激し、お礼の尺牘に副えて宣城の虎図二本を謝国明に送り届ける（田山方南『続禅林墨蹟』一九、一九六一年）必要があったであろうか、そんな必要はあるまい。板子一枚下は地獄という船団を運営する謝国明が、貿易の利を離れて径山に板木を寄進する一面があってもなんら不思議ではない。円爾のために博多に承天寺を創建した謝国明が、円爾の師無準の径山重建に協力し板一〇〇〇枚を寄進したものの、それに関税がかかるとは思わず、その対応に監寺の徳敷も巻き込まれ苦慮したことを知らせる手紙と解釈する。

注

（1）『仏光録』巻九、長楽一翁長老書に、「院豪咨目、拝覆建長堂頭大和尚尊前、……伏乞慈察。／四月二十四日。／長楽住持院豪咨目、拝覆」とあり、長楽寺の一翁院豪が無学祖元に出した手紙に「咨目」の語がみえる。一翁はかつて径山の無準に参じている。

（2）『京都最古の禅寺　建仁寺』（京都国立博物館、二〇〇二年）11　鏡堂覚円墨蹟、尺牘に、

覚円頓首、再拝申稟

巨福堂上西磵老師大和尚侍者。　……

……

為法珍重。不宣。

五月十日　建仁郷末比丘覚円頓首、拝覆。

とあり、書状侍者を通して御許にということで侍者という字が小さく添えられている。

（3）家之巽の径山興聖万寿禅寺重建碑（『径山志』巻七）に、「紹定癸巳・淳祐壬寅に両災す。師範載《ふたた》び之を営む」とある。

（4）拙庵徳光が平重盛にお礼に贈った「金渡の墨蹟」（『国宝・重要文化財大全』八、毎日新聞社）という偈が伝わる。

第四章　両浙の寺院をめぐった日本僧

はじめに

二回に亙る中国江南への調査は、一回目（二〇〇〇年十一月）に杭州・寧波・舟山を巡見し、二回目（二〇〇二年九月）に蘇州・無錫・常州・鎮江・揚州といった運河沿いの地を巡った。タイトルを付けるに際し、最初、「滬寧杭地区の寺院をめぐった日本僧」とした。しかし、私の対象とするのは、一二三四年の金朝滅亡後の南宋後期から元代にかけてを主としているところから、両浙という語を用いることにする。念のために『宋史』巻八十八、地理志、両浙の項をみると、

両浙路。熙寧七年、分ちて両路と為し、尋いで合せて一と為す。九年、復た分つ。十年、復た合す。府は二、平江・鎮江。州は十二、杭・越・湖・婺・明・常・温・台・処・衢・厳・秀。県は七九。南渡の後、復た臨安・平江・鎮江・嘉興の四府、安吉・常・厳の三州、江陰の一軍を分って西路と為し、紹興・慶元・瑞安の三府、婺・台・衢・処の四州を東路と為す。

とあって、長江以北の揚州は含まないものの、両浙の名を大まかに用いることにする。地理志からすると、浙西としてもよさそうだが、わが国の渡海僧たちが足を踏み入れる慶元府（北宋の明州）が抜け落ちるため、両浙をタイトルに用いる。

わが国の僧たちは、中国に南詢したといっても、その大半は江南の地、それも両浙の叢林を偏参した。モンゴルによる元代となってもその状況は変らない。それは五山・十刹・甲刹といった寺々の多くが、江南、とりわけ両浙に集中していることによる。なお、元朝の行省では、揚州路が河南江北等処行中書省に属する以外は、江浙等処行中書省に所属する（『元一統志』巻三、八）。揚州は、鑑真のいた大明寺のあるところとして忘れることのできない地であるが、五山等の寺のないところであるためか日本僧の足跡を残さない。以下、渡海僧が周旋した寺々の一端を共に歩むこととする。

一　慶元の瑞巌山

博多を出た商船の着岸するところが慶元（明州、寧波市）であるところからほとんどの日本僧が中国への第一歩を印したところである。[1] ここには五山の天童寺・阿育王寺があり、十刹の雪竇寺があり、[2] 甲刹の大慈寺・慈渓寺がある。金文山恵照寺（寧波市鄞州区）の虚堂智愚は、無象静照《むぞうじょうしょう》に景定四年（一二六三）法語を示している（玉村竹二『五山文学新集』第六巻、一一一三頁）。それが東京国立博物館に蔵するところの「破れ虚堂」である（『日本国宝展』105、読売新聞社、二〇〇〇年）。無象は淳祐十二年（一二五二）海を渡って宋に到ると、直ちに径山の石渓心月に参じ嗣法している。景定元年に育王山に掛錫し知客《しか》の役位に就いてから、咸淳元年（一二六五）帰国するまで、虚堂が育王山・金文山・浄慈寺・径山と転住しても師事している。その間、天台山の石橋（浙江省台州市）に登り、洞庭湖（湖南省）に遊んだのは、解制中の秋のことであった。

北条時頼から勧められて入宋した蔵山順空は（景定三年、一二六二）、明州の万寿寺の退耕徳《ついかんて》寧《にん》に参じ、東浙で道価の高かった西巌了慧を天童寺に訪ね、付き従った。しかし、西巌は示寂の歳に当り誨策に倦労しているところから湖州（浙江省）法宝寺の石林行鞏に参じ、所得がもっとも多かったといわれる。径山では、偃渓広聞・荊叟如珏・淮海元肇と三師に歴参した。また越州（浙江省紹興市）東山の断渓妙用にも師事するというように、(3) 呉越を周旋すること多年にして、帰国したのは咸淳六年（一二七〇）以前のことであった。

東福寺の円爾に服勤すること八年の白雲慧暁は、咸淳二年（一二六六）入宋すると二浙の叢林を偏歴したのち、慶元府瑞巌山開善寺の希叟紹曇に参じ、(4) 百丈撥火の公案により豁然と大悟した。(5) 宋に在ること一四年で、至元十六年（一二七九）日本に帰った。白雲が希叟のもとで大事了畢していることの証明となる墨蹟がある（『根津美術館蔵品選』仏教美術編134居逕墨蹟、根津美術館、二〇〇一年）。

日本国東福寺白雲暁
禅師在瑞岩先師会中
見徹仏祖根源相聚既
久知心亦多聞於丁酉歳
臘月廿六日説偈示寂不
勝悲恋謹吟二十八字遠寄
以見真情
　守先師友雲塔所居逕拝呈
東福寺諸位法兄禅師
一片白雲帰海東

普施法雨化魚竜
毗嵐驀地忽吹散
大地難尋渠影蹤

　白雲禅師臨帰
　国時布施令刊
　先師希叟和尚
　語一冊相寄便
　速不及多印
　　　　峕再拝

日本国東福寺白雲暁禅師は、瑞巌先師の会中に在り、仏祖の根源を見徹す。相聚まること既に久しく、知心も亦た多し。丁酉歳臘月廿六日に偈を説き示寂すと聞き、悲恋に勝えず。謹んで二十八字を吟じ遠く寄せ、以て真情を見わす。先師友雲塔所を守る居涇、東福寺諸位法兄禅師に拝呈す。

一片の白雲　海東に帰り、普く法雨を施して魚を竜に化す。毗嵐驀地に忽ち吹き散じ、大地　尋ね難し渠《かれ》の影蹤を。

白雲禅師、帰国の時に臨み、布施して先師希叟和尚の語一冊を刊せしむ。相寄するに便速かにして、多く印するに及ばず。

　　時に再拝す。

この尺牘では、白雲は永仁五年（一二九七）十二月二十六日に遺偈を書いて示寂したことになっているが、岐陽方秀撰行状（『名僧行録』四）等では二十五日のこととする。

初め在宋のおり白雲は、杭州でモンゴル兵に殺害されんとし、一心に観音を念じ刑を免れている。

大徳九年（一三〇五）二十二歳のときに南遊を志した竜山徳見は、四明（寧波市）に到ったが、元朝は商客の上陸を禁止するだけでなく、雲衲に至るまで慶元の町に入るのを禁止した。竜山は法のために身を捧げる覚悟で入城を決行し、天童寺の東岩浄日に帰堂を許された。大徳十一年（一三〇七）慶元路の官と倭商との間に事件が起こり[6]、天童寺の日本僧十数人も大都（北京市）に送られ、竜山もその一人として洛陽の白馬寺に安置されている。宥免されると再び天童寺に掛籍し、竺西妙坦のもとで侍香の役位に就いた。役が解けると蘇州（江蘇省）虎丘寺の紹隆塔の塔主《たっす》古林清茂に師事し、道韻あるものと認められる。竜山は江西の疎山（撫州市）仰山（宜春市）黄竜山（九江市修水県）と遊行し、廬山（九江市）東林寺では蔵主を掌る。役職を解かれると、豫章（南昌市）から脩川を遡り分寧（九江市修水県）に到り、雲巌寺の平山□高、そして済川若檝のもとで分座説法する。至順元年（一三三〇）竜興路（南宋は隆興府。九江市修水県）の兜率寺に入院し[7]、その本を忘れずということで、嗣香を寂庵上昭に焼いた。東帰しようと江東（南京市）の竜翔寺に客寄し[8]、笑隠大訢に好遇される。しかし、兜率寺再住の専使が追い至り、再住することになる。ほどなく帰心止みがたく、崑山州太倉（蘇州市太倉市）から乗船し博多に着いたのは[9]、至正十年（一三五〇）六十七歳のことであった。

二　杭州の径山

わが国で「くい」の「こうしゅう」といわれる杭州は、五代の仏教王国呉越国の中心として知られる。五山の径山[10]、霊隠寺[11]、浄慈寺[12]があり、十刹の中天竺寺[13]、甲刹の大覚寺・報国寺がある。

由良の湊を出た無本覚心は、博多で宋船に乗り、補陀山を礼拝し[14]、長津（寧波の一郭と思われるが不詳）に到って上陸した。淳祐九年（一二四九）四十三歳のことである。覚儀・親明と同行し径山の麓に到ると惣門があり、中途には接待所の化城院があり[15]、寺は山頂にあった。同行の三人は、処々に遍参しようという約諾であったが、このころ、中国と日本との間で往来船の禁制の旨があり、二僧は明州から帰朝することになり、無本だけ径山に留まった。癡絶道冲に参じ昼夜に工夫を作し翌年まで止住している。淳祐十年湖州（浙江省）の道場山に掛搭《かとう》し荊叟如珏に参謁し[16]、一安居を道場に留まる。その年明州の育王山に往き三年に亙って止住する。四十六歳のとき台州（浙江省）天台山に登り、石橋を渡り[17]、国清寺・大慈寺に登る。宝祐元年（一二五三）明州の大梅山に登り、法常の塔を拝した。この山で日本の源心に邂逅することになる（『和歌山県史』中世史料2、興国寺文書52号、法灯国師縁起、四十七歳の条）。

師問うて曰く、儞《なんじ》久しく此の邦に参ず、還《は》た明眼の知識に遇うや。源心云く、杭州の無門和尚は、一代の明師、応に往きて参見すべし、と。師四十七歳、宋の宝祐元年九月二十八日、源心相牽きて杭州護国寺に到り、直ちに方丈に入る。無門僅かに見、即ち擒住して曰く、我が這裏《ここ》門無し、何処《いずこ》従り入る、と。師云く、門無き処従り入る。門問う、儞の名は什麽《なに》。師云く、覚心。門即ち偈を作り曰く、心即ち是れ仏、仏即ち是れ心◎。心仏如々、古に亙り今に亙る◎。酬対すること数四、印可を蒙る。

無本は源心の引きにより杭州の護国寺無門に参じ大悟することになる。四十八歳（宝祐二年）のとき日本に帰ることを告げると、『月林録』『無門関』を授けられた。頂相《ちんそう》に讃を書いてもらい[18]、首尾六年の遍歴を終え、船頭智定法眼の船に乗り、鎮西葦屋津より日本の船に乗り換え紀州の湊に着いた。

南禅寺開山となる無関玄悟は、建長三年（一二五一）四十歳のときに巨海を渉り入宋し、四明から会稽（浙江省紹興市）を通り、荊叟如珏に霊隠寺に見え掛錫した。日本僧七十数人の長とされている。ある日浄慈寺で断橋妙倫に見えてより、ときどき参請して契悟するものがあった。断橋は臨終のときに法衣と頂相を授けている。その後、両浙の叢林を偏参することが十二年、鄞（寧波）で日本船に乗り薩摩に帰ってきた。

聖一派の山叟慧雲は、正嘉二年（一二五八）商船に乗って宋国に入ると、すぐに臨安に赴いた。このころ、断橋妙倫は南屏山浄慈寺に住持していて、山叟は墨梅の偈を呈示し、日中の新到僧三百余人のうち、山叟のみ掛錫を許された。方庵智圻・清虚□心のところにも往き請益《しんえき》している。咸淳四年（一二六八）帰帆に乗り東福寺に帰省する。

大応派の派祖南浦紹明は、開慶元年（一二五九）航海して宋に到り知識に偏参し、虚堂智愚を浄慈寺、そして径山に参じて、「這《こ》の漢参禅大徹せり」と認められ、咸淳三年（一二六七）日本に帰ることになる。虚堂を初め餞偈があり、『一帆風』として今に残る。[19]

わが国への伝禅者二四流の一つに数えられる古先印元は、延祐五年（一三一八）二十四歳、入元すると直ちに天台山華頂峰に登り無見先覩に参じ、その指示により天目山（杭州）の中峰明本に見え、[20]のち嗣香を焼《た》くことになる。五、六年師事し、辞を告げ金陵（南京）鳳臺の古林清茂の法席に列なり、東司の役に任ぜられる。金剛幢下の了庵清欲らと莫逆の友となる。再び西浙に還ると、霊石如芝・月江正印・笑隠大訢・断江覚恩・別伝妙胤・無言承宣に歴参した。大仰山（江西省宜春市）の絶学世誠に参じ、松江府（上海市松江区）曹渓真浄寺で清拙正澄に随い、清拙の渡来に随行し帰国したのは、泰定三年（一三二六）のことであった。

天暦元年（一三二八）法弟の友山士偲とともに入元した正堂士顕は、無見先覩の証明を受け、至元元年（一三三五）にわが国に帰った。浄慈寺の霊石如芝が正堂士顕に与えた道号の偈頌がある（『国宝・重要文化財大全』八、毎日新聞社、135）。

正堂号為	正堂号
顕侍者賦	顕侍者の為に賦す。
弾撃偏邪振始音	偏邪を弾撃して始音を振い、
月当松頂夜沈々	月 松頂に当って夜沈々。
灼然宗教如真挙	灼然の宗教 如し真に挙せば、
青草何妨一丈深	青草 何ぞ防げん一丈の深きを。
天暦庚午孟春望	天暦庚午孟春望、
南屏浄慈八十六	南屏の浄慈八十六
歳老衲霊石如芝	歳老衲霊石如芝、
書于宗鏡堂	宗鏡堂に書す。

正堂は無見の法を嗣いだとはいわないで、南山士雲の法を承けている。

三　湖州の道場

湖州（浙江省）には、十刹の道場寺、甲刹の何山寺・資福寺がある。

聖一派の無夢一清は、大徳七年（一三〇三）南遊して入元し、諸老の門を叩き、竜巌徳真に廬山で、樵隠悟逸に雪峰（福州）で謁見している。また東陽徳煇《てひ》を百丈（江西省宜春市奉新県）に依附し後堂首座として秉払を遂げ、翌日東陽は上堂して大衆に称誉した。経歴すること三〇年にして日本に帰った。無夢は湖州の道場寺に転住した東陽に再び見えている（芳賀幸四郎『墨蹟大観』第一巻50）。

無夢
惺々徹底惺々也、
真不求兮妄不除
一任梅華吹画角
令人長憶太原孚
　至元再己卯春
三月初二日為
百丈清蔵主作
　道場悳煇 東陽

無夢
惺々徹底　惺々や、
真　求めず　妄　除かず。
一任す梅華　画角を吹くを、
人をして長く太原孚を憶わしむ。
　至元再己卯春三月初二
日、百丈清蔵主の為に
作る。
　道場徳煇 東陽

東陽に無夢という道号の偈頌を求めたものであり、後至元五年（一三三九）のことであった。東陽は『勅修百丈清規《はじょうしんぎ》』の編纂でその名を知られる。(21)

一山派の雪村友梅は、大徳十一年（一三〇七）十八歳で入元し、二年を観光に費やしたのち各地の叢林に元叟行端・虚谷希陵・東嶼徳海・晦機元熙らに参扣した。(22)趙孟頫を翰苑に訪ねたこともある。その後、湖州の道場山に登り、堂頭の叔平□隆の侍者・蔵主となった。このころ、日元間の離隔により、日本人ということで雪村も投獄された。これを雪川の獄という。雪川は湖州を流れる水名、現在の東苕渓である。叔平は雪村を庇って獄中で亡くなっている。雪村が無学祖元の臨剣偈を朗誦し、刑吏の白刃を免れたのは、皇慶二年（一三一三）二十四歳のことであった。しかし、長安に三年、蜀に一〇年遠流され、大赦があって、泰定二年（一三二五）蜀を離れ、嘉州（四川省楽山市）、渝州

（重慶市）、君山（湖南省岳陽市）、南岳（衡陽市）、廬山（江西省九江市）、焦山・金山（江蘇省鎮江市）等に立ち寄り、また長安に留連されること三年であった。文宗が即位すると、終南山翠微寺に住持することになった。その本を忘れずということで、嗣香を一山一寧に焼いている。号を宝覚真空禅師と賜わった。忘れることのできない獄中で亡くなった叔平の頂相を作り、霊石如芝の賛を加えこれを祀った。それは泰定五年（一三二八）のことである。翌天暦二年、大洋に浮かび東帰した。時に雪村は四十歳になっていた。

大慧派に列なる中巌円月は、十九歳のときに江南に出ようと博多に到ったが、綱司に上船を許されなかった。その願いが叶い江南に到ることのできたのは、泰定二年（一三二五）九月のことであった。[23] 明州雪竇山資聖寺で冬を過ごし、旧友の全珠侍者を中巌庵に訪ね、ともに浙西の嘉興（浙江省）に往き、天寧寺の霊石如芝に参じて年を過ごした。翌年、呉の霊巌寺に掛搭し、ほどなく建康（南京）保寧寺で古林清茂に見えている。江西洪州（南昌）の西山霊蓋寺で夏を送りマラリアに罹り、冬には分寧の雲巌寺に掛搭し済川若檝に見えた。竜山徳見が雲巌寺の単寮にいて朝夕参扣している。泰定四年秋に保寧寺に帰り再び古林に参じた。[24] 冬には呉門（蘇州）の幻住庵に往き年を過ごし、庵主の絶際永中は温かく処遇した。[25] 翌年夏には湖州の道場寺で過ごし、当時、寺内の四禅に東陵永璵や雪村友梅がいた。秋には杭州の浄慈寺に往き再び済川に参じ、掛錫して冬を過ごす。天暦二年（一三二九）春、日本船が長楽（福建省福州市）に停泊しているということで乗船せんとしたができず、江西に還り竜山を再訪して夏を過ごした。武昌（湖北省武漢市）に往き不聞契聞の下獄を救わんとし、不聞がすでに許されていたことから、江西の東林寺（廬山）に古林に参じた。冬には百丈山に到った。至順元年（一三三〇）、のち文宗と称される梁王が再び皇帝となる。中巌の三十一歳のことである。夏五月に百丈山の書記となり、天下師表閣上梁文を作成した（『五山文学新集』第四巻、東京大学出版会、一九七〇年、六三六頁、百丈法堂上梁文）。至節の秉払の後、書記の役職が解けると、廬山に往き竜巌徳真・柏壑の二老を訪ね、鄱陽湖（江西省北部）に立ち寄り、永福寺（江西省上饒市波陽県）の竺田悟心に参じて年を過ごした。二年春に金華（浙江省）双林寺に夏安居を送り、秋に智者寺の蒙堂に寄宿した。(26)三年春に南屏山浄慈寺に帰り、日本人の大弁正訥を率い径山に登る。霅（湖州）に立ち寄り、再び閶門（蘇州）に往き、(27)幻住老人絶際永中のために祭文を作る（『五山文学新集』第四巻、六八九頁、祭幻住中絶際）。夏の初め、一峰通玄と浙東の慶元から日本船に乗り博多に帰った。

四　平江の幻住庵

北宋の蘇州は、南宋のとき平江府といい、元のとき平江路といった。十刹の万寿寺・虎丘寺、(28)甲刹の承天寺・(29)寒山寺があり、林下の幻住庵がある。

中峰明本は各地に幻住庵を結んでいる。その一つ平江路鴈蕩の幻住庵は、閶門の西にあった（『中峰広録』巻二十二、平江幻住庵記）。中巌円月はすでに中峰が亡くなっていたが、ここに立ち寄ったことになる。この呉門幻住庵の勧縁偈の墨蹟が現存する（『五島美術館の名品』絵画と書94、五島美術館、一九九八年）。

呉門幻住庵
庵刱于大徳庚子年雖
未遠而椽梠為蠹魚所
壊凜々将圧茲欲厨
屋併而新之所費伏
好事英檀不吝施力揮

金成就則
福田亦相須而速矣敬為
説偈以勧
幻相元非住家風
豈可虧庖厨今
樹立中屋要増
輝惟憑
檀度力為展道
人機併新
成就了枯坐政
相宜
今月　日　疏
幹縁
守庵沙門
勧縁依幻而住菩薩

呉門の幻住庵

庵は大徳庚子に刱む。年未だ遠からざると雖も、而も椽梠蠹魚の壊る所と為り、凜々として将に圧せんとす。茲に厨屋併せて之を新たにせんと欲す。費やす所は伏して好事の英檀、施力・揮金を吝まざれ。成就せば則ち福田も亦た相須って速《まね》かん。敬しく説偈を為《つく》り以て勧む。

幻相元非住　　幻相　元より住に非ず、
家風豈可虧　　家風　豈に虧くべけんや。
庖厨今樹立　　庖厨　今ま樹立し、
中屋要増輝　　中屋　輝きを増さんと要《ほっ》す。
惟憑檀度力　　惟だ檀度の力を憑み、
為展道人機　　道人の機を展べんが為のみ。
併新成就了　　併せて新たに成就し了らば、
枯坐政相宜　　枯坐　政に相宜しからん。

今月　日　疏す。

幹縁
守庵沙門
勧縁依幻而住菩薩

この墨蹟は、勧縁疏といわれている。その内容をみると、序文と五言律詩とからなる。見出しを付けるとすると、呉門幻住庵勧縁偈、とするのがよい。大徳四年（一三〇〇）に創建されたこの庵には、中巌以外にもわが国からの渡海僧が訪れたことであろう。天目山の中峰に参じたことは史料に見えても、幻住庵に出かけたことは見えない。おそらくは、天目山に代表させているのであろう。この中峰の墨蹟が今に残るのは、日本の門弟にも庵の補修と庫裡の新建のための勧進帳が回された証拠といえよう。

約翁徳倹との旧盟を渝《か》えず大覚派を称した寂室元光は、延祐七年（一三二〇）可翁宗然・鈍庵□俊とともに天目山に登り幻住老人中峰明本に謁見した。時は冬で雪が千岩に満ちていて、慧可が少室峰前に達摩に見えた想を倣し、宗門の要訣を参扣した。のち径山の元叟行端・金陵保寧寺の古林清茂・袁州（江西省宜春市）雞足山の清拙正澄・霊隠寺の霊石如芝・豫章（江西省南昌市）般若寺の絶学世誠・天台（浙江省）華頂山の無見先覩・天目山の断崖了義らに遍参している。当時の住持は誰かわからないが、姑蘇の虎丘《くきゅう》寺で夏安居を送り、ある晩に堂外に出て、千人石の上で経《きん》行《ひん》している（『寂室録』巻下、可庭説）。泰定三年（一三二六）中国を出て長門に着岸した。寂室の帰国後の林下としての事績は、まるで中峰の動きを見ているようである。

仏源派の無涯仁浩は、至治元年（一三二一）二十八歳で入元し、至正五年（一三四五）五十二歳で帰朝した。金峰柏兄秋思詩軸序（『無涯録』）に次のようにいう。

> 余辛酉の秋、海舶に打して遠く古宋の地に入る。東のかた雪竇を発足してより、径ちに西のかた虎丘に到り暫く留まる。正に清秋の時なり、斯の寺正に姑蘇の臺畔に在り、松江の上水を介して、光は一碧千里に接す。是れ乃ち水月の国なり。郷友二三子と、風を夜榻に嘯き、月を矮窓に邀え、各々賦して懐を言う。

無涯は至治元年に慶元に着くと、十刹の雪竇山に留まり、その後、蘇州の虎丘山に向かったことがわかる。そのさいにわが国の二、三の友人と行を共にしたことになる。至治・泰定年間（一三二一〜二八）には、預章（江西省）を遊行したのち、[30]長く金陵の清凉寺に留まった（『無涯録』菊頌軸序）。帰国後、貞和四年（一三四八）十月一日に肥州鳳翔山能仁浄土寺に住した当晩の小参（『無涯録』）にいう[31]。

> 然《し》則《か》らば山僧二十年前、海に航し漠を越え、遠く古宋に入る。両浙・三山・江の東西・湖の南北を遊歴し、遍く諸老の門庭を扣く。孜々兀々として、力めて斯の道の要妙を窮む。

彼の歴遊した地は、旧南宋治下のうち蜀（四川省）を除いた江南の各地に及んだとみてよい。単なる遊山ではなく、よき師を求めての歴参だったことがわかる。古林清茂の法嗣了庵清欲に浩首座の東還を送った偈頌がある（『了庵録』巻六）。

甘露室中親得旨　　甘露の室中　親しく旨を得、
掃蕩休居三転語　　休居の三転語を掃蕩す。
大蔵小蔵倶不留　　大蔵小蔵　倶に留めず、
等閑坐断南泉位　　等閑に坐断す南泉の位を。
駆耕奪食何雍容　　耕に駆り食を奪い何の雍容ぞ、
東敲西撃開盲聾　　東を敲き西を撃ち盲聾を開く。
転歩径超空劫外　　歩を転じて径ちに空劫の外に超え、
到頭不離尋常中　　到頭　尋常の中を離《さ》らず。
興来唱起還郷曲　　興来たり唱起こり郷曲に還り、
調入陽春許誰続　　調　陽春に入り誰が続ぐを許す。
九天風正一帆懸　　九天風正しく一帆を懸け、
遠水真成鴨頭緑　　遠水真に鴨頭の緑を成す。

甘露室は、甲刹の一つの永福寺（江西饒州）の境致にある（『扶桑五山記』一、大宋国諸寺位次）。常盤山文庫の蔵するところの墨蹟に竺田悟心の偈頌がある（『毘嵐巻』所収）。

未跨舡舷三十棒　　未だ舡舷に跨《の》らざるに三十棒、

人言此語自天成　　人は言う此の語 自ずから天成と。
対機若便恁麼会　　機に対して若便《も》し恁麼に会せば、
猶隔滄溟十万程　　猶お滄溟を隔つこと十万程。
　永福悟心倚韵　　　永福悟心韻に倚す。

この偈によって竺田が永福寺に住持していたことがわかる。[32] 至順二年（一三三一）に日本□的上人に与えた墨蹟（田山方南『続禅林墨蹟』68、思文閣出版、一九八一年）もあることからすると、甘露室というのは、竺田悟心を指すとみてよい。日本では鉄庵道生の法を嗣いだことになっているが、竺田の印可を承けているといえる。第二句目の休居は、古林清茂をさす。古林の三つの迷いから悟りへの語を仕上げたといえる。この古林は、延祐二年（一三一五）永福寺に入寺し、至治元年（一三二一）には、澹湖（蘇州）近くの寺にいた（『ＭＯＡ美術館名品図録』総合篇102、ＭＯＡ美術館、二〇〇四年）ことからすると、永福寺の甘露室で鉗鎚を承けたとはいえない。古林が建康の保寧寺に住した間（一三二二〜二九）に、無涯は古林の教えを承けたことになる。

聖一派の友山士偲は、初め友雲士思といったことから、元国の諸師の墨蹟に、友雲思・思友雲・思蔵主と見える。先にみたように、法兄の正堂士顕とともに入元した（天暦元年〈一三二八〉二十八歳）。当時の宿徳であった樵隠悟逸・月江正印・南楚師説・古智慶哲・平石如砥・無見先覩・了庵清欲・夢堂曇噩らの門に周旋した。とりわけ、月江と南楚の二師には濃やかに接した。月江には松江（上海）の真浄寺に謁し偈を呈した。これに対し月江は和韻し、さらにその後に（『五山文学新集』第二巻、五頁、友山行状）、

思友雲は、海を逾え漠を越えて来り、却って老胡唐言を会せず、九年株を守って兎を待つと笑う。只だ祖師廓然無聖と道うが如きは、為復《は》た是れ唐言か、是れ楚語か。試みに一転語を下し看よ。

と、文を添えた。師の南山士雲の頂相をこしらえ、その上に月江に賛を書いてもらっている。至元五年（一三三九）に大水害があり、遊方の士が放包の地のないのを憐れんで、冬を過ごさせてくれたのが、松江の空林□果庵主であった。以来七年近く空林のもとに往来している。このとき、わが国の在元者、石室善玖・無夢一清・此山妙在・無涯仁浩・一峰通玄・古鏡明千・古源邵元ら十数人は、お互いに励ましあった。至正四年（一三四四）姑蘇の承天寺南楚の会下にいて、冬至には後堂首座として秉払を勤めている。役職が終ると、南楚は偈を作って送別した。友山は秉払の語を月江に上呈すると、月江は長偈を作って賜与した（『静嘉堂宋元図鑑』23）。至正五年（一三四五）此山妙在と元国を離れ、博多に到った。

五　鎮江の金山

鎮江（江蘇省）は、唐・北宋のときには潤州、南宋・明には鎮江府、元には鎮江路と称した。ここには甲刹の金山・焦山があり、長江中に在る。(33)

鎮江に歴遊した日本僧はあまりいない。『国史大辞典』第十巻、道元の項（今枝愛真執筆）に、「こののち鎮江の雁山能仁寺などをも訪れて、見聞を弘めている」とあり、今枝氏はなにを史料にこういわれるか探ろうとして、氏の『道元とその弟子』（毎日新聞社、一九七二年、八七頁）をみると、「こののち道元は温州におもむいて、甲刹（諸山ともいう）の一である鎮江府の雁蕩山能仁寺などもおとずれて、その見聞をひろめている」とあり、それは『扶桑五山記』一、大宋国諸寺位次に、「雁山　温州鎮江府能仁普済禅寺」とあることによる。他の用例からすると、鎮江府とあるところは、楽清県（浙江省温州市楽清市）とすべきであった。かくして、道元が鎮江を訪れた可能性は消えてしまった。

愚中派の祖である愚中周及は、至正二年（一三四二）天竜寺船に便乗し、秋に博多を発し、冬に明州に到った。(34) 賊船とされて翌年になっても上陸が許されなかった。明州長官の鍾氏に愚中は、求法のための渡海であることを商人を介して告げたことによって、夜小舟で岸に上ることができた。明州から曹源に退居している月江正印に見えたのは、二十歳のことであった。月江の指示により大方の禅席に行くことになり、湖州の道場寺に掛錫すると、日本の□密禅人がいて、公の縁はここにないといわれた。□密は金山の即休契了こそ公の師といい、共に到ると、即休は開室して迎接した（『大通録』巻六、年譜、至正三年の条）。

茶果を進むる次《とき》、休は柑子を指し問うて曰く、日本にも亦た有りや。師曰く、有り。又た栗子を指す。師曰く、有り。休曰く、仏法遍く一切処に在り、此間《ここ》に来到し什麼《なに》をか作す。師曰く、此間に到らざれば、如何が和尚に見え得ん。休曰く、目前に闍梨無く、此間に老僧無し。師便ち礼拝す。休曰く、此の子教うべし。乃ち近侍せしむ。

至正四年、即休は愚中を書状侍者とし、尺牘を代って認めるのはもちろんのこと、金山火災後の仏殿を重建する上梁文まで書かせた。至正五年（二十三歳）択木寮に移り、のち持浄となる。至正六年、衣鉢侍者として晨夕、宗師語脈を商量した。至正七年（一三四七）即休は「及子得たり」といい、自ら頂相に賛をして愚中に与えている（『福知山市史』第二巻、口絵）。

妙高峰頂行船揚　　此頂相永充
子江心走馬唐人不　　金山天寧寺
識這容儀付与　　常住
日東及侍者　　応永七年庚辰

日本周及侍者　　八月十九日
写予衰質乞言　　愚中老衲周及
因印之云尓紫金　　（花押）
山七十六老僧契了（花押）

妙高峰頂行船　　妙高の峰頂　船を行《や》り、
揚子江心走馬　　揚子の江心　馬を走らす。
唐人不識這容儀　　唐人　這《こ》の容儀を識らず、
付与日東及侍者　　日東の及侍者に付与す。

日本の周及侍者、予の衰質を写し言を乞う。因って之に印して爾《しか》云う。紫金山七十六老僧契了。

此の頂相、永く金山天寧寺の常住に充つ。

この年、勅によって金山において水陸大会が厳修され、愚中は東蔵主の職に充てられた。至正八年、衣鉢侍者に任ぜられた。即休は知事に愚中の郷人の往来に手厚い供応をさせたところから、当時の日本僧らは、金山を指して安息所といった。石室善玖や竜山徳見はときどき往還し、石屛子介は疾になって身を寄せている。古源邵元は次のような愚中を見ている（『大通録』巻六、年譜）。

古源は、師の耆宿と寺務を評論し、行力を指揮するを観て曰く、及蔵主は前身必ず此《こ》間《こ》の人。否なれば則ち語言の円熟、安くんぞ此《かく》の如くならんや、と。

至正九年、愚中は自ら著述を編纂して即休に呈上すると、即休は序文を書き、癸亥集と題を付けた。それに虞集は跋を書いている。至正十年、即休の丈室に詣り暇を告げると、嘱付し言った（『大通録』巻六、年譜）。

儞《なんじ》郷国に帰らば、出世を要《ねが》わざれ。須是《すべか》らく山林樹下に坐を得《え》衣を披《き》て、専一に静地工夫を做し、聖胎を長養すべし。他時異日、孤峰頂上に向《おい》て、吾が道を発揮し去《さ》らん。

愚中は師に礼拝をして退山した。そして、明州に到った。十一年（一三五一）三月乗船し、四月博多の湊に達した。

永青文庫所蔵の即休が妙侍者のために作った偈が今に残る（芳賀幸四郎『墨蹟大観』第三巻、10、求龍堂、一九七九年）。

上逼雲端何峭峻　　上 雲端に逼り何ぞ峭峻、
千尋独出太虚中　　千尋独り太虚の中に出づ。
巍ゝ絶頂難能到　　巍々たる絶頂 能く到ること難く、
華岳重ゝ在下風　　華岳の重々も下風に在り。
右為　　右日東妙侍者の為に作
日東妙侍者作　　る。
紫金山八十有二　　紫金山八十有二
老人契了　　老人契了

即休の八十二歳のときのものであり、妙侍者とは、黄竜派の高山通妙のこととされる。

六　建康の保寧寺

南京は、北宋のときに江寧府、南宋に建康府、元に集慶路、明に応天府と称された。ここには、五山之上の竜翔寺[35]、十刹の蔣山、甲刹の保寧寺[36]・清涼寺がある。

仏光派の天岸慧広は、[37]延祐七年（一三二〇）天目山の中峰の道風を聞いて、同志物外可什らと明年（四十九歳）入元し、中峰に見えた。鏡堂思古が中峰の寿塔を作る韻に和し三首を作っている（『東帰集』偈頌）。袁州の仰山に往くとき掲傒斯に仏光塔銘を依頼した。泰定三年（一三二六）洪州の翠巌寺に掛錫する。それは古林清茂が竺仙梵僊を尋訪するようにとの示唆による。ともに鳳臺の古林のもとに参じている（『竺仙録』巻中、仏乗禅師十三年忌辰陞座）。また清拙正澄を袁州雞足山に礼し、『仏国録』の序を書いてもらった。径山の万年正続院の無準師範師祖の塔を拝する（『東帰集』偈頌）。天岸は竺仙の渡来を慫慂し、明極楚俊、竺仙らと同船して帰国した（天暦二年〈一三二九〉）。

宏智派の別源円旨は、延祐七年（一三二〇、二十七歳）商船に乗り江南に向かった。鳳臺の古林、天童の雲外雲岫、天目の中峰、本覚寺の霊石如芝、華頂の無見先覩、東林の古智慶哲、円通の竺田悟心、妙果の南楚師説、竜巌徳真、般若の絶学世誠らに参じ、とりわけ保寧の古林に親炙し、知蔵の職を掌った。南遊すること十一年、至順元年（一三三〇）に回郷する。

古林派の月林道皎は、至治二年（一三二二）三十歳のときに南詢入元し、金陵保寧寺の鳳臺の室に直入した（行状）。

一句機に投ず。休居曰く、汝主人翁を知るや。師曰く、知らず。休居曰く、什麽に因りてか知らず。師曰く、啻だに道皎知らざるのみにあらず、仏祖も也《ま》た知らず。師進前叉手《しゃしゅ》して立つ。休居曰く、仏祖什麽の為に知らず、這裡に到って什麽の為に肯えて住せず。師両手を以て撃する勢《さま》を作し、面前に抛向す。休居曰く、毘婆尸仏早《すで》に心を留め直に至る。而今妙を得ず。師曰く、和尚年老い心孤。休居呵々大笑す。

月林は古林のもとを辞し、仰山の絶学世誠の会下に到り、[38]蔵主の職を掌る。再び鳳臺に帰り古林に省勤した。天暦元年（一三二八）文宗は、[39]月林に号を仏恵智鑑大師と賜わった。翌年、後堂首座となり、冬節の秉払を勤め、後堂の職満ちてほどなく、古林は寂を告ぐ。十一月十九日、月林が傍らに付いていたとき次のようにいった（古林和尚行実）。

你《なんじ》得得と海に杭して来り、箇の甚麼をか覓む。皎曰く。口を開きて胆を見わす。師云く、与麼の祇対、滴水も消《もち》い難し。皎便ち喝す。師云く、老僧病む。你を打得すること能わず。云云。

月林は古林の八年に亙る提誨をうけ、[40]至順元年（一三三〇）日本に帰ってきた。古林が月林に与えた墨蹟がある（『徳川美術館名品集』3書の美180、徳川美術館、一九九九年）。

月林皎蔵主遠離海東
南来問道訪予鳳臺自
至治二年至泰定四年凡
三入吾室所得有大過前
者与其語終夕不倦嘗謂
之曰此宗難得其妙直須子
細用心将来得座披衣庶不
辜此書也勉之勉之既書前
偈為贈復贅数語于后云
泰定四年九月旦日書于
氷雪相看之室

休居老僧清茂（花押）

月林皎蔵主は、遠く海東を離れ、南来して道を問い、予を鳳臺に訪う。至治二年自り泰定四年に至るまで、凡そ三たび吾が室に入る。所得大いに前に過ぎる者有り、其と語り終夕倦まず。嘗て之に謂いて曰く、此の宗其の妙を得ること難し、直須《すべか》らく子細に用心すべし。将来座を得て衣を披《き》るに、此の書に辜《そむ》かざらんことを庶う。勉めよ、勉めよ。既に前に偈を書き贈と為す。復た数語を后に贅すと云う。

泰定四年九月旦日、氷雪相看の室に書す。

休居老僧清茂（花押）

古林は月林の求法を善財童子の南詢に喩えて説く。この墨蹟は、月林を語る第一の古文書の一つといってよい。宏智派の不聞契聞は、泰定二年（一三二五、二十五歳）商船に乗って明州定海（寧波市鎮海区）に到り、また小舟に乗り換え台州寧海（寧波市寧海県）に到り、そこから華頂寺（台州市天台県）の無見先覩に参じた。杭州霊隠寺の東嶼徳海、浄慈寺の霊石如芝に見える。銭塘江に出かけ、官の異方人を捕えるのに引っかかり、武昌（武漢市）へと送られ、(41)鄂渚（武漢市）で竺田悟心に邂逅した。高昌王子が有司に願い赦されている。文宗がまだ梁王であったとき、梁王の展拝を受ける。金陵の鳳臺で古林に謁し、月江正印・断江覚恩・竺源妙道らに歴参した。再び杭州に往き、浄慈の霊石に参ずること三年、東明慧日の帰国を促す手紙を受け東帰した（元統元年〈一三三三〉三十三歳）。

おわりに

金山の即休契了が日東の妙侍者のために作った偈は、永青文庫の所蔵に帰する。妙侍者とは高山通妙のこととされる（芳賀幸四郎『墨蹟大観』第三巻、10）。高山は『本朝高僧伝』巻三十三に伝はあるものの入元の記事はない。もし墨蹟が今に伝えられなかったとしたならば、入元したとは確かめえない。竺田悟心が□徳蔵主に与えた送別の偈（『墨蹟大観』第一巻、37）の□徳については、その行実を確かめられない。それは諱の系字を省略するのが、普通のことだったので、今となっては確認できないものが多いためである。夥しい入宋・入元者のうち今に名の残る渡海僧は、そんなに多いとはいえない。

鎌倉後期から南北朝にかけて、多くの者が南遊の志をもった。右に見たのは、そのうちの本の一部ということになる。六節に分けて見出しを立てたものの、各地について掘り下げて見ることはできなかった。とはいっても、全体からみてとれたこともある。

多くは両浙を遍参するものの、江西洪州の百丈山や袁州の仰山、江州の廬山へと遍歴しているものもある。それは誰が住持しているかということに係わる。日元間の関係によって、不本意にも竜山徳見は大都・洛陽、雪村友梅は長安・大都・成都等、不聞契聞は武昌に流されている。

呉越を中心に自分にあった師を求めて遍く参禅し大事を了畢した。そして、無本覚心は無門慧開、南浦紹明は虚堂智愚、愚中周及は即休契了、古先印元は中峰明本、月林道皎は古林清茂に法を嗣いだと天下に宣言した。ところが、白雲慧暁は希叟紹曇のもとで大事了畢しながら円爾の法嗣となり、正堂士顕は無見先覩の証明を受けつつ南山士雲に嗣法、無涯仁浩は竺田悟心の印可を受けても鉄庵道生に香を焼き、無関玄悟は断橋妙倫の法衣と頂相を承けても円爾の法嗣と名乗った。それはその本を忘れず、という大義名分からきている。おそらく、密教的な一流相承に基づく考えが禅林社会にも浸透したことによるのであろう。

僧堂は一〇〇〇人を前後する修行者が住している。堂頭を中心に清規に基づき役職を分担して運営されている。日本からの渡海僧も役位に就き、友山士偲は後堂首座、古先印元は東司、竜山徳見は侍香・蔵主、無夢一清は後堂首座、月林道皎は蔵主・後堂首座、別源円旨は知蔵に就いた。首座に就き住持に代って分座説法がすむと、いつ出世して堂頭となってもおかしくない。竜山は竜興路竜安山兜率寺に出世し、入寺は至順元年（一三三〇）六月のことであった。

雪村友梅は文宗の命により天暦元年（一三二八）長安の終南山翠微寺に住持した。文宗はまた宝覚真空禅師と賜号を与えている。月林も文宗から号を仏恵知鑑大師と賜わった。さらに大朴玄素も文宗より真覚広慧大師と号を賜わる。

中国へ渡海するにあたりいろいろな抱負を持っていたことと思われる。天岸慧広は派祖仏光の塔に銘文を知識人に書いてもらうという願いがあった。それは掲傒斯によって叶えられた。天岸はまた無学祖元の師である無準師範の祖師塔を拝している。性海霊見は径山正続院に師の虎関師錬の位牌を入れ祀った。金剛幢下の天岸慧広・月林道皎・無涯仁浩・別源円旨・竜山徳見・古先印元らは、偈頌の創作をも学びわが国に移植している。中峰明本に天目山や幻住庵に参じた遠渓祖雄や寂室元光らは、林下としての処し方を学んで帰って来た。長年月に亙る中国での修道は、語言の円熟さを増して東帰し（愚中周及）、それが南詢していない五山僧の語学力も高め、五山の禅林社会をバイリンガルの世界とした。

無本覚心は日本の源心に「還遇明眼知識也無（還《は》た明眼の知識に遇うや）」と問うた。この「還——也無」は口語、明眼の善知識に出会いましたか、とたずねている。即休契了は愚中周及に「進茶果次（茶果を進むる次《つい》で）」茶菓をすすめたとき、「師曰、不到此間、如何見得和尚（師曰く、此《こ》間《こ》に到らざれば、如何が和尚に見え得ん）」と愚中が答えている。この「——次」「此間」「見得」も当時の話し言葉である。月林道皎が古林清茂の鳳臺の室でのこと、「休居曰、因什麼不知。師曰、不啻道皎不知、仏祖也不知（古林がいった、なぜわからないのか。月林が答えた、私がわからないだけでなく、仏祖もわかりません）」とある。「因什麼」「也」も俗語である。このような会話は、日本に帰って後も話され、公式の場では問禅のさいに語学力が活かされることになる。

両浙を中心に江南の諸師に参禅しえた雲衲は、受業師の理解があり、旅費等の資金に恵まれたものであった。黙庵周諭も南遊の志をもって、古剣妙快らと入元しようとしたが、夢窓疎石から「子《なんじ》縦《たと》え大方に到るも、我に過ぎるの師を得べからず」と引き留められ、黙庵は志を果たせなかった。そこで、雪村友梅や無極志玄に師事し、請益することを懈らず、疑団を解くことができた、といわれる。周という系字がついているので、夢窓の手度の弟子ということになり、受業師の呪縛から免れることができず、江州の金剛寺に出世したとき、嗣香を夢窓に献じている。大歇勇健は二十一歳（一三四九年）のとき、諏訪大明神に詣り、菩提を成就せんことを祈った。心中に南詢の志をもっていたが、翌年に華厳経を看《よ》み、にわかに覚るところがあって中止している。月庵宗光は二十六歳（一三五一年）受業師峰翁祖一のもとに帰省したとき、南詢の志を聞かれ、答えると、「我も亦た一方に在り、此の事を担荷す。何ぞ老僧に一箭を発し、吾が底蘊を尽さざる。向上更に事有れば、則ち震旦・西天、汝が去《ゆ》くに一任《まか》す」と峰翁にいわれ、月庵は往くのを果たせなかった。このような渡海したいという意志を持っていても、受業師により、あるいは自ら断念したものも多々あったことと思われる。これが次の明代になると、遣明使節の一員となって、ようやく南遊の思いが達せられた。

注

（1）寧波は浚渫のいらない天然の良港であった（斯波義信『中国都市史』一八五頁。東京大学出版会、二〇〇二年）。

（2）『大明一統志』巻四十六、寧波府寺観に、「阿育王寺は、阿育王山中に在り、晋義熙の初め（四〇五年）建つ。一に広利寺と名づく。梁武帝今の名を賜う。寺に阿育王造る所の真身舎利塔有り。……天童寺は、天童山中に在り、晋の時僧義興、屋を山間に結ぶ。一童子在り、日に薪水を給す。後辞去して曰く、吾れ太白なりと。言い訖って見えず。寺此れを以て名を得たり。……雪竇寺は、奉化県西北六十里に在り、唐建つ」とある。

（3）『大明一統志』巻四十三、紹興府山川に、「東山は、上虞県西南四十五里に在り。……石壁精舎あり」とある。

（4）『延祐四明志』巻十八、定海県寺院に、「瑞巌禅寺は、県の東南九十里に在り。……宋治平の初め、額を賜り開善と名づく。祥符中、霊芝を産するに因って、因って瑞巌と名づく」とある。

（5）『景徳録』巻九、潙山霊祐章に、「一日侍立す。百丈問う、誰ぞ。師曰く、霊祐。百丈云く、汝鑪を撥せ、中に火有りや。

師撥して云く、火無し。百丈躬ら起ち、深く撥し少火を得て、挙し以て之を示す。云く、此れは是れ火にあらずや。師は悟りを発し礼謝し、其の所解を陳ぶ」とある。

(6) 榎本渉氏は、至大の倭寇と同一事件とする(「日本遠征以後における元朝の倭船対策」『日本史研究』四七〇号、二〇〇一年、のち『東アジア海域と日中交流―九～十四世紀―』に再録)。

(7) 兜率寺入寺の山門疏・諸山疏・江湖疏がある(『五山文学新集』第三巻、黄竜十世録)。

(8) 竜翔寺の寺格は、五山之上に格付けされうる(拙著『中世の日中交流と禅宗』第七章、吉川弘文館、一九九九年)。

(9) 榎本渉「元末内乱期の日元交通」(『東洋学報』八四巻一号、二〇〇二年、のち『東アジア海域と日中交流―九～十四世紀―』に再録)参看。『元史』巻二十四、仁宗本紀、皇慶二年十月辛未の条に、「崑山州を徙し太倉に治し、昌平県を新店に治す」とある。

(10) 径山は臨安県北三〇里、天目山東北の山中にあり、開山は国一禅師法欽である(『咸淳臨安志』巻八十二)。

(11) 霊隠寺は武林山にあり、東晋咸和元年に梵僧慧理によって建立された(『咸淳臨安志』巻八十)。

(12) 浄慈寺は後周顕徳元年に建てられ、開山を永明延寿という(『咸淳臨安志』巻七十八)。

(13) 中天竺寺は、開皇十七年千歳宝掌が西土から来て建立した道場である(『咸淳臨安志』巻八十)。

(14) 補陀山については、應永興宣「中国を訪ねて―普陀山を中心に―」(『中国仏蹟見聞記』七集、一九八六年)に報告がある。

(15) 明代径山図には、まだ化城寺を載せる(『径山史誌』二四頁、浙江大学出版社、一九九五年)。径山には無準師範の設けた万年正続院という接待所もあった(拙稿「五島美術館蔵「山門疏」考」『日本歴史』六三八号、二〇〇一年。本書I―第一章所収)。

(16) 道場寺は湖州府城南一二里にあり、唐中和年間に如訥が庵を結んだのに始まる(『大明一統志』巻四十)。

(17) 栄西は淳熙十四年(一一八七)天台山に登り万年寺に掛錫した。乾道四年(一一六八)入宋のさいには天台山に遊行し、石橋《しやつきよう》に至り、現世の五百羅漢に香を焚き茶を煎じて礼拝している(安永祖堂『傍訳興禅護国論』三四七頁、四季社、二〇〇二年)。

(18) 妙光寺に頂相が伝わる(平田高士『無門関』口絵、筑摩書房、一九六九年)。

(19) 『五山文学新集』別巻一、詩軸集成。

(20)『大明一統志』巻三十八、杭州府山川に、「天目山は、臨安県西五十里に在り」とある。

(21)古松崇志「元代江南の禅宗と日本五山―勅修百丈清規の成立と流伝―」（『古典学の現在』Ⅴ、文部科学省科学研究費特定領域研究「古典学の再構築」総括班、二〇〇三年）参看。

(22)小野勝年「十四世紀に長安を踏んだ日本僧―雪村友梅のことども―」（『雪村友梅と画僧愚中』所収、小野勝年博士頌寿記念会、一九八二年）参看。

(23)中巌の乗った船は、建長寺船であった（村井章介「日元交通と禅律文化」『日本の時代史』10、吉川弘文館、二〇〇三年）。

(24)『開館二十周年記念名品図録』墨蹟4、竺田悟心、中巌円月送別の偈（正木美術館、一九八八年）。

(25)海老根聰郎「幻住永中―白衣観音図―」（『古美術』三四号、一九七一年）参看。

(26)智者寺は、金華府の城西北七五里にあり、金華府第一の景勝といわれた（『大明一統志』巻四十二）。

(27)閶門は、闔閭城の西門の一つ、破楚門ともいった（『呉地記』）。策彦周良は、姑蘇駅を発って舟行六里ばかりで閶門に至っている（『策彦和尚初渡集』下之上、嘉靖十八年十一月十三日の条）。盤門・胥門は見学した。

(28)虎丘寺は、長洲県西北九里の虎丘山にあった（『元一統志』巻八、平江路）。選仏場（僧堂）があり、策彦の行ったときに堂の入り口に「放参」の牌が掛けられていた（『策彦和尚初渡集』下之上、嘉靖十九年八月二十三日の条）。

(29)承天寺は、蘇州府治の西北隅に在り、明には能仁寺と改められている（『大明一統志』巻八）。

(30)中巌円月賛、無涯仁浩頂相（古寺巡礼京都6『建仁寺』22、淡交社、一九七六年）に、

洪波浩渺絶垠涯　　洪波浩渺として垠涯を絶し、
一葉曾航協壮懐　　一葉曾て航し壮懐に協う。
楚尾呉頭勘知識　　楚尾呉頭　知識を勘し、
伝衣付法不相乖　　伝衣付法　相乖かず。

とある楚尾呉頭は、豫章（江西省一帯）のことである。江西一帯の善知識に参禅した。

(31)山口隼正「中世九州禅院入寺関係未刊史料をめぐって」（『長崎大学教育学部社会科学論叢』六三号、二〇〇三年）参看。

(32)『中岩月和尚自歴譜』（『五山文学新集』第四巻、六一八頁）至順元年の条にも、「鄱湖を過り、竺田和尚を永福に参じ、歳を過ごす」とある。

(33)『至順鎮江志』巻九、僧寺丹徒県に、「竜游寺は金山に在り。旧名は沢心、何の時に始まるかを知らず。梁武帝、嘗て寺に臨み水陸会を設く。……普済寺は焦山に在り。即ち焦光、隠居の地。建寺の始、旧其の伝を失す。宋今の額に改む。……」とある。金山寺には禅室があって、堂内に坐禅をする僧があった（『策彦和尚初渡集』下之上、嘉靖十八年十二月三日の条）。殷勤「金山寺今昔」（『禅文化』一七四号、一九九九年）参看。

(34) 榎本渉「順帝朝前半期における日元交通」（『日本歴史』六四〇号、二〇〇一年、のち『東アジア海域と日中交流―九～十四世紀―』に再録）、村井章介『分裂する王権と社会』（日本の中世10、九五頁、中央公論新社、二〇〇三年）参看。

(35) 竜翔寺は、城正北隅閃駕橋の北に在った（『至正金陵新志』巻十一、寺院）。

(36) 保寧寺は、城内飲虹橋南保寧坊内に在った（『至正金陵新志』巻十一、寺院）。

(37) 東京国立博物館『鎌倉――禅の源流』（二〇〇三年）45 天岸慧広度牒・戒牒。

(38) 前掲拙著、六九頁。

(39) 文宗の禅宗保護については、古松前掲論文、野口善敬「元代文宗期における仏教興隆」（『香椎潟』四九号、二〇〇三年、のち『元代禅宗史研究』に再録）がある。

(40) 古林の門弟たちは、金剛幢下と称し、強い影響を承けた（玉村竹二「古林清茂住保寧寺語録刊行の周辺」『田山方南先生華甲記念論文集』所収、一九六三年）。

(41) 泰定の倭寇のとばっちりを受けた（榎本前掲論文「日本遠征以後における元朝の倭船対策」、のち『東アジア海域と日中交流―九～十四世紀―』に再録）。

第五章　東隆寺蔵諸山疏

はじめに

先に、「禅林四六文小考」（『文藝論叢』六二号、河内昭圓教授退休記念、二〇〇四年。本書Ⅱ―第三章所収）の中で、南嶺子越が博多の聖福寺に入寺したさいの江湖疏を四六文の一つとして取り上げた。当然、今に墨蹟として東隆寺に残る諸山疏も読むべきであったが、そこまでの気力が残念なことになかった。本章は、諸山疏と、南嶺の孫弟子桂隠元久が入明し、道行碑の撰文をもたらしたときの宝徳三年（一四五一）遣明船の持参した上表文とを中心に読むことにする。

一　南嶺住筑州聖福諸山疏

諸山疏とは、同じ州内の禅寺の住持が新命《しんめい》和尚の入院を促す文書であり、南嶺住筑州聖福諸山疏は筑前の諸山の一致して祝賀するものである。厚東《ことう》の諸山（寺格）東隆寺から十刹の聖福寺へと昇住する人事であり(1)、五山官寺体制のルールにより、明庵栄西《みんなんえいさい》を開山とする聖福寺に大覚派の南嶺が入寺するのは、十方住持制が守られていることを意味する。これまで、この諸山疏は、四六文として玉村竹二氏（「応仁以前の五山入寺疏の伝存一瞥」『日本歴史』三八九号、一九八〇年）以外、注意を払われたことがなかった。そこで、墨蹟から四六駢儷文だとわかるように示す。

諸山

承

大都裏天下大元帥相公付劄、付

鎮西路筑州太宰（ママ）府、敦請

長州安国堂頭和尚南嶺大禅師、住持

本路博多県十刹為頭九州第一山聖福禅寺、

為国開堂演法。肆

隣峯闔詞勧請云。

右以

（一仏出世●、
（十方讃揚○。

所謂、

（諸山囲遶須弥○、
（衆流朝宗娑竭●。

（尊特可敬●、
（道徳有鄰○。

共惟、新命堂頭和尚南嶺大禅師、

西来祖師的的単伝○、
竜峰老人密密付授●。
拈花堂裏●、巻席去帰衆中○、
得月楼前○、払袖独超物外●。
閲経探三蔵之至賾●、
読書洞百家之淵源○。
昏衢光明幢○、
回瀾砥柱石●。
今当清世●、
最尚宗師○。
公文遠下自長安○、
法席盛開於聖福●。
寺乃千光尊者立也●、
地是都護総管居焉○。
唐韓要衝津○、
西南大都会●。
梵刹相列●、
閭閻且千○。

諸官郊迎○、
万衲門候●。
渇心思服甘露●、
刮目佇看曇華○。
雞三唱過関○、
帆一餉到岸●。
撃鼓挙松源三転語●、
爇香祝天子万斯年○。
為一疏便来○、
勿三譲幸甚●。

謹疏。

今　月　日

この諸山疏は、隔対は一つのみで、八字称もなく、蒲室疏法にまったく適っていない。横幅の関係であろうか、諸山の住持による署名、捺印の部分がない。この点は、先にみた江湖疏も同様である。日付けは入っていないものの、延文四年（一三五九）八月□日であることは間違いない。南嶺の入寺に際し、道旧疏・同門疏・友社疏・僧官疏もあったかどうかは、はっきりしないが、少なくとも山門疏はあったことになるけれども、伝存していない。諸山疏の読み下し文を示すと、次のようになる。

諸山

承す
大都裏天下大元帥相公の府劄を、鎮西路筑州大宰府に付し、敦く長州安国堂頭《どうちょう》和尚南嶺大禅師を請じ、本路博多県十刹の頭為る九州第一山聖福禅寺に住持し、国の為に開堂演法せしむ。肆《い》ま隣峰詞を闔《まと》め勧請して云う。

右、以《おもん》みるに、
一仏出世し、十方讃揚す。

所謂る、
諸山須弥を囲遶し、衆流婆竭に朝宗す。

尊特敬う可く、道徳に隣有り。

共《うやうや》しく惟《おもん》みるに、新命堂頭和尚南嶺大禅師は、
西来祖師、的的単伝し、竜峰老人、密密に付授す。

拈花堂裏、席を巻き去って衆中に帰し、得月楼前、袖を払って独り物外に超ゆ。

経を閲《よ》み三蔵の至賾を探り、書を読み百家の淵源を洞《あきらか》にす。

昏衢の光明幢、回瀾の砥柱石。

今ま清世に当り、最も宗師を尚ぶ。

公文《くもん》遠く長安より下り、法席盛んに聖福に開く。

寺は乃ち千光尊者立て、地は是れ都護総管居す。

唐韓の要衝の津、西南の大都会。

梵刹相列なり、閭閻且っ千《おお》し。

諸官は郊迎し、万衲は門候す。
渇心 甘露を服せんと思い、刮目し佇みて曇華を看る。
雞三たび唱《な》き関を過ぎ、帆すること一餉岸に到る。
鼓を撃ち松源の三転語を挙し、香を爇《た》き天子の万斯年を祝《いの》る。
一疏を為《つく》り便ち来る、三譲すること勿く幸甚。
謹んで疏す。

今　月　日

以下、疏の出典を中心として見ていくことにする。

○大都は、元朝にならっていたもので、京都《みやこ》をさす。○天下大元帥相公は、室町第二代将軍の足利義詮のこと。○付割は、公帖、公文をいう(2)。幕府よりの官寺住持任命書。○一仏出世は、『景徳録』巻二十五、清涼泰欽章に、「一仏出世し、普く群生を潤す」とある。○讃揚は、『文選』巻四十二、魏文帝、与鍾大理書に、「謹んで賦一篇を奉じて、以て麗質を讃揚す」とある。○囲遶は、『景徳録』巻二十四、清涼文益章に、「時に僧正、師に白して曰く、四衆已に和尚の法座を囲繞し了る、と」とある。○衆流朝宗婆竭は、『景徳録』巻九、薦福弘弁章に、「対えて曰く、如来の種種開讃は、皆な最上の一乗為り。百川衆流して、海に朝宗せざる莫し。是の如く差別の諸数、皆な薩婆若海《さばにゃかい》に帰す」とある。婆竭は仏の智の広大さを海に喩えていう薩婆若海のことを略したものであろう。○尊特は、仏のこと。『法華玄義』巻上に、「尊特の身、猶お虚空の如し。法性身菩薩と為り法を説く」とある。○道徳有鄰は、『論語』里仁篇に、「子曰く、徳は孤ならず、必ず鄰有り」とある。○西来祖師……単伝は、『碧巌録』九則、本則評唱に、「祖師西来、単伝心印、直指人心、見性成仏の如きは、那裏《いずこ》にか此の如く葛藤せん」とある。○的的は、『臨済録』行録に、

「首座《しゆそ》云く、汝何ぞ去《ゆ》きて堂頭和尚に如何なるか是れ仏法的的の大意と問わざる」とある。○竜峰老人は、約翁徳倹のこと。○付授は、『景徳録』巻三、弘忍章に、「慧能……便ち碓坊に入り、杵臼の間に服労し、昼夜息まず。経ること八ヶ月、師付授の時至るを知る」とある。○巻席去帰衆中は、『景徳録』巻六、百丈懐海章に、「馬祖上堂し、大衆雲集す。方に陞座良久す。師乃ち面前礼拝席を巻却す。祖便ち下堂す」とある。○得月楼前払袖独超物外は、『景徳録』巻六、百丈懐海章に、「一夕三士、馬祖に随侍し翫月の次で、祖曰く、正恁麼の時如何。西堂云く、正に好く供養す。師云く、正に好く修行す。南泉払袖して便ち去る。祖云く、経は蔵に入り、禅は海に帰す。唯だ普願のみ独り物外に超ゆる有り」とある。○宗師は、『趙州録』巻上に、「若《も》是し宗師ならば、須らく本分の事を以て人を接して始めて得《よ》し」とある。○都護総管は、鎮西探題をさす。○閭閻は、『王維詩集』（岩波文庫）被出済州に、「閭閻河潤上り、井邑海雲深し」とある。○甘露は、『景徳録』巻三十、証道歌に、「我聞くならく、恰も甘露を飲むに似て、銷融頓に不思議に入る、と」とある。○雞三唱過関は、『史記』巻七十五、孟嘗君伝に、「孟嘗君関に至る。関法は、雞鳴きて客を出す。孟嘗君追至を恐る。客の下坐に居る者、能く雞鳴を為すもの有り。而して雞尽く鳴く。遂に伝を発して出づ」とある。○帆一餉到岸は、『冷斎夜話』巻一に、王栄老が観江を渡ろうとしたさいに、黄魯直の草書の扇を江神に献呈したところ、「南風徐に来り、帆すること一餉にして済」ることができたことをふまえる（西口芳男氏の教示による）。○松源三転語は、『枯崖漫録』巻中に、「松源岳禅師、……三転語を垂れて云う、口を開くも舌頭上に在らず。大力量の人、什麼の為に脚を擡《あ》げて起たず。大力量の人、什麼の為に脚根下、紅線断たず」とある。○万斯年は、万年に同じ。斯は之と音通。○三譲は、『論語』泰伯篇に、「子曰く、泰伯は其れ至徳と謂うべきのみ。三たび天下を以て譲り、民得て称する無し」とある。

以上の出典を踏まえ、以下に現代語訳を試みることにする。

諸山

京都の室町幕府の禅律方は、将軍足利義詮の公帖を受け、鎮西路筑州の九州探題に寄せ、長州安国寺住持南嶺子越大禅師を特請し、鎮西路博多県十刹の首として九州第一山たる聖福禅寺に住持させ、国のために開堂演法させようとする。茲にいま筑州の諸山はお祝の文を纏め勧請して以下のようにいう。

右、伏して思うに、

一仏が出世すると、十方の皆が讃歎する。

いわゆる諸山が須弥山を取り巻き、多くの川が広大な海に注ぐように、仏は敬うべく、その仏のような人のまわりには仲間が集まってくる。

恭しく惟みるに、新命堂頭和尚南嶺大禅師は、西からやって来た達磨が釈尊から嫡々相伝えられた仏心印を相続し、師の約翁徳倹から親しくそれを付授された方である。

法堂において百丈懐海が馬祖道一の礼拝の席を巻いて大衆中にもどり上堂が終わったように、得月楼の前で南泉普願が馬祖のもと袖を払って立ち去り世間を超越した絶対の境外を示したように、このような働きを南嶺も持つ。

経を読んで経律論の三蔵のこの上ない真理を深く探り、古典を読み諸家の源を明らめる。暗い道の光明の旗であり、激流中の支柱石であり、今の清世に向き合うのに、なによりも真の禅匠が尊ばれる。

公帖が遠く京都の幕府から下され、南嶺の法にかなった道場が盛大に聖福寺に開設されることになった。寺は千光尊者、明庵栄西の開山であり、地は鎮西将軍のいたところである。

寺のある博多は、元や高麗との往来の拠点港があり、西南の大都会であって、寺々が甍を列ね、町の住人も多い。

入院に際し、諸官が郊外にまで出迎え、多くの僧が三門に出迎え、まるで渇いた心が甘露を飲みたいと欲するように、三〇〇〇年に一度花開く優曇華をよく見ようとするかのように佇む。

孟嘗君が雞三唱により関所を通過したように三門を透過し、王栄老が江神に黄庭堅の草書の扇を献じて観江を片時で渡ったような働きを望む。

法鼓を撃ち松源崇岳の三転語を修行者に提起し、香を焼いて天皇の万年を祈るように願う。

拝請の諸山疏を作成して迎えに来たところ、固辞されることなく大層ありがたい。

謹んでお祝いを申し上げる。

延文四年八月吉日

この諸山疏は、筑前の諸寺が南嶺に聖福寺へ早く入寺し、開堂祝聖《しゆくしん》するようにというお祝いの文章なので、この疏から新たに歴史的事実を加えうるものはないが、山門疏が現存しない今日、そして、疏中にあった公文（公帖）も残らない中にあり、(3) 南嶺が松源派下蘭渓の法嗣約翁徳倹の印可を受けていることを証明する同時史料といってよい。

南嶺には行状は現存しないものの、法孫の桂隠元久が行状を持参して入明し、(4) 杭州下天竺寺の雲屋妙衎に道行碑の序と辞からなる文を書いてもらったのは、(5) 景泰五年（一四五四、わが国の享徳三年）のことであった。

二　南嶺和尚道行碑

道行碑の釈文は、『鄰交徴書』三篇巻一、『大日本史料』六編之二十五、貞治二年九月十一日の条、『宇部市史』史

料篇上巻、東隆寺文書4号に掲載する。（6）以下にその読み下し文を示す。

日本国長門州鳳凰山安国東隆寺開山南嶺和尚道行碑

浙江杭州府僧綱司都綱・天竺霊山住持比丘雲屋妙衎譔す。

浙江杭州前衛昭信校尉・管軍百戸・葵原呉東升書幷びに篆額。

日本は大海の東に居り、俗習多く法を中国に取る。其の仏教を崇敬すること、尤も隆篤為り。故に其の寺を剏め額を置き、亦た五山十刹を以て、之に甲乙す。禅林の儀軌は、並《み》な百丈清規に依る。鳳山南嶺禅師の若き、一門数世、大方に雄拠し、化声交ごも振いて、四海雷奔す、盛んなるかな。其の法孫元久、海に航して来り朝覲す。謂いて曰く、吾が祖は曾て中国に遊ばんと欲して、志を遂げず。化を戢《や》めて已来《このかた》幾ど百年、未だ道行を記さず、今日を待つが若し。願わくは、文を丐い、碑を刻さんことを。予其の状を読むに曰く、師の諱は子越、号は南嶺、洛陽茂族藤氏の子。髫齓潁異にして群せず。初め懐敬和尚に従い業を受け、竺墳・魯誥、大義に通析す。尋で仏灯国師《約翁徳倹》に拝す。灯第一義を挙げて之を勘す。随問随答、仁に当り譲らず。既にして侍職を東山《建仁寺》に司り、衆に巨福《建長寺》に首たり。三浦介、延請して法を問う。一日、介に謂いて曰く、吾れに南遊の志有り、豈に此に匏繋せんや。装行を促すも、介留めて止まず。弟の日《□日》東海と偕に、策を振いて西邁し、道を長州に経たり。太守の厚東崇西《武実》、肉身の大士の境に入るを夢む。黎明躬ら往きて視るに、夢と符契す。即ち迎えて上舎に館せしむ。将に別れんとするとき、西公曰く、吾れ梵刹を立て、師を奉じて封内の人民をして均しく法雨に沾わしめんとす。師は已むを得ず其の請に応ず。而して東海は中国に入り、贄に代えて書をば、江西信庵主、天目本《中峰明本》禅師に寄す。二師展《ひらき》視て曰く、扶桑に斯の人有りや、と。東海回るとき、各々僧伽黎を附し、以て信を表す。其の衣現に在り。太守は姓物部氏、守屋大臣の冑胤、仏乗を崇敬し、給孤長者の風有り。将に寺基を闢かんとするの夕、復た鳳凰の巣を某山に遷すを夢む。往きて峰環り水繞り、松檜森聳するを観て、乃ち工を鳩《あつ》め材を購い、始め浄名の室を作り、次で仏殿を蓋居す。其の山を名づけて鳳凰と曰い、寺を東隆と曰う、夢に応ず。然る後門廊・庖湢・庫庾、畢く具わらざる靡く、幷びに税を輸し以て衆の食に充つ。是れより師の風に向う者、川奔雲湧す。暁月窓《元暁》・光寂室《元光》、遠く来りて化を助く。緇素の道を問う者虚日無し。故に天竜国師《夢窓疎石》、関西の僧に遇わば、必ず問うて曰く、曾て長門長老に礼し来るや、と。豪家富族の若き、第を捨て寺を建て、師を延き山を開く。今ま附庸と為す者二十余院なり。摂州の福厳は、国師《約翁》の道場、輿議師を請じて踵を継がしむ。期満ち山に還る。諸方の大刹、迎迓するも起たず。故建仁の嵩中《嵩山居中》山偈を寄せて曰く、三十余年方《はじ》めて信を得、審らかに知る五十五春秋。千光の室を開き君を遅《ま》つこと久し、須らく急ぎ来り老比丘を扶くべし、と。観応二年《一三五一》、詔して位諸山に列し、安国禅寺の額を賜う。山井の一郷を割き、永く常住の荘園に充つ。師又た寺の正北爽塏の地を択び、寿蔵の塔を作り、続灯庵と扁す。師退居せんとし、一夕将に三鼓す。忽ち女子有り、帰戒を受けんことを乞う。為に授け畢る。侍者之を覘うに、前渓の大地に没入す。是より先き浴室を火《や》く、鐘鼓斉しく鳴り、道俗来り捄《すく》わんとす。師宴坐自若たり。月窓来り叫びて曰く、火方丈に及ぶ、胡ぞ出で去らざる。師其の手を執り、笑って曰く、老僧江湖興発す、と。紫陽の聖福主席を欠く、師に詔す。師老と辞するも、太守に勅して固く逼りて之を起たしむ。延文四年《一三五九》八月入寺す。鯨音再び震い、鼉鼓重ねて喧し。衆は希有と歎ず。事を謝し旧隠に回り、影山を出でず。貞治二年《一三六三》九月十一日、徒を聚めて遺誡し、偈を書して云く、七十九年、心月狐円。来る時口無く、一句了然、と。筆を擲ちて化す。寿若干、臘若干、塔常照と曰う、其の徒弟の元初、聖福に就き塔を建つ、亦た続灯と曰う。出世の弟子、潮《海門元潮》と曰い、信《孚中曇信》と曰い、烱《月山□烱》と曰い、幢《大建元幢》と曰い、礼《履仲元礼》と曰い、伊《仲方円伊》と曰う。余雲霄を目視する者尚お多し。師十八の時《一三〇二年》、仏前誓を立て、午を過ぎて食せず、脇席を沾さず、と。三会の語録、門人之を纂集す。大相公礼《元礼》履仲に謂いて曰く、不幸汝が師を瞻ることを失す、願わくは遺像を拝せんことを、と。使を遣わして安国に之《ゆ》き迎え取らしむ。至れば則ち斎沐し、香を焚き拝を設く。画工を召して二像を図写し、僧録の大岳《周崇》師に命じて讃を述べしめ、一は第に留めて供養し、一は履中に賜う。以て法門の栄と為す。寺回禄を経るも、続灯巋然と独り存するは、神護有るが若し。師の四十余年、祖道を紹隆し、荐りに殊擢を膺《う》け、大道場に拠る。声実に昭灼にして、竜象奔趨す。而も化縁に限り有り、良に喟《なげ》くべし。然れども其の去住自由、光明烜赫、道俗具に瞻、斯に足る。其の法身の常住を彰し、其の功行の純懿を表して、休を千古に垂る。厥れ斯に在る有り。語言文字、何ぞ以て軽重するに足らんや。然して先世の行業、子孫顕揚するは、礼なり。遂に辞さずして述ぶるに辞を以てす。曰く、

扶桑の域、大海の東に居る。習俗法に取るは、中華と同じ。一
仏僧を崇敬し、尤も隆盛為り。金刹巍峩、宝輪暉暎す。二
禅林の規矩は、百丈是れ宗。五山十刹、丕に玄風を振う。三
篤生の碩師、号 南嶺と曰う。魯誥竺墳、要領を窮探す。四
勝幢 屢々建て、宗旨 弘く敭《あ》ぐ。化風遐《はる》かに暢《の》び、師の道 蔚昌たり。五
鳳凰山を主り、檀那の夢に応ず。緇白・象竜、川のごとく奔り雲のごとく湧く。六
門徒の弟子、法を得ること尤も多し。附庸の諸刹、棋のごとく布き星のごとく羅ぬ。七
化権 輝赫し、時縁 際会す。一に皆な南嶺、如幻三昧なり。八
塔は常照と曰い、庵は続灯と曰う。永く海邦に鎮す、金剛の眼睛。九
我が辞 実に非ず、惟だ黙のみ斯に契う。一月千江、太虚 際無し。十

大明景泰五年《一四五四》歳甲戌に在る夏四月朔旦

辞は、それぞれ二句目と四句目で韻を踏む。東隆寺が、寺格を諸山に列位されたのは、観応二年（一三五一）のことであった。南嶺が十刹の聖福寺に入院する環境が整えられたことになる。遺偈からすると、南嶺は弘安八年（一二八五）～貞治二年（一三六三）の生卒となり、鎌倉後期から南北朝前半の人ということになる。中国では、モンゴルの元代に当る。十八歳（一三〇二年）仏前で「午を過ぎて食せず、脇席を沾さず」と誓った、ということは、具足戒を受けたということを意味するのであろう。入元しようと西下した南嶺は、度牒と戒牒を携帯したとみてよい。しかし、長門守護の厚東武実に拝請されて、(7) 東隆寺に住持することになった。弟の東海□日が代って入元し、書簡を江西の信庵主や天目の中峰明本に呈している。中峰は、至治三年（一三二三）に亡くなっているので、東海の参禅は、それ以前ということになる。

三　宝徳三年遣大明表

法孫の桂隠元久が、南嶺の道行碑の文を求めて渡海したのは、景泰四年（一四五三）のことであり、宝徳度の遣明船に上船したことになる。(8) 正使は東洋允澎であり、綱司は如三芳貞であった。(9) 十月二日、正使の東洋は奉天門に入り、表文を天子に奉った。このときの宝徳三年遣大明表（『善隣国宝記』巻中）は、以下のようであり、四六文として分ち書きして示す。

日本国王臣源義成

（律応東風○、懸知好道之君出於中国●、
木入南斗●、具瞻殊常之識験於当朝○。

是以
傾葵藿之至誠○、
通鴻鴈之遠信●。
伏以
大明皇帝陛下
化乎有截○、
沢洽無垠●。
南桂海北氷天○、
西月螖東日域●、
同文同軌●、
相応相求○。
天戈所麾○、
無不賓順●
矣。臣源義成
欽承先志●、紹知陋邦○、
守在遐方○、専存外衛●。
属国多虞○、
有稽職貢●、
見恕為幸焉耳。

方今以允澎長老為専使、以僧芳貞為綱司、
奉問皇家之安否、
兼貢方物之不腆。
頫蒙嘉澍、
仰荷鴻庥。
謹奉
表以
聞。臣源義成、誠惶誠恐、頓首頓首、謹言。
景泰二年歳次辛未秋八月日　日本国王臣源義成

隔対と単対の邦衛虞貢を一連《つら》なりのリズムとすると、虞と貢が逆の平仄の字がくるとよい。単対二つの否腆澍庥の否の所に平声の字がくるとリズムに適う。田中健夫編『善隣国宝記・新訂続善隣国宝記』（集英社、一九九五年）巻中28号を参看しつつ、以下に読み下し文を示す。

日本国王臣源義成、律 東風に応じ、懸《はる》かに道を好むの君 中国に出づるを知り、木 南斗に入り、具に常に殊なるの讖 当朝に験《きざし》あるを瞻《み》る。是《ここ》を以て葵藿の至誠を傾け、鴻鴈の遠信を通ず。伏して以《おもん》みるに、大明皇帝陛下、化 有截を孚《おお》い、沢 無垠に洽《あまね》し。南は桂海 北は氷天、西は月蜎 東は日域、文を同じくし軌を同じくし、相応じ相求む。天戈の麾《まね》く所、賓順せざる無し。臣源義成、欽んで先志を承け、紹《つ》ぎて陋邦を知《つかさど》り、守り遐方に在り、専ら外衛を存す。国の虞 多きに属し、職貢を稽《とどこお》ること有り、恕《ゆる》さるるを幸と為すのみ。方今《い》ま允澎長老を以て専使と為し、僧芳貞を以て綱司と為し、皇家の安否を問い奉り、兼ねて方物の不腆を貢す。頫して嘉澍を蒙り、仰いで鴻庥を荷す。謹んで表を奉り以聞《いぶん》す。臣源義成、誠惶誠恐、頓首頓首、謹んで言《もう》す。景泰二年歳《ほし》辛未に次《やど》る秋八月　日　日本国王臣源義成

上表文は必ず典拠に基づいて作成される。以下にその出典を示すことにする。

○源義成は、のち（足利）義政と改名。○律応東風、懸知好道之君出於中国は、『海内十洲記』聚窟洲に、「（月支）使者対えて曰く、臣の国此を去ること三十万里、国に常占有り。東風律に入り、百旬休まず、青雲干呂、連月散ぜざれば、当に中国時に好道の君有るべし」とある。○木入南斗は、『海録砕事』巻十上、祥瑞門、木入斗に、「唐の乾符中、木南斗に入る。術士辺岡、帝王の兆と以為《おも》う」とある。○葵藿之至誠は、『三国志』巻十九、陳思王植伝に、「葵藿の葉を傾けるが若き、太陽之が為に光を回《めぐ》らさざると雖も、然も之に向くは、誠なり。窃かに自らを葵藿に比し、天地の施を降し、三光の明を垂るるが若きは、実に陛下に在り」とある。○鴻鴈之遠信は、『漢書』巻五十四、蘇武伝に、「使者をして単于に謂わしめんとす。言えらく、天子上林中に射し、雁を得たり、足に帛書を係《むす》ぶ有り、武等某の沢中に在りと言う、と」とある。○化孚有截は、『北斉書』巻四十五、樊遜伝に、「後服の徒、既に風を承けて化を慕い、有截の内、皆な徳を踏みて仁を詠う」とある。○無垠は、『王維集校注』巻四、送秘書晁監還日本国幷序に、「我が開元天地大宝聖文神武応道皇帝は、大道の行、天に先だちて化を布き、乾元運を広め、涵育垠無し」とある。○南桂海北氷天は、『文選』巻三十一、袁太尉（淑）従駕に、「文軫桂海に薄《いた》り、声教氷天を燭《てら》す」とあり、その注に、「礼記に曰く、書は文を同じくし、車は軌を同じくす、と。尚書に曰く、外四海に薄る、と。孔安国曰く、薄は、迫なり、と。言うこころは、海に至るを。南海に桂有り、故に桂海と云う。……高誘曰く、北方寒冰の積む所、因て積冰と名づくと以為《な》す」とある。○西月𪘂東日域は、『文選』巻九、長楊賦に、「西のかた月𪘂を厭《ふさ》ぎ、東のかた日域を震わす」とあり、この語は、前漢の武帝が蛮夷を平らげ、国威を四方に輝かせた、ということころに出てくる。○相応

相求は『易経』乾に、「子曰く、同声相応じ、同気相求む」とあり、聖人が世に出ると、万物がそれに応じて仰ぎ見る、というところの段に出ている。○天戈所麾は、『韓昌黎集』巻三十九、潮州刺史謝上表に、「陛下即位以来《このかた》、……雷のごとく厲《はげ》しく風のごとくに飛んで、日月照らす所なり。天戈の麾《まね》く所、寧んじ順わざる莫し」とある。○無不賓順は、『韓昌黎集』巻三十八、進撰平淮西碑文表に、「伏して惟みるに、唐は陛下に至り、再び太平を登《あ》ぐ。群姦を剗刮し、彊土を掃灑す。天の覆う所、賓順せざる莫し」とある。○外衛は、外営のこと。平仄の上から外衛とする。『魏書』巻四十四、費穆伝に、「穆乃ち精騎を簡練し、山谷に伏し、羸劣の衆をして外営と為し、以て之を誘わしむ」とある。○多虞は、『左伝』襄公三十年の条に、「曰く、武不才にして、君の大事を任じ、晋国の多虞を以て、吾子を由《もち》うること能わず」とある。○職貢は、『左伝』襄公二十九年の条に、「魯の晋に於けるや、職貢乏しからず、玩好時に至る。公卿大夫、朝に相継ぐ」とある。○允澎は、東洋と号した。『笑雲和尚入明記』景泰五年五月十九日の条に、「正使東洋和尚、武林駅に終わる」とある。○芳貞は、如三と号す。『笑雲和尚入明記』景泰五年六月三日の条に、「綱司芳貞、杭州より至る」とある。○綱司は、夢窓の墨蹟に「宋船綱司に謝するの上堂偈」（加藤正俊編『夢窓国師遺芳』107、天竜寺、二〇〇〇年）が残る。綱首のこと。(10) ○方物は、『尚書』旅獒に、「明王徳を慎めば、四夷咸《み》な賓す。遠邇有る無く、畢く方物を献ず」とある。○不腆は、『左伝』文公十二年の条に、「秦伯の使、西乞術来聘す。……対えて曰く、不腆の敝器、辞するに足らず」とある。○鴻庥は、『韓昌黎集』巻三十八、為帝相賀雪表に、「斯の慶沢を観て、寔に鴻休を荷す」とある。休と庥は、音通。○謹奉表以聞は、『文選』巻三十八、任彦昇、為范尚書譲吏部封侯第一表に、「臣雲言《もう》す。……臣雲、頓首頓首、死罪死罪。……先志忘れず、愚臣是れ庶《こいねが》う。……謹んで表を奉じて以聞す。臣雲誠に惶《おそ》る。以下」とある。○誠惶誠恐、頓首頓首は、『文選』巻二十、曹植、上責躬応詔詩表に、「臣植言す。……謹みて拝表し幷せて詩二篇を献ず。詞旨浅末にして、采覧に足らざるも下情を露すことを貴び、顔を冒して以聞す。臣植誠惶誠恐、頓首頓首、死罪死罪」とある。

以下、出典等を踏まえ現代語訳を試みることにする。

日本国王臣源義成は、めでたいしるしが東風にうまく応じると、遠く中国に好道の君が出御されたことを知り、木星が南方になると、いつもと違う前兆がわが国に感じられる兆しを察知します。そこで、向日葵が太陽の方に向きますようなこの上もない真心を尽くし、節を守った蘇武からのような書信を通じたいと思います。謹んで考えますに、大明皇帝陛下の教化が等しく域内を覆い、その恩沢が無限に行きわたっています。桂の茂る南海、凍りとざす北方、月の出る西方、日の出る東方にも同じ文字や車が及ぶというように秩序があり、互いに応じ、あい求めるというように陛下を仰ぎ見ています。そして、陛下の戈の指し招くものは、みな付き従っています。臣源義成は、謹んで先人の遺志を受け継いでわが日本国を治め、その守りは遠方にいて、もっぱら外の護りをしています。国に災難の多いときに当り、貢ぎ物が滞ることがありましても、大目に見ていただけましたら幸いと思います。このたび、東洋允澎長老を正使とし、僧如三芳貞を綱首とし、陛下一統のご安否をお訊ねするとともに、日本の粗品（進貢物）を献納いたします。伏してよい潤いを受け、仰いで大いなる幸いを感謝いたします。恭しく上表文を捧げて、申し上げた次第であります。臣源義成、かしこみて平伏いたします。

景泰二年（一四五一）星辛未を占める秋八月　日　日本国王臣源義成。

この上表文は、第十一次の遣明船を差し向けたさいのものであり、これがないと、明朝への朝貢はできない。一〇艘のうち島津氏の五号船は渡航していない。四号船の九州探題船は、聖福寺造営のためのものである。(11)桂隠元久は、この船に乗船したものと思われる。(12)というのは、聖福寺は十方住持制の十刹であり、南嶺以外にも諸山の東隆寺から聖福寺へと昇住している点から桂隠は四号船に乗ったのではと考える。

おわりに

南嶺を聖福寺に拝請する筑州の諸山疏は、最後の諸山住持署名と捺印の部分を截断されているものの序と四六文の箇所を現に墨蹟として残す。のちの入寺疏のように機縁の語を多用することもなく、また隔対も一ヶ所のみで、あとは単対といった文体であり素朴さを残す。看経榜ほどではないが、横幅に書かれているのは、江湖疏と同型である。活字として起こした釈文は、必ずといってもよいくらい校正ミスを伴う。墨蹟として現存することは、四六文として読解する点でも第一次史料といえ、これに優るものはない。そして、南嶺が約翁の法嗣であることを時を同じくして証明するものが、諸山疏である。

道行碑は、桂隠が中国に持参した南嶺の行状に基づいて撰述されているとみてよく、行状そのものを欠く今日にあっては、南嶺についてこれ以上の史料はない。従来の釈文を正そうとした。

桂隠が乗船した遣明船は、宝徳度のものであり、その上表文を四六文として点検した。表の撰者は、特定できないものの五山僧の一人とみてよいであろう。出典からいえるのは、一点の内典もなく、撰者は五山僧とはいえ、知識人として中国の古典を駆使の上、作文したといえる。

注

(1) 上田純一氏は、「筑前博多への禅宗の流入と展開」(『九州中世禅宗史の研究』四七頁、文献出版、二〇〇〇年)に、「聖福寺の十刹第二位への寺格の昇位は、幕府の九州経略を背景とする」という。

(2) 山口隼正「入寺語録の構造と年表」(『東京大学史料編纂所研究紀要』八号、一九九八年)参看。

（3）『前田家所蔵文書』古蹟文徴三（『大日本史料』六編之十七、文和元年十二月二十七日の条）に、

豊後国万寿寺住持職の事、早に先例を守り、執務せらるべきの状、件の如し。

文和元年十二月二十七日　　左中将《（義詮）》（花押）

元光《（・寂室）》西堂和尚

という公帖がある。南嶺のものもこのような型の文書であったとみてよい。

（4）桂隠は、師の大建元幢の頂相《ちんそう》を持って入明し、雲屋妙術に賛を求めている（『宇部市史』通史篇上巻、二六八頁、普応中興大建禅師像）。帰国後、桂隠は東隆寺第七世となる（当寺住職代々歴祖『宇部市史』史料篇上巻）。『蔭涼軒日録』文正元年三月十日の条に、「長門国安国寺元久首座、公文の御判遊せ被る」とある。

（5）天竺霊山は、下天竺寺のこと（『杭州府志』巻三十五）。笑雲瑞訢も雲屋に先師の像賛を求めている（『笑雲和尚入明記』景泰五年五月二十三日の条）。道行碑を書写した呉東升は、杭州前衛百戸、楷書を善くした（『杭州府志』巻一四九）。

（6）日本《（篆額）》／長州／鳳凰／山安／国禅／寺南／嶺和／尚道／行碑

1 日本国長門州鳳凰山安国東隆寺開山南嶺和尚道行碑
2 浙　江　杭州府僧綱司都綱天竺霊山住持比丘雲屋妙術譔
3 浙　江　杭州前衛昭信校尉管軍百戸葵原呉東升書幷篆額
4 日本居大海東俗習多取法於中国其崇敬仏教尤為隆篤故其剏寺置額亦以五山十刹而甲乙之禅林儀軌並依百丈清規若鳳山
5 南嶺禅師一門数世雄拠大方化声交振而四海雷奔盛矣哉其法孫元久航海来朝観謂曰我祖曾欲遊中国而不遂志戢化已来幾
6 百年未記道行若待今日願丐文刻于碑予読其状曰師諱子越号南嶺洛陽茂族藤氏子髫齓穎異不群初従懐敬和尚受業竺墳魯
7 誥通析大義尋拝仏灯国師灯挙第一義而勘之随問随答当仁不譲既而司侍職於東山首衆於巨福三浦介延請問法一日謂介曰
8 吾有南遊志豈匏繋此哉促装行介留不止偕弟日東海振策西邁道経長州太守厚東崇西夢肉身大士入境黎明躬往視与夢符契
9 即迎館於上舎将別西公曰吾立梵刹奉師使封内人民均沾法雨師不得已応其請而東海入中国代贄書寄江西信庵主天目本禅
10 師二師展視曰扶桑有斯人乎東海回各附僧伽黎以表信其衣現在太守姓物部氏守屋大臣冑胤崇敬仏乗有給孤長者之風将闢
11 寺基之夕復夢鳳凰遷巣於某山往観峰環水繞松檜森聳乃鳩工購材始作浄名室次蓋居仏殿名其山曰鳳凰寺曰東隆応夢也然
12 後門廊庖湢庫庾靡不畢具幷輸税以充衆食従是向師風者川奔雲湧暁月窓光寂室遠来助化緇素問道者無虚日故天竜国師遇

13関西僧必問曰曾礼長門長老来否若豪家富族捨第建寺延師開山今為附庸者二十余院也摂州福巌国師道場輿議請師継踵期
14満還山諸方大刹迎迓不起矣故建仁嵩中山寄偈曰三十余年方得信審知五十五春秋開千光室遅君久須急来扶老比丘観応二
15年詔位列諸山賜安国禅寺額割山井一郷永充常住荘園師又択寺正北爽塏地作寿蔵之塔扁続灯庵師退居一夕将三鼓忽有女
16子乞受帰戒為授畢侍者覘之没入前渓大地先是火于浴室鐘鼓斉鳴道俗来救師宴坐自若月窓来叫曰火及方丈胡不出去師執
17其手笑曰老僧江湖興発紫陽聖福欠主席詔師師辞老勅太守固逼起之延文四年八月入寺鯨音再震鼉鼓重喧衆歎希有謝事回
18旧隠影不出山矣貞治二年九月十一日聚徒遺誡書偈云七十九年心月孤円来時無口一句了然擲筆而化寿若干臘若干塔曰常
19照其徒弟元初就聖福建塔亦曰続灯出世弟子曰潮曰信曰烱曰幢曰礼曰伊余目視雲霄者尚多矣師十八時仏前立誓過午不食
20脇不沾席三会語録門人纂集之大相公謂礼履仲曰不幸失瞻汝師願拝遺像遺使之安国迎取至則斎沐焚香設拝召画工図写二
21像命僧録大岳師述讃一留第供養一賜履仲以為法門之栄寺経回禄続灯巋然独存若有神護師之四十余年紹隆祖道荐膺殊擢
22抛大道場声実昭灼竜象奔趨而化縁有限良可喟也然其去住自由光明烜赫道俗具瞻斯足矣彰其法身之常住而表其功行之純
23懿垂休千古厥有斯在語言文字何足以軽重哉然而先世行業子孫顕揚礼也遂不辞而述以辞曰
24　扶桑之域居大海東習俗取法与中華同一崇敬仏僧尤為隆盛金刹巍峩宝輪暉暎二禅林規矩百丈是宗五山十刹丕振玄
25　風三篤生碩師号曰南嶺魯詣竺墳窮探要領四勝幢屢建宗旨弘敭化風遐暢師道蔚昌五主鳳凰山応檀那夢緇白象竜川
26　奔雲湧六門徒弟子得法尤多附庸諸刹棋布星羅七化権輝赫時縁際会一皆南嶺如幻三昧八塔曰常照庵曰続灯永鎮海
27　邦金剛眼睛九我辞非実惟黙斯契一月千江太虚無際十
28大明景泰五年歳在甲戌夏四月朔旦

（7）太虚元寿が摂津福巌寺にあって文和元年（一三五二）師約翁徳倹の語録『仏灯国師語録』を上梓したさいに、崇西居士厚東武実は梨板五〇片を寄進している（巻下、一六丁右、識語。小川源兵衛版〈禅文化研究所架蔵〉）。

（8）宝徳度遣明船準備のため天竜寺坐公文が発給された（橋本雄「肥後地域の国際交流と偽使問題」『中世日本の国際関係―東アジア通行圏と偽使問題―』一四四頁、吉川弘文館、二〇〇五年。初出は二〇〇二年）。『蔭凉軒日録』文明十九年五月十九日の条に、

天源に往き宝徳三年辛未渡唐の事を相尋ぬ。辛未は大唐景泰二年なり。享徳二年癸酉三月廿九日、渡唐船は日本の奈留嶋を出で、享徳三甲戌年帰朝す。景泰五年なり。天源院記す所の一紙に云う、

日本国辛未秋渡唐船九艘

一号船　天竜寺　　二号船　伊勢国法楽社
三号船　天竜寺　　四号船　九州探題
五号船　九州志摩津未渡唐　　六号船　同　大友
七号船　同　大内　　八号船　大和州多武峰
九号船　天竜寺枝船　　十号船　法楽社枝船
以上十艘

御進物常の如し。天竜寺より之を弁ず。

とあり、天竜寺造営料唐船を主とするものであったことがわかる。

（9）『笑雲和尚入明記』に、「日本国宝徳三年辛未冬十月二十六日、遣唐専使允澎、綱司芳貞ら京を辞す」とあり、『蔭凉軒日録』文明十九年五月二十七日の条に、「天竜寺船正使東洋和尚」とある。

（10）この場合は、至本綱司や謝国明綱首のような総合商社のオーナー的なものではなく、天竜寺を代表する遣明船の事務総長的な役職と考えてよいであろう（村井章介『東アジアのなかの日本文化』一七四～一七五頁、放送大学教育振興会、二〇〇五年）。

（11）『鹿苑日録』五、明応八年八月六日の条。小葉田淳『中世日支通交貿易史の研究』（四六頁、刀江書院、一九六九年）参看。川添昭二氏は、「第四号船は、博多聖福寺造営のため、九州探題渋川教直が仕立てたものであった」（『日蓮とその時代』一〇八頁、山喜房仏書林、一九九九年）とする。

（12）伊藤幸司氏は、東隆寺と大内氏との密接な関係から、「桂隠元久は四号船か七号船に搭乗したものと思われる」（「大内氏の外交と博多聖福寺」『中世日本の外交と禅宗』所収、吉川弘文館、二〇〇二年。初出は一九九六年）とする。

II

墨蹟にみる法語・鐘銘・頂相・入寺疏・祭文・印可状

第一章 建長寺の鐘銘

はじめに

先に「蘭渓道隆の四六文」（『文藝論叢』六八号、若槻俊秀教授退休記念論集、二〇〇七年。本書Ⅲ—第二章所収）と題して、『大覚録』のうち、常楽寺・建長寺での語録から四六文を摘出した。この論考では、建寧《にん》寺語録、鐘銘・小参についての四六文を見ることにする（『大覚録』の番号は、高木宗監『開山大覚禅師語録集訓読和訳篇』〈建長寺、一九九四年〉による）。

一 建寧寺語録

建仁寺は、はがき通信（『日本歴史』六八七号、二〇〇五年）で述べたように、後深草帝の諱を避けて仁を寧《にん》とする。仁《にん》は呉音なので呉音の音通の字で避諱したらよさそうなものの、蘭渓道隆の頭には、寧《にん》（唐音）の字が浮かんだのであろう。入院法語の一つに檀越（北条時頼）のために唱えた香語がある。

9 此一弁香、奉為東州信心檀越最明寺禅門。
伏願
「為国輸忠○、賛明君之盛徳●、」

了心達道、竪末世之宝幢、
永為皇祚之股肱、
長作法門之梁棟。　（大正八〇、63c）弘長二年

此の一弁香、東州信心の檀越最明寺禅門の為にし奉る。伏して願わくは、国の為に忠を輸《いた》し、明君の盛徳を賛《たす》け、心を了《さと》り道に達し、末世の宝幢を竪《た》て、永く皇祚の股肱と為り、長《とこしえ》に法門の梁棟と作らんことを。

単対二句目の梁棟は、平仄の点から棟梁の語順を変えている。

12 乃云、

巨福山中越十霜、
了無玄妙可商量。
業風一鼓難回避、
不覚全身在帝郷。陽

機輪無滞、動著則左転右旋、
鉄帚随身、到処則東揺西掃。
法従吾建、
物逐人興。

所以
在東土則把定放行、罕逢識者、
来西州則放行把定、多是知音。

九重天上聖人、道高徳備、
十万戸前瑞気、風暖花香。
到這裡
法法不隠蔵、
頭頭倶顕露。
諸人要見顕露底法麼。以手指云、
満目青山畳乱青、何処不是、
長堤淥水浮軽淥、那箇知帰。
以払子撃縄床、於此
洞徹心源、
了無異相。
便見
慈風共堯風広扇、四海昇平、
仏日与舜日斉明、万民楽業。
文臣武将、咸帰有道之君、
樵父漁夫、共楽無為之化。
如是則
尽大地是箇解脱門、全身在裏許、

（総十方為一建寧寺、捨我其誰歟。
（弾指間梵刹円成、
（一瞬中魔軍頓息。
恁麼挙唱、大似
（依朱著墨、
（順水行舟。
未当得宗乗向上事、且如何是宗乗向上事。良久、
（夜月流輝含古渡、
（春風著意発新条。（64ab）弘長二年

乃ち云く、巨福山中 十霜を越え、了に玄妙の商量すべき無し。業風一たび鼓して回避し難く、覚えず全身帝郷に在るを。機輪 滞り無し、動著すれば則ち左転右旋し、鉄帚 身に随う、到る処則ち東揺西掃す。法は吾に従って建ち、物は人を逐うて興る。所以に東土に在るときは、則ち把定放行し、識者に逢うこと罕なり、西州に来るときは、則ち放行把定し、多《お》是《よ》そ知音。九重天上の聖人、道高く徳備り、十万戸前の瑞気、風暖かに花香し。這裡に到って法法 隠蔵せず、頭頭倶に顕露す。諸人 顕露底の法を見んと要《ほっ》するや。手を以て指ざして云く、満目青山 乱青を畳む、何の処か不是、長堤渌水 軽渌を浮べ、那箇か帰るを知る。払子を以て縄床を撃ち、此に於て心源に洞徹せば、了に異相無し。便ち見ん、慈風 堯風と広く扇いで、四海昇平、仏日 舜日と斉しく明にして、万民 業を楽しむ。文臣武将、咸《み》な有道の君に帰し、樵父漁夫、共《み》な無為の化を楽しむ。是の如くなるときは則ち、大地を尽して是れ箇の解脱門、全身 裏許に在り、十方を総べて一建

寧寺と為すも、我を捨てて其れ誰ぞや。弾指の間、梵刹円に成り、一瞬の中、魔軍頓に息む。恁麽の挙唱、大いに朱に依り墨を著け、水に順って舟を行《や》るに似たり。未だ宗乗向上の事に当得せず、且つ如何なるか是れ宗乗向上の事。良久、夜月 輝を流して古渡を含み、春風 意を著けて新条を発す。

この索話の一段は、七言絶句と四六文とから構成される。索話は、垂語・釣語・垂示ともいわれる。大衆に疑問がないか、どうか、と問いかけている。

23　無明和尚忌拈香。

曩踞陽山一関、
孰敢臨風直視。
倒握黒漆竹篦、
為人敲骨出髓。
発無明火、鍛聖鎔凡、
施縦奪機、回生起死。
別徳二十春、
突然在這裏。
著眼好生観、
不知是不是。
我昔遭他折挫来、
直至而今恨弗已。

見其影則攢眉。
聞其名則切歯。
既然如是、因甚今朝、
引領同衣、焼香作礼。噁。
親不親郷中人、
美不美郷中水。
水有源兮木有根、
出乎爾兮返乎爾。
便焼香。

（65a）弘長二年

無明和尚忌拈香。曩《さき》に陽山の一関に踞す、孰か敢えて風に臨んで直視せん、倒に黒漆の竹篦を握って、人の為に骨を敲いて髄を出す。無明の火を発して、聖を鍛え凡を鎔し、縦奪の機を施して、生を回し死を起す。徳に別れること二十春、突然として這裏に在り。眼を著けて好生に観よ、知らず是か不是か。我れ昔し他の折挫に遭い来たる、直に而今に至るまで恨み已まず。其の影を見るときは則ち眉を攢《ひそ》め、其の名を聞くときは則ち歯を切《くいしば》る。既然《すで》に是の如し、甚に因りてか今朝、同衣を引領して、焼香作礼す。噁《ああ》。親不親郷中の人、美不美郷中の水。水に源有り木に根有り、爾より出でて爾に返すと。便ち焼香す。

この拈香の駢賦は、上声紙の仄韻を踏む。ただ礼だけは、薺の上声であって、蘭渓は紙韻のつもりで作ったのであろう。

25 謝両班上堂。

一鏃破三関、已労心力、
一言説六国、総渉思惟。
不労心力底、
起臨済之墜緒、
整大法之綱維。
当機覿面、
覿面当機。
玲瓏妙転、
左之右之。
希奇希奇、
三脚驢児解弄蹄、
令人長憶老楊岐。（65a）弘長二年

両班に謝するの上堂。一鏃 三関を破り、已に心力を労す、一言 六国に説く、総べて思惟に渉る。心力を労せざる底に、臨済の墜緒を起こし、大法の綱維を整う。当機覿面、覿面当機。玲瓏妙に転じ、左之右之。希奇希奇。三脚の驢児解《よ》く蹄を弄し、人をして長く老楊岐を憶わしむ。

この上堂は、駢賦であり、押韻し、上平声支と微の通押。

50　上堂。
点那箇心、徳山有口如唖、）

喫三頓棒、臨済抱恨難伸。
若非尽底掀翻、
争得遼天索価。
我観諸人、総是没量大漢、何不超他一頭地。良久、
利剣只言分勝負、
陣雲纔起便迷蹤。（66c）弘長三年

上堂。那箇の心をか点ず、徳山に口有り啞の如く、三頓の棒を喫し、臨済恨を抱いて伸べ難し。若し底を尽して掀翻するに非ざれば、争か遼天価を索むるを得ん。我れ諸人を観るに、総《み》な是れ没量の大漢、何ぞ他に一頭地を超えざる。良久して、利剣只だ言う勝負を分つと、陣雲纔かに起れば便ち蹤に迷う。

62 正旦上堂。
新歳多奇事、
虚空展笑眉。
更談新仏法、
也要大家知。
召大衆、還見麼。
五条橋度人無数、
九重塔定相弗移。
街北街南、歓声不絶、

寺前寺後、車馬奔馳。
処処顕揚此事、
頭頭漏泄真機。
且道如何是此事。良久、
蘭渓無暇向伊説、
問取張家三箇児。（67b）弘長四年

正旦上堂。新歳奇事多し、虚空笑眉を展ぶ。更に談ず新仏法を、也《ま》た大家の知らんことを要《ほっ》す。大衆を召して、還《は》た見るや。五条の橋 人を度《わた》すこと数うる無く、九重の塔定相 移らず。街の北街の南、歓声 絶えず、寺の前寺の後、車馬奔馳す。処々 此の事を顕揚し、頭々 真機を漏泄す。且らく道え如何なるか是れ此の事。良久して、蘭渓 伊に説くに暇無し、張家三箇児に問取せよ。

この正旦上堂は、五言絶句と駢賦とからなり、五絶と駢賦を通して上平声支韻を踏む。単対の機のみ上平微韻であるが、支の通押である。五絶の結句の要は、意味からすると平声になるものの、蘭渓は仄声のつもりで作詩している。

二　建長禅寺鐘銘

鎌倉第一等の鐘として知られる建長寺の梵鐘は、住持蘭渓によってその鐘銘が作製されて、いろいろなものに史料として載録されている。鐘銘から採られた釈文で句読点のあるのは、『神奈川県史』資料編1、四四七号、『建長寺史』編年史料編、第一巻、建長七年二月二十一日の条の二点のみであり、どちらも句読に正しくないところを含む。

どうして『大覚録』を参照しなかったのか不思議なことである。そこで、どうしてそこに句読が入るのか、駢賦として分ち書きをして示す。(1)

巨福山建長禅寺鐘銘

（南閻浮提、○各以音声長為仏事、●
東州勝地、●聊芟（イ）棒莽刱此道場。◎

（天人影（ロ）向、●
竜象和光。◎

（雲斂霏開兮、○楼観百尺、●
嵐敷翠掃（ハ）兮、●勢圧諸方。◎

（事既前定、●
法亦恢張。◎

（囲范（ニ）洪鐘、○結千人之縁会、●
宏撞高架、●鎮四海之安康。◎

（脱自一模、○重而難挙、●
円成大器、●鳴則非常。◎

（蒲牢纔吼、●星斗晦蔵、●
群峰答響、●心境倶亡。◎

（扣之大者、●其声遠徹、●

イ、聊芟は、特開
ロ、影は、帰
ハ、掃は、鎖
ニ、范は、範

図4　建長寺梵鐘（国宝，建長寺所蔵）の銘文

扣之小者、其応難量。
東迎素月、
西送夕陽。
昏寐ホ未惺、攬之則寤ヘ、
宴安猶恣、警之而荘。
破塵労之大夢、
息物類之顚狂。
妙覚覚空、根塵消殞、
返聞聞尽、本性全彰。
共証円通三昧、
永臻檀施千祥。
回此善利、
上祝親王。
民豊歳稔、
地久天長。

建長七年乙卯二月二十一日
本寺大檀那相模守平朝臣
時頼謹勧千人、同成大器。

ホ、寐は、寐　ヘ、寤は、寤

建長禅寺住持宋沙門道隆謹題。
都勧進監寺僧　琳長
大工大和権守物部　重光

『大覚録』巻下所収のものと異同のあるところは、駢賦の下に示した。◎の圏点は、下平声陽韻を示す。以下に読み下し文を提示する。

巨福山建長禅寺の鐘銘

南閻浮提、各々音声を以て長く仏事を為し、東州の勝地、聊か棒莽を芟り此の道場を剏む。天人影向し、竜象和光す。雲斂まり霏開いて、楼観百尺、嵐敷き翠掃きて、勢い諸方を圧す。事既に前に定まり、法も亦た恢張す。洪鐘を囲范するに、千人の縁会を結び、宏《おお》いに高架に撞き、四海の安康を鎮す。一模より脱して、重くして挙げ難し、大器を円成して、鳴ること則ち常に非ず。蒲牢纔かに吼《な》り、星斗晦蔵し、群峰響に答え、心境倶に亡す。之を扣くこと大なれば、其の声遠く徹《とど》き、之を扣くこと小なれば、其の応量り難し。東のかた素月を迎え、西のかた夕陽を送る。昏寐未だ惺《さと》らず、之を攬《と》るときは則ち寤《さ》め、宴安猶お恣にして、之を警むるときは而《すなわ》ち荘なり。塵労の大夢を破り、物類の顚狂を息む。妙覚覚空して、根塵消殞し、返聞聞尽して、本性全く彰わる。共に円通三昧を証《さと》り、永に檀施の千祥を臻《いた》らしむ。此の善利を回らして、親王を上祝す。民豊かに歳稔って、地久しく天長し。

建長七年乙卯二月二十一日、本寺大檀那相模守平朝臣時頼、謹んで千人に勧めて、同に大器を成す。建長禅寺住持宋沙門道隆謹んで題《しる》す。都勧進監寺僧琳長。大工大和権守物部重光。

次に現代語訳を試みる。

須弥山の南にある人間界は、それぞれ鐘の音を久しく仏への供養としていて、そのうちの東国の優れた地である鎌倉では、まず藪を刈りこの道場建長寺を開創した。天上界、人間界にわたって仏があらわれ、すぐれた修行者が身をあらわす。雲が収まり靄が晴れて一〇〇尺の高殿があらわれ、もやが広がり緑がさっと塗ったような中に、その姿は辺りを凌いでいる。梵鐘を作ることは前もって決っていて、その上仏法も広がりを見せている。大きい鐘を鋳造するのに、一〇〇〇人の信者の講を結成し、高く釣った鐘を盛んに鳴らし、世界の安泰を鎮護する。一つの鋳型から脱けると、重くて挙げるのが難しいものとなり、大いなる鐘に完成して、鳴らすと並のものとは思えない。鐘が鳴ったとたん、星がかくれてしまい、峰々が鐘に共鳴し、まるで心持ちがみな無になった。大きく扣くと、その鐘の音は遠くにまで行き渡り、小さく扣くと、その響きは計りがたいものがある。東に夜明けの月を迎え、西に夕日を送ることになる。深く眠って悟らなくても、鐘が鳴ると目覚め、寛いで気ままでも、それを警めて厳かなものがある。煩悩の長い夢を断ち切り、万物の狂乱を絶ち切る。仏のように悟り尽して、一切の対立が無くなり、鐘が鳴り聞くのをはね返して聞き尽すと、本来の真実性がすべて顕われてくる。みな欠けることのない悟りの世界を覚ることになり、いつまでも檀越の幸いをもたらすことになる。この菩提の利益を回向し、上は宗尊親王を言祝ぎ、民が豊かで年々稔り、天地が長久でありますようにと願う。

北条時頼は、一〇〇〇人の同志とともにこの大鐘を鋳造しようと発願し、物部重光が製作し、鐘楼に掛けられたのは、建長七年（一二五五）二月二十一日のことであった。このときの記念の香語「挂鐘」（『大覚録』巻下、大正八〇、91a）は、以下のようである。

跳出洪鑪大器円、
千人同結此良縁。

当陽一撃無回互、
切忌余音到客船。
打一下云、諸仁者只今
是声来耳畔、
是耳往声辺。
若把耳聞、被声所転、
各宜領在、未扣已前。
未扣已前悟去、
透徹三千大千。
建長暫借洪鐘口、
重為檀那次第宣。
又打一下云、
歴歴妙音周法界、
太平無象百千年。

洪鐘を跳出して大器円なり、千人同に結ぶ此の良縁。当陽一撃 回互無し、切に忌む余音の客船に到ることを。打すること一下して云く、諸仁者只だ今 是れ声 耳畔に来るか、是れ耳 声辺に往くか（『楞厳経』巻三に基づく）。若し耳を把て聞かば、声の所転を被らん、各々宜しく未扣已前に領在すべし。未扣已前に悟り去らば、三千大千に透徹せん。建長暫く洪鐘の口を借りて、重ねて檀那の為に次第に宣べん。又た打すること一下して云く、歴々たる妙音　法界に周く、太平　象無し百千年。

七絶二つの間に、駢賦が入り、しかも、全体を下平声先韻で押韻している。

大きな溶鉱炉を躍り出た大きな鐘はまどかであり、一〇〇〇人が共にこの鐘を造るのに良縁を結んだ。真っ向から一打ち鳴らすと互いにかみ合うこともなく、是非とも余韻が蘇州郊外の客船にまで聞こえるのを避けねばならない。(2)一打ちしていう、あなた方には現在、鐘の音が耳のそばから聞こえるのか、それとも、耳が鐘のあたりに往っているのか。もし耳で聞いたのであれば、鐘の音の説法を聞いたことになり、おのおの鐘を撞かないうちに聞いたことになる。鐘を撞かないうちに聞いたならば、全宇宙に突き抜けている。わたしはひとまず大鐘の音を借りて、檀越のために順次説法する。さらに一打ちしていう、はっきりと優れた音が全世界に充ち、天下泰平が形のない鐘の音のように百千年の永きに続きますようにと願う。

戦のない平安を建長寺の鐘の音を通して蘭渓は説く。

三　最明寺開堂小参

北条時頼の持仏堂としての役を果たした最明寺は、建長寺に隣接した山内の別業に置かれたという。(3)その開堂は、『大覚録』巻中（75ｃ）建長寺小参の配列からすると、弘長元年（一二六一）夏安居の後ということになる。(4)蘭渓による開堂小参は、次のようなものである。

（治心明心、垃圾上重添垃圾、
（究理達理、相応中転不相応。

眼不見而為浄、
心不疑而自安。

所以

釈迦出世、達磨西来、
攻乎異端、斯害也已。

雖然

霊山二千年、公案現在、
少林八百載、風月猶新。

会得則打破画瓶帰去来、太平好唱還郷曲、
不会則行到路窮橋断処、坐看雲散月明時。

会与不会則且置、只如大力量人分上世間出世平等超越一句、作麼生道。拍膝一下。

剣為不平離宝匣、
薬因救病出金缾。

復挙、昔有僧問古徳、深山窮谷中、還有仏法也無。徳云、有。僧云、如何是深山窮谷中仏法。徳云、石頭大底大、小底小。師云、古徳真不掩偽、曲不蔵直、太煞分明、翻成迂曲。山僧則不然、或有人問深山窮谷中還有仏法也無、亦向佗道、有。待伊又問如何是深山窮谷中仏法、以一頌酬之。

潺潺磵水流無尽、
颼颼松風韻愈奇。

山主好提三尺剣、
勦除禍事定坤維。
坤維定後又且如何。
達磨本来観自在、
浄名元是老維摩。

この小参は、四六文と、古則の提起と、偈頌の七絶とからなる。最初の隔対四句目は、仄声だが、蘭渓は平声のつもりで作っている。

心を治め心を明らむ、垃圾《らつしよく》上に重ねて垃圾を添う、理を究め理に達す、相応中転た相応ぜず。眼は見ずして浄為り、心は疑わずして自ずから安んず。所以に釈迦出世し、達磨西来し、異端を攻《おさ》むるは、斯れ害あるのみ。霊山二千年なりと雖然《いえど》も、公案現に在り、少林八百載なるも、風月猶お新し。会得するときは則ち画瓶を打破して帰去来《かえりなんいざ》、太平の唱うるに好し還郷の曲、会せざるときは則ち行きては到る路窮まり橋断《たちき》るる処、坐《そぞ》ろに看る雲散じ月明なる時。会と不会とは則ち且らく置き、只だ大力量の人の分上 世間出世 平等に超越する一句の如きは、作麼生か道わん。膝を拍すること一下。剣は不平の為に宝匣を離れ、薬は病を救うに因て金瓶を出づ。

復た挙す、昔し有る僧 古徳に問う、深山窮谷の中、還た仏法有りや。徳云く、有り。僧云く、如何なるか是れ深山窮谷中の仏法。徳云く、石頭《いし》大なる底《もの》は大、小なる底は小。師云く、古徳 真 偽を掩わず、曲 直を蔵《かく》さず。太煞《はなは》だ分明にして、翻《かえ》って迂曲と成る。山僧は則ち然らず、或有《あ》る人深山窮谷の中、還た仏法有りや、と問わば、亦た佗に道わん、有りと。伊れ又た如何なるか是れ深山窮谷中の仏法と問うを待て、一頌を以て之に酬《こた》えん。潺《せん》潺たる磵水 流れて尽きること無く、颼《さつ》颼たる松風 韻愈々奇なり。山主好く三尺の剣を提げて、禍事を勦除して坤維を定む。坤維定って後又た且つ如何。達磨本来 観自在、浄名元より是れ老維摩。
○治心は、『荀子』解蔽篇に、「仁者の思うや恭、聖人の思うや楽。此れ心を治むるの道なり」とある。○明心は、『雲門広録』巻中に、「挙す、古云く、声を聞きて道を悟り、色を見て心を明らかにす。師云く、作麼生か是れ聞声悟道、見色明心。乃ち云く、観世音菩薩銭を将ち来って餬餅を買って、手を放下して云く、元来祇《た》是だ饅頭のみ」とある。○究理は、『趙州録』に、「若《も》是し新たに衆に入る底の人、也《ま》た須らく理を究めて始めて得《よ》し」とある。○達理は、『荘子』秋水篇に、「北海若曰く、道を知る者は、必ず理に達す」とある。○相応は、『臨済録』示衆に、「理行相応じ、三業を護惜して、始めて成仏するを得と言《い》道う」とある。○攻平異端、斯害也已は、『論語』為政篇による。○行到……処、坐看……時は、『王維詩集』終南別業に、「行きて水の窮まる処に到る、坐ろに看る雲の起る時」(岩波文庫)とある。○世間出世は、『景徳録』巻七、大梅法常章に、「此の心は元《もと》是れ一切世間出世間法の根本なり」とある。○剣為不平離宝匣、薬因救病出金缾は、『楊岐方会語録』に基づく。○有僧問古徳……小底小は、『景徳録』巻二十四、帰宗道詮章に、「問う、九峰山中に還た仏法有りや。師曰く、有り。曰く、如何なるか是れ九峰山中の仏法。師曰く、山中の石《い》頭《し》、大なる底《もの》は大、小なる底は小」とあるのによっている。○古徳真不掩偽、曲不蔵直は、『天聖広灯録』巻二十、鉄幢□覚章に、「師上堂して云く、……」とあるのによる。○達磨本来観自在は、『碧巌録』一則、本則評唱に、「志公機を見て作して、便ち云く、此れは是れ観音大士、仏心印を伝う」とあり、達磨は観音の化身だとする。○浄名元是老維摩は、『碧巌録』八十四則、頌評唱に、「梵語に維摩詰と云い、此に無垢称と云い、亦た浄名と云う。乃ち過去の金粟《こんぞく》如来なり」という。

蘭渓は、最明寺での開堂の説法に際し、右に見たように典拠をあげながら法を説いている。それを踏まえながら現代語訳してみたい。

塵土の積もった上にさらに積もったような多くの煩悩がある。そのけがれた心をうまく調えて心を明らかにする。教理と実践とが即応しているのがしだいに即応しなくなっている。それを真実に自己を究明し真如の理に通達している。眼は見なくてもきれいであり、心は疑うことなくて自ずから安らかである。ゆえに釈迦は出世し、達磨は西来した。仏の道と違ったことを究明するのは、ただ害があるだけだ。釈尊が霊山会上で迦葉に大法を付嘱してから二〇〇〇年たっても、公案は現に在り、達磨が少林寺で二祖に法を伝えてから八〇〇年経過しても、風月はなお新たなものがある。仏の道を会得するときは、画いた瓶をぶちこわし帰りなんいざ、天下太平の世に故郷に帰る歌を唱えるのにふさわしい。会得しないときは、歩きまわっていつかしら路もなく橋もなくなったところまで来ており、われ知らず雲が散って月が明るく出るのに見入るひととき。会と不会とはさておいて、大いなる働きのある人の本来の持ち前が世間出世間の法を平等に超越する一句としてどのように言ったらよいか。膝を拍つこと一回、剣は不平を正すために宝の箱から出され、薬は病を救うために金の瓶から取り出される。

さらに次の古則を提起する。昔ある僧が古徳に質問した。深山窮谷の中に仏法がありますか。古徳がありと答える。すると僧は、どのような仏法でしょうかという。古徳は石の大きなものは大きく、小さなものは小さいと答えた。蘭渓が言う、古徳が、真実は偽りを覆い隠さず、曲ったものは真直ぐなものを人目につかぬようにしない、というのは、非常に明白だが、かえって、回りくどい。私はそうは言わない。ある僧が深山窮谷の中に仏法がありますかと言ったら、彼に言う、ありと。彼が追っかけていかなるか是れ深山窮谷の中の仏法と訊ねるのを待ち受けて、一つの偈頌を答えとする。浅い渓流の谷川の水が尽きることなく流れ、さっと吹く松風の響きがますます優れている。山主はよく三尺の剣を持ち、一大事を討ちほろぼし大地を治める。大地が治まったその上は、どうだ。達磨は元来観音の化身、浄名はもちろん維摩居士だ。

山内にある時頼の別業内の持仏堂を最明寺と称し、深山幽谷中の寺に準えて蘭渓は仏法を説いている。のち北条時宗によって、最明寺が再興されて、禅興寺と称した。その禅興寺は、塔頭の明月院しか残らない。

おわりに

蘭渓の建寧寺語録の一部、建長寺鐘銘、それに最明寺開堂小参をここでは取り上げた。これまでに鐘銘を論題にしたことはない。墨蹟そのものは残っていないものの、鐘そのものに蘭渓の筆蹟を今に伝えていて墨蹟文書の一種と考えてよいであろう。時頼一人の喜捨ということでなく、多くの信仰を共にする同志とこの大鐘を鋳造したことは、時頼の得宗体制が安定したものとなるのに幸いしたことであろう。

小参の現代語訳に当っては、典拠を省略して、たとえ字面だけでも訳してみようと思ったが、それは適わず典拠を探らざるをえなかった。それでも多くの誤りを犯していることであろう。四六文や駢賦で上堂、小参、鐘銘を作製することは、中国人の蘭渓であっても、それなりに準備が大変だったことと思われる。それが「参禅学道は、四六文章に非ず」という遺誡となって、弟子たちへの戒めとなった。

注

(1) 梵鐘そのものは、東京国立博物館での「鎌倉——禅の源流」展において展示されていて、時頼や道隆について字が小さくなっているのを確かめた。しかし、全体は照明により読みづらい点があった。釈文を作るに際し、図録(二〇〇三年)、それに高木宗監『建長寺史——開山大覚禅師伝』(建長寺、一九八九年)の口絵の映りがよく参看した。釈文そのものは、『鎌倉市史』考古編(赤星直忠執筆、吉川弘文館、一九五九年)の建長寺鐘が、よくその鐘銘を採録している。しかし、第一区の八行目、四が西となっているのが惜しまれる。

（2）余音到客船は、張継の楓橋夜泊を踏まえる。浅見洋二「形似の変容―言葉と物の関係から見たいわゆる宋詩の日常性に関する一考察―」（『中国―社会と文化』二〇号、二〇〇五年）に「夜半鐘声到客船」の「寺の鐘を夜半に撞くことはないから張継の詩の描写はおかしい」と「蘇州では夜に鐘を撞く」という議論を宋詩の日常性から取り上げる。また、堀川貴司「日本中世禅林における三体詩の受容―二つの注をめぐって―」（『駒沢大学禅研究所年報』一七号、二〇〇六年。のち『詩のかたち・詩のこころ―中世日本漢文学研究―』若草書房、二〇〇六年に再録）にもこの七絶を取り上げる。

（3）秋山哲雄「都市鎌倉における北条氏の邸宅と寺院」（『史学雑誌』一〇六編九号、一九九七年、のち『北条氏権力と都市鎌倉』吉川弘文館、二〇〇六年に再録）、「都市鎌倉の形成と北条氏」（五味文彦・馬淵和雄編『中世都市鎌倉の実像と境界』所収、高志書院、二〇〇四年）参看。

（4）『国史大辞典』第六巻「最明寺」（葉貫磨哉執筆）の項では、「最明寺が禅院（臨済宗）の形態を整える時期は分明ではないが、……」とする。

第二章　蘭渓道隆の法語

はじめに

先に「蘭渓道隆の四六文」（『文藝論叢』六八号、若槻俊秀教授退休記念論集、二〇〇七年。本書Ⅲ―第二章所収）と題して、蘭渓の常楽寺・建長寺語録から四六文や駢賦を取り出し、「建長寺の鐘銘」（『禅学研究』八五号、二〇〇七年。本書Ⅱ―第一章所収）と題して、鐘銘を中心に建寧《にん》寺語録、それに最明寺開堂小参を取り上げて読んだ。

ここでは、どれも珍しいものではないが、蘭渓の法語、自賛の中から読むことにする。

一　示左馬禅門

この左馬禅門に与えた法語は、辻善之助が『日本仏教史』第三巻（岩波書店、一九四九年）で全文を提示し、北条時宗に示した法語として以後、それが定説とされてきた。これに対し、村井章介氏は、『北條時宗と蒙古襲来』（日本放送出版協会、二〇〇一年）において、左馬禅門を足利義氏にあてるべきだとする。(1) 私には、左馬禅門を誰とするかの用意はないが、これまで、何方もこの法語を読んだ方はいないことから、なんとか読みたいものと考えた。以下に、四六文として分ち書きして示す。

道固非遠●、
窮之在人○。
惟患人之不能一往直前。所以
対面有千里之遥○、
挙止被万縁所隔●。
苟或
信而不疑○、
行之不倦●、
時来縁熟、
道無有不通之理●、
心無有不明之時○。
道既通達、
心亦明白了、
居声色之場、不被声色所転●、
入是非之域●、不逐是非所迷○。
到此境界、
謂之大自在人○、
謂之出塵羅漢●。

然後
　随世流布亦得、
不随世流布亦得。
応物副機、○
更無別法。●
如上密用、本自信心中流出。
若談此事、
擬思量則差、○
纔分別則遠。●
不思量不分別、且此道
如何得入頭、○
如何得明白。●
須是自肯承当、○
直下体取始得。●

従上諸聖、皆自返求諸己、而至於不疑之地。且返己者何。於一切処十二時、一一従自己上、返覆推窮、如大覚世尊楞厳会上為阿難七処徴心相似。徴之至無可奈何処、待伊思量尽分別亡、識得真心所在了、世尊更与一喝。及至阿難瞿然避座処、方可与他脳後一錐、教他尽底掃除蕩然無礙。個是阿難見処、作麼生是公参学、当下分明之理。
今既信心極深、此便是了斯大事底根本。又況叩宗師、窮楞厳奥旨、毎日誦大乗金剛般若経。此二経其中、已是為人親切、分明説破処亦多。
但能
披剥万象、●
析出精明、○
昼窮夕思、○
動想静究、●
忽然動静二相、了然不生、
空無所空、○
寂無所寂●
処、亦未為究竟。金剛経云、若見諸相非相、即見如来。目前
青山流水、●
万象森羅、○
箇是諸相、如何是非相。
若識非相、●
如来現前。○
要得此一大事朗然去。伏望於
世事上放令軽減、●
道念上著意返観、○

観清浄本然、云何忽生山河大地。此

山河大地●、本従何来○、
却火洞然○、又従何去●。

但

如是体究●、
如是而行○、
行之既久●、
体之亦深○。

山河大地●、不自外来○、
日月星辰○、弗従他出●。

到此田地、一人発真帰源、灼熱

十方虚空○、
悉皆消殞●。

恁麼則過去心不可得、現在心不可得、未来心不可得、於不可得中、事事著得、便如禅宗道。

若人識得心○、
大地無寸土●、

是也。古徳云、会得是障礙《（ママ）》、不会不自在。於此会得、

千差万別●、総帰一源○、

楞厳金剛○、与禅無異●。

苟

疑心不破●、

体察未明○、

便見禅教有別。吾宗拠実而論、

但得其本、莫愁其末。

但知作仏、莫愁仏不解語。

明得自心○、

無所不達●。

且自心如何明得。昔日僧問雲門、不起一念、還有過也無。門云、須弥山。只這須弥山三字、看時雖無味、看久自分明。但以此力行力究、当於

接談交笑之処●、

動静語黙之中○、

或是非未決●、

或方寸擾攘○、

但挙此話頭、勿令忘却。仍旧一一収帰、在自身中、看

起念者是誰、

無念者又是誰。

如是返観久久、般若円成、有洞明時節。洞明後如何。
（塵塵華蔵海、
（処処普賢門。

左馬禅門に示す

道は固より遠きに非ず、之を窮むること人に在り。惟だ人の一往直前すること能わざるを患う。所以《ゆえ》に対面に千里の遥かなる有り、挙止 万縁の隔つ所と被《な》る。苟或《も》し信じて疑わず、之を行いて倦まざれば、時来り縁熟して、道 通ぜざるの理有ること無く、心 明ならざるの時有ること無し。道既に通達して、心も亦た明白にし了れば、声色の場に居り、声色の転ずる所を被らず、是非の域に入り、是非の迷う所を逐わず。此の境界に到る、之を大自在の人と謂い、之を出塵の羅漢と謂う。然る後 世の流布に随うも亦た得、世の流布に随わざるも亦た得たり。物に応じ機に副うて、更に別法無し。如上の密用、本自《もと》より信心の中 流出す。若し此の事を談じ、思量せんと擬《ほっ》すれば則ち差《たが》い、纔かに分別すれば則ち遠し。思量せず分別せず、且つ此の道 如何が入頭するを得、如何が明白なるを得たり。須是《すべか》らく自ら肯って承当し、直下に体取して始めて得《よ》し。従上の諸聖、皆な自ら返って諸《これ》を己に求めて、不疑の地に至る。且つ己に返るとは何ぞ。一切処十二時に於て、一一 自己上従《よ》り、返覆推窮すること、大覚世尊楞厳会上 阿難の為に七処に徴心するが如くに相似たり。之を徴して奈何ともす可き無き処に至って、伊《かれ》が思量尽き分別亡して真心の所在を識得し了るを待って、世尊更に一喝を与う。阿難瞿然として座処を避るに至るに及んで、方《はじ》めて他に脳後の一錐を与えて他をして底を尽くして掃除蕩然として無礙ならしむ可し。個れは是れ阿難の見処、作麼生か是れ公の参学、当下に分明の理あらん。今ま既に信心極めて深し、此れ便ち是れ斯の大事を了する底の根本なり。又た況んや宗師を叩き、楞厳の奥旨を窮めて、毎日大乗金剛般若経を誦するをや。此の二経の其中《そこ》、已に是れ人の為に親切に、分明説破の処亦た多し。但だ能く万象を披剝し、精明を析出して、昼窮め夕《よる》思い、動に想い静に究めば、忽然として動静の二相、了然として生ぜず、空も空とする所無く、寂も寂とする所無き処、亦た未だ究竟と為さず。金剛経に云く、若し諸相は非相と見れば、即ち如来を見る。目前の青山流水、万象森羅、箇《これ》は是れ諸相、如何なるか是れ非相。若し非相を識れば、如来現前す。此の一大事朗然にし去ることを要得《ほっ》す。伏して望むらくは世事の上に於て、軽く減ぜ放令《し》め、道念の上に意を著《お》き返観し、清浄本然ならば、云何んぞ忽ち山河大地を生ずと観よ。此の山河大地、本何れ従《よ》り来り、却火洞然として、又た何れ従《に》去《ゆ》くと。但《も》し是《かく》の如く体究し、是の如くにして行じ、之を行ずること既に久しく、之を体すること亦た深し。山河大地、外より来たらず、日月星辰、他より出づるに弗ず。此の田地に到って、一人 真を発して源に帰すれば、灼熱として十方虚空、悉く皆な消殞す。恁麼なるとき則ち過去心も不可得、現在心も不可得、未来心も不可得、不可得の中に於て、事事著得すれば、便ち禅宗に道うが如し。若し人 心を識得すれば、大地 寸土無しと、是れなり。古徳云く、会得すれば是れ障礙（ママ）、会せざれば自在ならず、と。此に於て会得すれば、千差万別、総べて一源に帰し、楞厳・金剛、禅と異なること無し。苟《も》し疑心破れず、体察未だ明ならざれば、便ち禅教に別有ることを見ん。吾が宗 実に拠って論ずれば、但だ其の本を得て、其の末を愁うること莫かれ。但だ仏と作るを知って、仏の語を解せざることを愁うる莫かれ。自心を明得すれば、達せずという所無し。且つ自心如何が明め得ん。昔日僧 雲門に問う、一念を起さず、還《は》た過《とが》有りや。門云く、須弥山。只這《こ》の須弥山の三字、看る時 味無しと雖も、看ること久しくして自から分明なり。但だ此の力めて行じ力めて究むるを以て、当に接談交笑の処、動静語黙の中、或いは是非未だ決せず、或いは方寸擾攘に於て、但だ此の話頭を挙して、忘却せしむること勿るべし。旧に仍りて一一収帰して、自身の中に在《おい》て、念を起す者は是れ誰ぞ、無念の者は又た是れ誰ぞと看よ。是の如く返観すること久久ならば、般若円成にして、洞明の時節有らん。洞明の後如何。塵塵華蔵海、処処普賢門。

以下、法語の出典を中心として見ていくことにする。

○道固非遠は、『孟子』離婁篇上に、「道は邇《ちか》きに在り、而も諸《これ》を遠きに求む。事は易きに在り、而も諸を難きに求む」とある。○無別法は、『景徳録』巻十一、仰山慧寂章に、「僧曰く、此の格を除くの外、還《は》た別に方便有り、学人をして得入せしむるや。師曰く、別に有るも別に無きも、汝が心をして不安ならしむ」とある。○密用は、『宝鏡三昧』に、「潜行密用は、愚の如く魯の如し」とある。○信心は、『信心銘』に、「信心は不二にして、不二信心なり」とある。○思量は、『景徳録』巻十四、薬山惟儼章に、「師坐する次《つい》で、有《あ》る僧問う、兀兀地に什麼をか思量す。師曰く、箇の不思量底を思量す」とある。○分別は、『碧巌録』四十七則、本則評唱に、「是の法は思量分別の能く解する所に非ず」とある。○入頭は、『雲門広録』巻中に、「一日云く、夏に入ること来《このか》た十一日、還た入頭を得るや」とある。○不疑之地は、『五灯会元』巻十四、芙蓉道楷章に、「投子曰く、汝不疑の地に到るや。師即ち手を以て耳を掩う」とある。○返覆推窮は、『景徳録』巻五、司空本浄章に、「返観して心を推窮するに、心も亦た仮名なることを知る」とある。○阿難七処徴心は、釈尊が心のありかをめぐって、七つの問答を示して阿難の執着を目ざめさせたことをいう（荒木見悟『楞厳経』〈仏教経典選14、筑摩書房、一九八六年〉四八・三六四頁）。○徴之至無可奈何処、……蕩然無礙は、『楞厳経』巻一に、「阿難言う、如来、現今心の所在を徴す、而も我れ心を以て推窮し尋逐す。即ち能く推する者、我れ心と将為《おも》う。仏言う、咄、阿難、此れ汝が心に非ず。阿難、矍然として座を避け、合掌起立して仏に白す、此れ我が心に非ず、当に何等と名づくべし。……」、巻三に、「……爾の時阿難、及び諸もろの大衆、仏如来の微妙の開示を蒙り、身心蕩然として、罣礙無きを得たり」とある。○真心は、『楞厳経』巻一に、「仏言う、善いかな阿難、汝等当に知るべし、一切衆生、無始より来た、生死相続するに、皆な常住の真心は、性浄明の体を知らず、諸もろの妄想を用うるに由るを」とあり、本性として清浄澄明な心をいう。○脳後一錐は、『景徳録』巻九、黄檗希運章に、「或いは草根下に一箇の漢有るに遇わば、便ち頂上より一錐して他を看る」とある。○大事は、『法華経』巻一、方便品に、「舎利弗よ、云何が諸仏世尊、唯だ一大事因縁を以て、故に世に出現すると名《い》わば、諸仏世尊は、衆生をして仏知見を開かしめ、清浄を得せしめんと欲す、故に世に出現す、と」とあり、衆生に仏の知見を開かせるという一大事因縁をさす。○披剝万象、析出精明は、『楞厳経』巻二に、「汝は微細に万象を披剝し、精明浄妙の見元を析出すべし」とある。○動静二相は、『楞厳経』巻三に、「阿難よ、若し耳に因って生ずとせば、動静の二相、既に現前せざれば、根は知を成ぜず」とある。○金剛経云、若見諸相非相、即見如来は、『金剛経』五分にある。如来は相（三二の特徴）がそなわっていないことを相（特徴）とすると見れば、如来を見たことになる。白居易は読禅経（『白居易集』巻三十二）に、「須らく諸相は皆な非相と知るべし、若し無余に住せば却って有余」と読む。○清浄本然、云何忽生山河大地は、『楞厳経』巻四による。○一人発真帰源、灼熱十方虚空、悉皆消殞は、『楞厳経』巻九に、「汝等一人、真を発いて元に帰せば、此の十方の空は、皆な悉く銷殞す」とあり、源と元は音通。○過去心不可得、現在心不可得、未来心不可得は、『金剛経』十八分に基づく。○大地無寸土は、『大慧録』巻十に、「一節紅心に中たれば、大地寸土も無し」とある。○会得是障礙、不会不自在は、不詳。『景徳録』巻三十、魏府華厳長老示衆に、「若し会得せば、即今無礙自在の真人、若《も》也し未だ会せざれば、則ち是れ箇の檐枷帯鎖重罪の人」とあり、障礙は無障礙、もしくは無礙の間違いであろう。○疑心は、『臨済録』示衆に、「你が一念の疑は、即ち魔の心に入る」とある。○体察は、『景徳録』巻二十五、章義道欽章に、「何ぞ古人の方便を体察せざる」とある。○自心は、『碧巌録』九十七則、本則評唱に、

「万法は皆な自心より出づ」とある。○僧問雲門、不起一念、還有過也無。門云、須弥山は、『雲門広録』巻上にある。道元は『永平広録』巻一にこの公案を取り上げる。○一念は、『伝心法要』に、「一念も諸見も起さば、即ち外道に落つ」とある。○味は、『白居易集』巻二十三、道を味わうに、「歯を叩き晨《あした》に興きて秋院静か、香を焚き宴坐《ざぜん》して晩窓深し」とある。味道に通ずる。○華蔵海は、『梵網経』巻上に、「盧舎那仏、……蓮花蔵世界の海に住す」とあり、『景徳録』巻十、天竜章に、「各おのに華蔵の性海有り、功徳を具足す」とある。○普賢門は、『景徳録』巻二十六、瑞鹿本先章に、「天台教中、文殊・観音・普賢の三門を説く、文殊門は一切の色、観音門は、一切の声、普賢門は、歩を動かさずして到る、と」とあり、『臨済録』示衆に、「你が一念心の無差別光は、処処総て是れ真の普賢なり」とある。

以上の出典を踏まえ、以下に現代語訳を試みることにする。

真の道はもともと高遠な及びがたいものでなく、道を窮めるのは人に在ります。ただあなたがまっしぐらに進めないのを気にします。ゆえに面と向かうと千里の遠さがあり、あなたの行いが多くの因縁により隔てられることになります。もし信じて疑わず、道を窮めようと努められたならば、しかるべき時が到来し因縁が成熟して、道に通じない訳がなく、心も明白でない時はありません。道によく達した上に心もはっきりしたならば、あらゆる感覚の対象のところにあっても、一切の対象に動かされることはなく、是非の範疇にあっても是非善悪の迷いを追いかけることはありません。このような段階に到りますと、その人を大自在の人と言い、出塵の羅漢と言います。かくして世に広く行きわたった教法に従ってもよく、従わなくてもよろしい。あなたの機根に応じて仏が教化し、その上に特別の法はありません。右のような綿密な働きは、本来真の心の働きから流出します。もしこのことを話し、思量しようとすればくい違い、分別したとたんに遠ざかります。思量せず分別しないで、この道は、どうしたら一歩踏み込むことができ、明白にすることができましょうか。自らよいとし己のこととして、ずばりと丸ごとつかまねばなりません。そうであってこそ始めてよろしい。これまでの多くの聖者たちは、自身をふり返って道を己に求めて、大悟徹底の境地に至ります。自身をふり返るとはどういうことでしょうか。あらゆるところで四六時中、子細に自身を再三推し窮めること、たとえば、釈尊が楞厳会のときに阿難のために心のありかをめぐって、七つの問答を示して執着を目覚めさせたようなものです。心を明らかにせんとしどうすることもできない情況になって、彼の思量が尽き分別がなくなり、本来清浄な心のありかを見抜いた状態を待って、釈尊がその上に一喝を与えられました。阿難が驚いて坐処を引きさがろうとすると時に、頭のてっぺんに錐を打ち込んで、彼にとことんまで執着を跡形もなく解消させることが始めてできました。これは阿難の見解であって、どうすればあなたの参禅学道が、その場で明らかになる道がありましょうか。現在あなたは言うまでもなく信心がこの上なく深いものがあり、まさしく道を窮めるという一大事因縁にカタをつける根源です。その上まして師家を訪ね、楞厳経の奥旨を窮められ、毎日金剛経を読誦されていて、なおさらです。この二経のそこには、甚だ人を導き教化するのにぴたりと適合したものがあり、明らかに説き尽くすところも多いものがあります。万象の実体を剝き出し、精密明瞭な視覚の根元を摘出して、昼に窮め夜に思い、動に思い静に窮めることができさえすれば、たちまち動か静のいずれかの境が、明らかに生ぜず、空も空とするものがなく、寂も寂とするものがなく、一物もなく、静寂そのものの状態も、まだ大悟した無上の境地ではありません。金剛経にいう、如来は相（三二の特徴）がそなわっていないことを相（特徴）とすると見れば、如来を見たことになる、と。目前の青山流水、森羅万象は、多様な相であって、非相とはどういうものでしょうか。相がそなわっていないことがわかれば、如来が現前します。是非ともこの一大事因縁を明らかにするという結果をもたらしたいものです。どうか次のように望みます。今の世の出来事を軽減され、仏道に心を存して返顧し、本来清浄なものだとするならば、どうしてゆくりなくも山河大地等諸々の作りなされた現象を生みだすのか考察されたい。この山河大地は、本来どこから来て、壊却の火災は焼き尽くして、どこに行くのか、と。このように本質まで窮め、このように行い、行った上に窮めることが深かったならば、山河大地は外から来たものではないし、日月星も他から出て来たものではありません。この境地になって、一人真を発し源に帰すれば、十方の虚空はことごとく消え失せます。そのようなとき過去の心はとらえられないし、現在の心もとらえられないし、未来の心もとらえられない、とらえられない中で、諸現象を仕留められれば、それが禅宗でいう、人が心を見て取ると、大地に足をつける地面もない、というのがそれです。古徳もいっています、会得すれば自在に通達して礙げがなく、会得しないと自在でない、と。かくして会得すると、いろいろと甚だしい違いも、みな一源に帰し、楞厳・金剛の世界と、禅とは異なることはない。もし疑いの心が破れず、体得省察することがまだはっきりと見えなければ、禅と教とに違いをみることになります。わが宗はありのままに言いますと、ただその本を得さえすれば、その末を得ないのを悩むことなく、ただ仏と作るのを知りさえすれば、仏の語を解しないことに悩まれませんように、わが心を悟りうると、通達しないことはありません。いったい、わが心はどうすれば悟りえましょうか。昔ある僧が雲門に問うた、一念たりとも諸々の分別心を起こさなくとも、落度がありますか。雲門が答えていう、それは須弥山のように不動だ。この須弥山の三字こそは、よく見るとき、味わいがなくとも、よく見ていると自然に明らかになります。もっぱら勤めて己事を究明し、話したり笑ったりしているとき、体を動かし体を休め語り黙しているとき、あるいは是非がまだ決着せず、あるいは心が騒ぎ乱れているときでも、ひたすらこの公案を提起して、忘れさせないようにしなさい。今までのように一つひとつ問題を始末し自己の中に一念を起こす者は誰か、さらに無念の者は誰かとよく見なさい。このように振り返ることが久しければ、般若の智慧が円かに成就して、明らかに知れるときがあります。明らかに知った後はどうかといいますと、一切の現象は仏のおられる世界のことであり、どこも差別のないありのままの心が普賢の世界であります。

蘭渓は、左馬禅門に真の道を窮め、己れのこととして参禅学道することを勧め、仏道に心を存し、その本を得、作仏を知るようにと説き、禅門の信心がこの上なく深く、一大事因縁を悟る機縁が熱していると励ましている。世事を軽減し、仏道に心を存するようにと説くことは、鎌倉幕府の要路者へのものといってよく、北条時宗に比定したいが、十二歳〜十四歳に当り、若年すぎるという難点がある。ただ現在の目で見ると若年すぎるが、当時の成熟年齢からすると、時宗に与えた法語と見てもよいのでは、と思ったりもする。

時宗の十二歳（弘長二年〈一二六二〉）から十四歳（文永元年〈一二六四〉）の間のこととすると、蘭渓が建寧寺を退院して鎌倉に帰ってから時宗に与えた法語と受け取ることができないであろうか。『大覚録』は、常楽録・建長録・建寧録から構成されていて、建長での再住録は含まれない。

二　大覚録の序・跋

『大覚録』は、巻下の最後のところに、

勅差住持臨安府御前香火浄慈報恩光孝禅寺嗣祖比丘智愚校勘（93ａ）。

とあり、虚堂智愚が校勘したことになっている。語録の序は、次のように述べる（46ａ）。

蘭渓隆老は、蜀を出でて南遊す。蘇臺の双塔に至って、無明性《慧性》禅師の室中に、東山《五祖法演》の牛　窓櫺を過ぐるの話を挙するに遇い、遂に省有り。是に於て松源《崇岳》の破沙盆を提《さ》げ伝うる所を得ることを知る。後十数年、海に航して日本に之《ゆ》く。殆んど宿契あるが若く、迺ち大いに宗風を振う。其の門人禅忍、三会の語録を粹《あつ》め、序を余に請う。余其の略を観るに曰く、寒巌幽谷、面面 春を回らし、此土他邦、頭頭 轍に合す、と。故に因って序すと云う。時に大宋景定三年《一二六二》二月望日、特に左右街都僧録に転じ、教門の公事を主管する、住持上天竺広大霊感観音教寺、兼住持顕慈集慶教寺、天台の教観を伝う、特賜紫金襴衣、特賜仏光法師法照。

蘭渓道隆師は、蜀の地を出てから南遊することになる。姑蘇山上（蘇州）の双塔寺に至ると、無明慧性禅師の室中で、五祖法演が東山にあって水牛が窓の格子越しに通っていった公案を提起するのに出合い（『無門関』三十八則）、かくて悟るところがあった。そこで松源崇岳がこわれた盆を提示し伝えるものがあるのを了解し無明を通して法を継承した。十数年経過した後、海を渡り日本に行くことになった。それはまるで前世からの因縁のようで、かくして大いに宗風を盛んにすることになる。その門人の禅忍は、三会（常楽・建長・建寧）の語録を編集し、序文を私に求めた。私がざっと見た中に次のような隔対がある。表向きは巧みな作略を用いて、高い崖、奥深い谷にも、それぞれ春が再び巡って来、密かに玄妙な働きを開示し、あちこちどこも道にぴたりと合っている、と。それゆえに序文を書くことにした。

蘭渓の門人禅忍(2)は、三会の語録を集めて、序文を晦巌法照に求め(3)、序ができたのは、景定三年二月十五日のことであった。とすると、先に見た「蘭渓道隆の四六文」において、『大覚録』の年代設定を、玉村竹二説を承けて兀庵普寧が至った上堂を基点として、建長録の上堂が建長六年（一二五四）からあり、辞衆上堂を弘長二年（一二六二）のこととし、三会の語録とあるが、常楽・建長の二会録を晦巌に見せて序を書いてもらったのだろうと考えていたが、それにしても建長録の弘長元年・二年の箇所は、晦巌に見せてはいないことになり、虚堂も建長録の途中までしか見ておらず、建寧録はまったく校勘していないことになる。上堂の配列が整っているところから右のように考えてしまった。

さらに、次の虚堂の跋を読むと、誤りを糊塗するわけにはいかない（93ａ）。

宋有名衲、●
自号蘭渓。○
一筇高出於岷峨、○
万里南詢於呉越。●
陽山領旨、●到頭不識無明、○
擡脚千鈞、○肯践松源家法。●
乗桴于海、●大行日本国中、○
淵黙雷声、○三董半千雄席。●
積之歳月、●
遂成簡編。○
忍禅久侍雪庭、○
遠訪四明鋟梓。●
言不及処、●務要正脈流通、○
用無尽時、○切忌望林止渇。●

景定甲子春二月、虚堂智愚書于浄慈宗鏡堂。

宋に名衲有り、自ら蘭渓と号す。一筇高く岷峨より出で、万里　呉越に南詢す。陽山に旨を領し、到頭無明を識らず、脚を擡《もた》ぐること千鈞、肯えて松源の家法を践む。桴《いかだ》に海に乗り、大いに日本の国中に行き、淵黙雷声、三たび半千の雄席を董す。之が歳月を積み、遂に簡編を成す。忍禅久しく雪庭に侍し、遠く四明を訪い梓に鋟まんとす。言 及ばざる処、務めて正脈の流通を要し、用尽きる時無く、切に林を望み渇を止むることを忌む。

○笻、岷峨は、『文選』巻四、蜀都賦に、「夫れ蜀都は、……峨眉の重阻に抗《むか》う。……邛竹 嶺に縁《よ》り、菌桂 崖に臨む。……西に則ち右のかた岷山を挟んで、瀆《ほり》を湧《わか》し川を発す」とある。○陽山は、尊相寺（平江府）のこと（『無明録』）。○領旨は、『景徳録』巻八、打地章に、「忻州打地和尚。江西《馬祖》に旨を領してより、自ら其の名を晦《くら》ます」とある。○到頭は、『碧巌録』三十四則、頌評唱に、「到頭 霜夜の月、任運として前渓に落つ」とある。○不識は、『信心銘』に、「玄旨を識らざれば、徒らに念静に労す」とある。○無明は、『臨済録』示衆に、「你が一念心の歇得する処、喚んで菩提樹と作す。你が一念心の歇得すること能わざる処、喚んで無明樹と作す」とある。師匠の無明慧性をもさす。○擡脚は、『無門関』二十則に、「松源和尚云く、大力量の人、甚《なに》に因りて脚を擡《もた》げ起《た》たざる。口を開くこと舌頭上に在らず」とある。○千鈞は、『景徳録』巻十一、西院思明章に、「問う、如何なるか是れ臨済の一喝。師曰く、千鈞の弩、鼷鼠の為に機を発せず」とある。○松源は、無明の師、松源崇嶽のこと。○家法は、『虚堂録』巻八、「次の日の上堂。潙山 仰山に問う、子《なんじ》一夏 上来せずの公案を挙す。師拈じて云く、潙山の家法森厳、只《た》是だ仰山不合に祖諱を道著す」とある。○乗桴于海は、『論語』公冶長篇に、「子曰く、道 行われず、桴に乗りて海に浮かばん」とある。○淵黙雷声は、『荘子』天運篇に、「子貢曰く、然らば則ち人に固より尸居して竜見し、淵黙して雷声し、発動すること天地の如き者有るか」とある。○忍禅は、『虚堂録犂耕』に、「忠曰く、忍禅は蘭渓の徒、禅忍禅人なり」とある。○雪庭は、二祖慧可が達摩に雪庭で入門したときのことをさす。○正脈は、『碧巌録』七十三則、本則評唱に、「須是らく正脈裏に向《おい》て自ら看て、初めて穏当なるを得ん」とある。〇望林止渇は、『世説新語』巻下、仮譎篇に、(4)「魏の武行役して汲道を失い、三軍皆な渇す。乃ち令して曰く、前に大梅林有り、子を饒《みなら》して甘酸、以て渇を解く可《の》し。士卒之を聞きて、口皆な水を出だす。此れに乗じて前の源に及ぶことを得たり」とある。〇浄慈は、『虚堂録』巻三、浄慈録に、「師景定五年正月十六日寺に入る」とある。〇宗鏡堂は、『扶桑五山記』巻一、大宋国諸寺位次、第四浄慈寺に、「宗鏡堂法堂」とある。

右の典拠等によりながら日本語訳を以下に試みることにする。

宋に名のある禅僧がいて、自分から道号を蘭渓と称している。彼は四川の笻《つえ》をつき岷山・峨眉山のある地より抜きんでて、遠く呉越の地に法を求めて南詢した。蘇州尊相寺の無明慧性のもとで奥義を悟り、ひっきょう迷いを覚えず、向下門の働きを示し、足をあげて坐から起ちすぐれた力量を示し、進んで法の上の祖父にあたる松源崇岳の家法を実践した。桴に乗って東の海に乗り出し、日本に是非とも行きたいものと思い、行くと深い沈黙のうちにしかも雷のように仏法を響かせ、常楽・建長・建仁と三たび多くの修行者のいる大禅寺の住持となった。その寺々での説法が積もって、書物となった。門人の禅忍上人が永く蘭渓に師事し、その書物を持って遠く中国の窓口である明州の私を訪れ板木に刻もうとした。(5)言葉の及びがたいところも、できるだけ仏祖の正伝の流通を願い、働きの尽きることなく、梅林を遠く見てのどの渇きをがまんするようなことを是非とも避けねばならず、この大覚録の上梓を言祝ぐ。景定五年（一二六四）二月、虚堂智愚が浄慈寺の宗鏡堂に記す。

左右、句作りの整わない対句もある四六文とはいえ、虚堂が跋文を書いたのは景定五年のことであり、臨安の浄慈寺に住持したてのことであった。校勘の依頼は、晦巌法照が序文を頼まれた景定三年とみてよいであろう。蘭渓は三たび五百《おおく》の修行者からなる大寺に住山し、そこでの雷鳴のような説法を編集した三会の語録を禅忍が虚堂のもとに持参して校勘と跋文を請うたのに対し、跋の方はわざわざ四六文でもって書いたことになる。この跋の書かれた年月からしても、建長・建寧における上堂の年月設定には無理がある。覚慧・円範が建長録を編集したさいに、兀庵普寧が到った上堂を混入したものと考えざるをえない。

右のように考えると、建長録の上堂は、建長三年（一二五一）の途中から正元元年（一二五九）辞衆上堂まで入っていることになり、建寧録は正元元年から弘長元年（一二六一）のものとなる。(6) 三会録を見た上で、晦巌も序文を書くことができたことになる。前掲の「建長寺の鐘銘」中（一一二頁）に、最明寺の開堂を弘長元年（一二六一）夏安居の後としたが、正嘉二年（一二五八）と訂正せざるをえない。(7)

三　頂相賛

蘭渓が朗然居士の求めに応じて頂相に自ら賛を加えている。(8) 賛そのものは、いろいろな図録等に載録されているものの駢賦として検討したものはない。(9) そこで、分ち書きして次に示す。

拙而無比、与它仏祖結深寃。
老不知羞、要為人天開正眼。
是非海中闊歩、輥百千遭、
剣戟林裏横身、好一片胆。
引得朗然居士於霎拳上、能定乾坤、
負累蘭渓老人向巨福山、倒乗舴艋。

（相同運出自家珍、
一一且非従外産。

辛未季春、住持建長禅寺

宋蘭渓道隆奉為

朗然居士、書于観瀾閣。

拙にして比《なら》び無く、它の仏祖と深寃を結び、老いて羞を知らず、人天の為に正眼を開かんと要《ほっ》す。是非の海中闊歩し、輥《すす》むこと百千遭、剣戟の林裏 身を横え、好《よ》きこと一片の胆。朗然居士を霎拳上に引得し、能く乾坤を定め、蘭渓老人を巨福山に負累し、倒《さか》しまに舴艋に乗る。相同に自らの家珍を運出し、一一且つ外より産するに非ず。辛未の季春、建長禅寺に住持する宋の蘭渓道隆、朗然居士の為にし奉り、観瀾閣に書す。

○拙は、『龐居士語録』に、「峰笑って曰く、是れ我れの拙なりしか、是れ公の巧みなりしか」とある。○無比は、『碧巌録』十五則、頌評唱に、「博学にして文才傑俊、朝中に比《なら》び無く、当世 之が為に独歩す」とある。○結深寃は、『無門関』黄竜三関に、「怪しむこと莫かれ、無門関の険、衲子の深寃を結尽す」とある。○正眼は、『碧巌録』普照序に、「其れ惟だ雪竇禅師は、超宗越格の正眼を具して……」とある。○是非海中は、『無門関』十五則に、「一夜是非海裏に在って著到し、直に天明を待って再来せば、又た他の与《ため》に注破す」とあり、大疑をいう。○横身は、『景徳録』巻二十、延慶奉璘章に、「師曰く、身を横たえて海に臥し、日裏に灯を挑《かか》ぐ」とある。○引得は、『碧巌録』四十則、本則下語《あぎょ》に、「黄鶯を引き得て、柳条より下らしむ」とある。○定乾坤は、『景徳録』巻二十六、鎮境志澄章に、「是《かく》の如く是れ乾坤を定むる底の剣」とある。○負累は、「偸劫 行われざれば、相負累すること無し。亦た世間に於て、宿債を還さず」とある。○向は、対からすると、文語の於に当る。○運出自家珍は、『碧巌録』六十四則、本則評唱に、「須是らく自己の家珍を運出して、方めて他《かれ》の全機大用を見るべし」とある。○産は、『碧巌録』九十則、本則評唱に、「中秋の月出づるに到るや、蚌《ぼう》は水面に浮かび、口を開いて月光を含み、感じて珠を産む」とある。

私はへまであって他に並ぶものもないくらいだが、他の仏や祖師方とともに修行者たちの激しい恨みを引き起こし天下に清らかな禅風を巻き起こそうとし、老いて恥を知ることもなく、人間界や神々のために仏法の眼目を開かせようと思う。あなたは是非の深淵に自由に行動し、滑らかに進むことが一〇〇〇回近くにもなり、剣や戟の中に身を横たえても、みごとな一片の心だ。朗然居士を両拳に引きつけ、天地をぴたりと決めさせ、蘭渓老人を建長寺に引き受けさせ、小舟にさかさ乗りする。お互いに己れに本来具わっている持ち前を発揮し、しかも、一つひとつ外から生まれてくるものではない。文永八年（一二七一）三月、建長寺に住持する宋出身の蘭渓道隆が朗然居士のおんために観瀾閣において記す。

この頂相の賛は、自己のことを述べるよりも、朗然を讃え善導しようとするものである。居士は、従来、推測されていることではあるものの、私も賛の内容からすると、北条時宗と考えてよいと思う[10]。そう考えると朗然の肖像画ではなくて、なぜ蘭渓の頂相なのか、説明する必要があるが、今の私には説明できない。

おわりに

左馬禅門に与えた法語は、散文と四六文から構成されていて、信心がこの上なく深いものがあり、『楞厳経』の奥旨を窮め、『金剛経』を読誦する禅門を、阿難への七処徴心の例えや、雲門の須弥山の公案等々を用い、一大事因縁にカタをつけ、道を窮めさせようと導いている。この禅門を時宗とすると、若過ぎるという点があるが、将来の得宗としての訓育を受けつつあった時宗に、蘭渓の法語を消化し自己のものとする機縁が熟しつつあったとみてもよいのでは、と推察する。

ところが、そうなると、この法語がなぜ『大覚録』に入っているのか、説明がつかなくなる。村井氏の説く足利義氏を左馬禅門とすると、常楽もしくは建長住持期間となり、『大覚録』に入っていることの説明はつく。今は、時宗に与えたものか、義氏に与えた法語なのか、決着をつけるだけの材料の持ち合わせがない。

語録の序跋を検討することにより、先にみた「蘭渓道隆の四六文」の建長寺での上堂は、建長三年の途中から正元元年の辞衆上堂までが、残っていることになり、建寧での説法は、正元元年から弘長元年に行われたと訂正せざるをえなくなった。また、最明寺の開堂を正嘉二年のことと訂正する。なお、蘭渓が建長寺の住持として意識したのは建長元年のことであった。時頼が建立を発願した段階で、蘭渓に住持の辞令が発令されたのであろう。

頂相の賛は、朗然居士を導こうとするものになっていて、居士を通説のように、私も時宗に当てるのがよい、と考えるに到った。

蘭渓は、これまで、自らの遊山の意で渡来したところから（常忍御房への尺牘[11]）無学祖元と比べて低く見られる傾きがあった。しかし、『大覚録』の四六文を見ていると、典拠を踏まえて禅を説くその教えは、けっして低いものではない、と思うに到った。そういう点からすると、禅宗史の通説を点検する作業が必要になってくる。今後の課題としたい。

注

（1）　川添昭二氏の『北条時宗』（人物叢書、吉川弘文館、二〇〇一年、八九頁）は、村井説による。

（2）　示禅忍上人（『大覚録』巻下、84 c）法語は、四六文により作製されている。

了無趣向処、本自円成、
纔渉思惟時、愈見遼邈。
直饒
言前構得、
句下知帰、
震旦望扶桑、
猶隔滄溟在。
若是個具徹法慧眼離念明智底、説甚言前句下。
終不堕千聖関捩子中、
直要出諸祖一頭地外。
横拈倒用、逆行順行、
妙転臨機、豈仮他力。
所以巌頭久随徳山、而不肯徳山。是知
智過於師、
方堪伝授。
老拙自主巨福以来、朞十三載、
荷兄道聚、
亦已年深。
毎愛其朴実無偽。
屢於談話間引喩相撃、
兄但微笑而不能尽領。
一日炷香出紙云、某欲渡宋
瞻覲名山、

参拝知識。
乞一語而為往来受用。遂告之曰、
吾語非渠受用之物、
若要受用無尽之時、
此去博多解纜後、纔到四明、径往天台山。国清寺内有個老豊干、現在彼中、踞虎頭収虎尾。可趨前作礼剖露。其詳必為汝饒舌。然後却持帰来、為無尽受用。彼若問拙者事時、低声向道、
夜行徒衣錦、
年老覚心孤。
更問如何若何、切不得漏泄。

了に趣向の処無く、本自《もと》より円成し、纔かに思惟に渉る時、愈いよ遼邈を見る。直饒《たと》い言前に構得し、句下に帰を知るも、震旦より扶桑を望み、猶お滄溟を隔つる在《な》り。若《も》し是し個の徹法の慧眼・離念の明智を具する底は、甚の言前句下と説かん。終に千聖の関捩子の中に堕せず、直に諸祖を一頭地の外に出でんことを要す。横拈倒用、逆行順行、妙転臨機、豈に他力を仮らんや。所以に厳頭久しく徳山に随って、徳山を肯《うべな》わず。是に知る、智の師に過《まさ》りて、方めて伝授するに堪たることを。老拙 巨福を主ってより以来《このか》た、朞すること十三載、兄の道聚を荷うこと、亦た已に年深し。毎に其の朴実にして偽り無きことを愛す。屢しば談話の間に於て喩を引きて相撃つに、兄但だ微笑して尽く領すること能わず。一日 香を炷き紙を出して云く、某 宋に渡り名山を瞻覩して知識を参拝せんと欲す。一語を乞うて往来の受用と為さんと。遂に之に告げて曰く、吾が語は渠が受用の物に非ず、若し受用無尽の時を要せば、此《ここ》を博多に去《ゆ》き纜を解きて後、纔かに四明に到らば、径ちに天台山に往け。国清寺内に個の老豊干有り、現に彼中《かしこ》に在り、虎頭に踞し虎尾を収む。趨前作礼して剖露す可し。其れ詳かに必ず汝が為に饒舌せん。然る後却《のち》に持して帰り来り、無尽の受用と為せ。彼若し拙者の事を問うの時、低声に向道《い》え、夜行徒に錦を衣、年老いて心孤なることを覚う、と。更に如何ん若何んと問うも、切に漏泄することを得ざれ。

この禅忍に与えた法語を読むと、蘭渓が建長寺に住持となってから一三年経過したことになり、「期すること十三載」とあるものの、数えで解釈しないと、序文と齟齬をきたす。それでも、北条時頼が建長寺建立を発願した建長元年（一二四

九）には、蘭渓は住持として処遇されたと考えざるをえない。建長での住持は、建長元年から正元元年（一二五九）までとなる。三年十一月八日の事始め以前から上堂が行われていて、いつ入院の上堂が説かれたかも判然としない。

（3）晦巌法照については、大松博典「晦巌法照の研究」（『駒沢大学大学院仏教学研究会年報』一三号、一九七九年）があり、大塚紀弘「鎌倉前期の入宋僧と南宋教院」（『日本歴史』七〇二号、二〇〇六年、のち『中世禅律仏教論』山川出版社、二〇〇九年に再録）にふれる。

（4）これは、無著道忠『虚堂録犂耕』日本建長寺隆禅師語録跋の注を見ていて知った。

（5）鄞県の金文山恵照寺、もしくは、明覚塔に虚堂がいたときのことであろう（拙稿「「無爾可宣」筆墨蹟」『中世の日中交流と禅宗』所収、吉川弘文館、一九九九年）。南宋での『蘭渓録』の開版については、佐藤秀孝「虚堂智愚と蘭渓道隆―とくに直翁智侃と『蘭渓和尚語録』の校訂をめぐって―」（『禅文化研究所紀要』二四号、一九九八年）という論稿がある。

（6）建長寺における上堂の年を以下のように訂正する（「蘭渓道隆の四六文」）。

8（50ｃ）建長六年→建長三年
26（52ａ）建長七年→建長四年
44（53ａ）康元元年→建長五年
62（54ａ）正嘉元年→建長六年
102（56ｃ）正嘉二年→建長七年
104（56ｃ）正嘉二年→建長七年
147（59ｂ）正元元年→康元元年
169（60ｃ～61ａ）文応元年→正嘉元年
207（63ｂ）弘長二年→正元元年
188（62ａ）文応元年→正嘉二年

（7）建寧寺における上堂の年を以下のように訂正する（「建長寺の鐘銘」）。

9（63ｃ）弘長二年→正元元年
12（64ａｂ）弘長二年→正元元年

23　（65ａ）弘長二年→正元元年
25　（65ａ）弘長二年→正元元年
50　（66ｃ）弘長三年→文応元年
62　（67ｂ）弘長四年→弘長元年

（8）頂相について、最近のものに、海老根聰郎「頂相管窺――成立をめぐって」（長岡龍作編『講座 日本美術史』4、東京大学出版会、二〇〇五年）、井手誠之輔「頂相における像主の表象―見心来復像の場合―」（『佛教藝術』二八二号、二〇〇五年）等がある。

（9）有名な向嶽寺蔵、蘭渓賛、達磨図も朗然居士の求めに応じたものである。駢賦として分ち書きをする。

香至国王之季子、●
般若多羅之克家。◎
遊竺乾、○破六宗之執見、●
来震旦、●開五葉之奇花。◎
香伝日域、●
瑞応河沙。◎
少林元不墜霊芽、◎
移向侯門発異葩。◎
建長蘭渓道隆為
朗然居士拝賛

香至国王の季子、般若多羅の家を克《よ》くす。竺乾に遊び、六宗の執見を破り、震旦に来たり、五葉の奇花を開く。香　日域に伝わり、瑞　河沙に応ず。少林元より霊芽を墜《うしな》わず、侯門に移り異葩を発《ひら》く（向は平仄の上から於の代りに用いる）。

島尾新氏の釈文・語註・現代語訳・解説がある（入矢義高・島田修二郎監修『禅林画賛――中世水墨画を読む』毎日新聞社、一九八七年）。

(10) 田中一松「建長寺大覚禅師画像考」(『日本絵画史論集』中央公論美術出版、一九六六年)参看。なお、蘭渓の自賛は、村井章介「対外関係を語る肖像画賛の収集」(村井編『八―一七世紀の東アジア地域における人・物・情報の交流―海域と港市の形成、民族・地域間の相互認識を中心に―』(上)、東京大学大学院人文社会系研究科、二〇〇四年)12に載録する。

(11) 田山方南『続禅林墨蹟』103(思文閣出版)。常忍御房とは、若訥宏弁のこと。若訥は、博多円覚寺にあった蘭渓に入門している(川添昭二「博多円覚寺の開創・展開―対外関係と地域文化の形成―」『市史研究　ふくおか』創刊号、二〇〇六年)。

第三章　禅林四六文小考

はじめに

臨済宗妙心寺派の教化誌『対一説』第二集（二〇〇一年）所載の野口善敬氏「禅門におけるいやし—中峰明本と大慧宗杲の教示を参考に—」を読み、南宋前期の宰相湯思退が大慧宗杲に陞座《しんぞ》を要請する疏に目を留めた。娘の湯氏孺人追薦の説法を求めたものである（『大慧普覚禅師普説』巻四、湯丞相請大慧禅師陞座疏語）。それを四六駢儷文だということがわかるように分ち書きをすると、次のようになる。

伏以、

堕一塵起滅之因○、寃親平等●、
覩千鏡光明之照●、浄垢皆空○。
不憑大覚之慈悲○、
曷救衆生之苦悩●。

伏念、某亡女孺人、

以夙昔善根○、稍知仏理●、
以多生悪業●、遽夭盛年○。

顧定数之本然、
嗟愛縁之未悟。
資方便智、
示解脱因。
如来禅祖師禅、頭頭了悟、
菩薩道諸仏道、念念超昇。

伏して以《おも》んみるに、一塵起滅の因に堕つるも、寃親平等、千鏡光明の照を覩て、浄垢皆な空なり、と。大覚の慈悲に憑らざれば、曷《なん》ぞ衆生の苦悩を救わん。伏して念《おも》んみるに、某《それがし》の亡女孺人は、夙昔の善根を以て、稍《わず》かに仏理を知るも、多生の悪業を以て、遽かに盛年を夭《わかじに》す。定数の本然を顧《おも》うも、愛縁の未悟を嗟《なげ》く。方便の智に資《よ》り、解脱の因を示せ。如来禅・祖師禅、頭頭に了悟し、菩薩道・諸仏道、念念に超昇せん。

隔対・単対からなる四六文で書かれた要請文を知客《しか》を通して公的に提出したものであろう。私的に湯丞相が説法を求めるのであれば、書翰で事足りると思われる。このような官僚社会との接触は、禅林をますます小官界のような仕組みにしていったことと思われる。

中国の禅林をモデルにしたわが国の禅林社会では、四六文を用いた文書を作成する機会が多々あった。とりわけ、入寺の疏は、五山僧が心血を注いだものである。そこで、今に墨蹟として残るものを一つの例として示すことにする。

一　南嶺住筑州聖福江湖疏

平成三年（一九九一）度に福岡市博物館特別企画展『博多禅――日本禅文化の発生と展開』が開催されたが、残念なことにその展示を見てはいない。のちにその図録を佐伯弘次氏から恵投に与った。六八号に右の江湖疏、六九号に諸山疏が載る。上段に写真、下段に釈文を載せる。その句読からすると、必ずしも四六文を理解していないようである。これは『宇部市史』史料篇上巻、東隆寺文書五号、六号にも所収する。この句読を切った方は、まったく四六文だということが念頭になかったようである。実はこの二つの入寺疏は、玉村竹二氏が「応仁以前の五山入寺疏の伝存一瞥」（『日本歴史』三八九号、一九八〇年）を書くきっかけになったものであり、釈文を載せ、江湖疏のごときは口絵の裏に読み下しを試みる。となると、もはや私が云々するまでもないが、四六文だということを見てわかるように次に呈示する。

日本国鎮西筑州安国名山聖福禅寺
江湖　恭審、
長州安国南嶺和尚、膺
大檀那左武衛大将軍掄選、
来董此席、為
国開堂、一衆合歓云、
右伏以、

流通正法●、還它作家宗師○、
挙揚真乗○、須是跨竈的子●。
於一微塵裏●、転大法輪○、
於一切時中○、発大機用●。
猛握起本分鉗槌○、
快煆煉四海奇衲●。

恭惟

新命堂頭南嶺大和尚

呵囑仏祖○、不譲臨済老漢●、
甄別邪正●、無愧大覚初翁○。
眼勢江湖○、鷗盟堅約●、
名溢叢林○、鶴衆至望○。
早踞猊座●、
高震雷音○。
上祝一人之遐寿●、
下塞四衆之虔請○。

謹疏

延文四年八月　日疏

この江湖疏は、延文四年（一三五九）のものであるから蒲室疏法を学んで、隔対・単対、隔対・単対と構成されてもよさそうだがそうなっていない。呵嘱仏祖の祖は、意味からすると仄声になるものの、作者は平声のつもりで作文しているのであろう。名溢叢林の林は、平仄からすると、仄声の字がこなくてはいけない。玉村氏の読み下しはあるものの、私なりに以下に示すことにする。

日本国鎮西筑州安国名山聖福禅寺

江湖　恭しく審らかにすらく、

長州安国南嶺和尚は、

大檀那左武衛大将軍の掄選に膺《あた》り、来たりて此の席を董し、国の為に開堂す。一衆合歓して云う。

右、伏して以みるに、

正法を流通するは、他の作家の宗師に還し、

真乗を挙揚するは、須是《すべか》らく跨竈の的子なるべし。

一微塵裏に、大法輪を転じ、

一切時中に、大機用を発す。

猛《きび》しく本分の鉗槌を握起し、

快《よ》く四海の奇衲を煆煉す。

恭しく惟るに、

新命堂頭南嶺大和尚

仏祖を呵嘱すること、臨済老漢に譲らず、

邪正を甄別すること、大覚初翁に愧づる無し。
眼は江湖に熟し、鷗盟約を堅くし、
名は叢林に溢れ、鶴衆至望す。
　早く猊座に踞し、
　高く雷音を震わせ。
　上一人の遐寿を祝し、
　下四衆の虔請を塞がんことを。
　謹んで疏す
　　延文四年八月　日疏す。

○還它作家は、『碧巌録』二十六則、頌に、「已に言前に在り、渠儂《かれ》自由を得たり。他の作家の手段に還す」とある。○宗師は『碧巌録』六十一則垂示に、「法幢を建て、宗旨を立つるは、他の本分の宗師に還す」とある。○真乗は、『碧巌録』九十六則、頌評唱に、「豈に小徳小智、軽心慢心を以て、真乗を欲冀せんや」とある。○的子は、『碧巌録』六十四則、本則評唱に、「趙州は乃ち南泉の的子」とある。○於一微塵裏、転大法輪は、『碧巌録』八十則、本則評唱に、「第八不動地菩薩は、無功用の智を以て、一微塵の中に、大法輪を転じ、一切時の中に、行住坐臥に、得失に拘らず、任運に薩婆若海に流入す」とある。○大機用は、『碧巌録』十一則、本則評唱に、「馬大師の大機大用を見るを得たり」とある。○本分は、『碧巌録』五十七則、本則評唱に、「虎鬚を捋《ひ》くは、也《ま》た須是らく本分の手段にして始めて得《よ》し」とある。○煆煉は、『碧巌録』四十六則、本則に、「若是《も》し煆煉ならば、只だ心行と成り、他の古人為人の処を得ず」とある。○呵嘱仏祖は、『碧巌録』四則、本則に、「此の子、已後孤峰頂上に草庵を盤結し、仏を呵し祖を罵り去らん」とある。○甄別は、『碧巌録』五十一則、頌に、「黄頭と碧眼と須らく甄別すべし」とある。○鶴望は、『景徳録』巻二十、仏日章に、「大衆鶴望して、師の一言を乞う」とある。○虔請は、『景徳録』巻二、婆修盤頭章に、「四衆仰瞻し、虔んで坐に復《かえ》らんことを請う。跏趺して逝く」とある。

以上の出典を踏まえ、以下に現代語訳を試みることにする。

江湖　恭しく明らかにする。

長州安国寺南嶺和尚は、大檀那左武衛大将軍の銓衡に当り、この聖福寺の住持の席を董《ただ》し、国のために開堂することになる。皆が慶びを共にして以下のようにいう。右、伏して思うに、

正法を弘通するはたらきは、練達した禅匠にお任せをし、真実の教えを宣揚するのは、師匠に優る後継ぎでなくてはならない。微細な塵の中で仏法を説き、あらゆる時間の中でりっぱな働きをする。厳しく本来の立場を鍛える手段を掌握し、天下の勝れた雲衲をよく鍛える。恭しく惟みるに、

新命堂頭南嶺大和尚は、

仏祖を叱りとばすことは、臨済親父に負けず、邪正をはっきり弁別することは、蘭渓道隆派祖に恥じないものがある。眼は江湖によく通じ、かもめと友達になる約束を固め、名声は叢林に充満し、大衆《しゅぎょうしゃ》は鶴のように住山を待ち望んでいる。早く高座に着き、仏に代って雷音のような説法をされたい。上に天子の長寿を祈り、下に僧俗の鄭重な拝請に応えられたい。

大覚初翁について、玉村氏は、釈尊と大覚禅師との二重の意味をもたせた機縁の語とする。もしそうだとすれば、隔対の二句目、臨済老漢の位置に配されるはずであり、ここは単に蘭渓を指すと見る。隔対を用いてはいるものの、のちの入寺疏のような機縁の語を多用した複雑な構成にはなっていない。この江湖疏のタイトルを付けると、南嶺住

筑州聖福江湖疏、となる。なお、南嶺については、雲屋妙術撰「日本国長州鳳凰山安国東隆寺開山南嶺和尚道行碑」(東隆寺文書4号)がある。聖福寺第二十八世の住持であった(『聖福寺通史』九二頁、一九九五年、聖福寺。『栄西と中世博多展』93号聖福寺世代牒、二〇一〇年、福岡市博物館)。

二　夢窓国師頂相

天龍寺開山夢窓国師六五〇年遠諱記念として出版された加藤正俊氏編著『夢窓国師遺芳』には、七点の頂相を所収する。八号の頂相は、宏智《わんし》派の渡来僧東陵永璵の賛であり、左から右へと書かれている。例のごとく、四六文とわかるように分ち書きする。

面可刮霜○、
心堪比月●。
有起死回生之術●、
施脱胎換骨之功○。
蔵天下於天下兮●、為三朝帝師○、
出世間於世間兮○、作一国法主●。
開基創業処●、則金碧交輝○、
陸堂説法時○、則象竜奔湊●。
道大徳備●、

位重歯尊。
末後一機、
雲居三会。
若能供養焼香、
必獲無量福利。

旹延文二禩秋孟
住円覚比丘東陵永璵
焚香拝賛

○心堪比月は、『寒山詩』（入谷仙介・松村昂、禅の語録13、一九七〇年、筑摩書房）5に、「吾が心は秋の月の、碧潭に清くして皎潔たるに似たり。物として比倫するに堪うる無し、我をして如何ぞ説《い》わ教《し》めん」とある。○換骨は、『碧巌録』七十七則、頌評唱に、「三十年後、山僧が骨を換えて出で来るを待って、却向《きやうい》して你に道《い》わん」とある。○出世間於世間兮は、『大慧書』答楼枢密第一書（荒木見悟、禅の語録17、一九六九年、一九九頁）に、「所以《ゆえ》に先聖云う、世間に入り得て、出世余無しと。便ち是れ遮箇の道理なり。近世に一種の修行方便を失う者有り。往往現行の無明を認めて、世間に入ると為し、便ち出世間の法を将《もっ》て、強いて差排し、出世無余の事と作す。悲しまざるべけんや」とある。○道大徳備、位重歯尊は、『孟子』公孫丑篇に、「天下に達尊の三有り、爵一、歯一、徳一なり」とある。○末後は、『碧巌録』七十六則、頌評唱に、「釈迦老子は、四十九年、一大蔵教を説いて、末後に唯だ這箇の宝器を伝う」とある。○一機は、『景徳録』巻七、芙蓉大毓章に、「心を生じて施を受くるは、浄名早に訶す。此の一機を去ること、居士還《は》た甘んずるや」とある。

顔から歳月を削り取れ、心は清らかな月に比べることができるのだから、生命を蘇らせる手立てがあり、骨を取りかえ生まれ変らせる技を施したことになる。天下を世間に隠して、三朝に亙って天子の師となり、世間にまじわって出世間の道を備え、一国の法主となる。開基創業の寺は、金碧が光り輝き、法堂に上って法を説くときには、雲衲が奔湊した。仏道は大いなるものがあり徳が備わり、爵位は高く老いた年長者として尊ばれている。最後の働きは、雲居庵と三会院とでなされた。もし供養をし香を焚いたならば、必ず無窮の幸せをもたらすことになる。時は延文二年（一三五七）七月、円覚住持比丘東陵永璵香を焚き着賛する。

賛の三朝とは、後醍醐・光厳・光明帝をさすとみてよい。夢窓は仏光派から独立し、夢窓派として室町幕府の外護によりつつ、五山の一大門派となるべく手を尽くしている。

三　桂岩居士像

『京都大学文学部博物館の古文書』三輯、細川頼之と西山地蔵院文書（大山喬平氏編、思文閣出版、一九八八年）一号に細川頼之像を収載する。その像賛を上平声魚韻を対ごとに踏んでいるので駢賦として分ち書きすると、次のようになる。

源管領武州太守桂岩居士像
（徳容春温、従之遊者未嘗覚其機密、
（正色冬凜、望之畏者未嘗覩其室虚。
（動而恒静、

親而若疎◎。
樹旗幢以臨辺○。　威震夷狄●、
坐廟堂以論道●、　信及豚魚◎。
遂能
擁幼主於危疑之際●、
全神器於分崩之余◎。
彼方烏合而蝗聚●、
吾乃霆掃而風除◎。
人徒見成績於今日●、
而不知予手之拮据◎。
迄乎
大縁夙契●、
投機雲居◎。
弄西河獅子●、
躍済北瞎驢◎。
殺活自在●、
縦横巻舒◎。
宿師老衲●、

有所不如。
然則致君与利民、
豈非道真之士苴。
也耶。

右者、城西衣笠山地蔵院護法檀越細川氏武州源頼之公肖像、仏智広照浄印翊聖国師絶海和尚之尊讃也。応仁兵燹以后、院羅(罹)寇乱之難、而旧物多為烏有矣。丁斯時国師之旧讃、亦為奸賊所奪。雖然居士之真容者、為神物所護也。嗚呼奇哉。今地蔵院十二世之監務策禅伯、以慕遠追本之志乎、表装之、而請謄写斯讃詞。不克固辞、下薑手以応其求云。

峕明暦第参竜集丁酉
　　秋九月両十三日
　西芳小比丘惟堅叟書

源管領武州太守桂岩居士像

徳容は春の温かさ、之に従い遊ぶ者、未だ嘗て其の機の密を覚《さと》らず、色を正せば冬の凜《きび》しさ、之を望み畏る
る者、未だ嘗て其の室の虚なるを覩ず。

動にして恒に静、親にして疎なるが若し。

旗幢を樹て以て辺に臨めば、威は夷狄に震い、廟堂に坐し以て道を論ぜば、信は豚魚にも及ぶ。

遂に能く幼主を危疑の際に擁し、神器を分崩の余に全うす。

彼は方に烏合にして蟻聚し、吾は乃ち霆掃して風除す。

人は徒《た》だ成績を今日に見るのみにして、予が手の拮据を知らず。

大縁夙に契い、機を雲居に投ずるに迄んでは、
西河の獅子を弄し、済北の瞎驢を躍す。

殺活自在、縱横巻舒たるは、
宿師の老衲も、如《し》かざる所有り。

然らば則ち君を致すと民を利すると、豈に道真の土苴に非ずや。


右は、城西衣笠山地蔵院護法の檀越細川氏武州源頼之公の肖像、仏智広照浄印翊聖国師絶海和尚の尊讃なり。応仁兵燹以後、院は寇乱の難に罹《かか》って、旧物多く烏有と為る。斯の時に丁《あた》り国師の旧讃も亦た、奸賊の奪う所と為る。然りと雖も居士の真容は、神物の護る所と為る。嗚呼《ああ》奇なるかな。今ま地蔵院十二世の監務□策禅伯、慕遠追本の志を以てか、之を表装して、斯の讃詞を謄写せんことを請う。固辞すること克《あた》わず、薑手を下し以て其の求めに応ずると云う。

時に明暦第参竜集丁酉秋九月廿三日

西芳小比丘惟堅叟書す。

○室虚は、『荘子』人間世篇に、「彼の闋《むな》しき者を瞻《み》よ。虚室は白を生じ、吉祥は止まるものに止まる」とあり（森

三樹三郎、中公文庫)、平仄から虚室が室虚となっている。○信及豚魚は、『周易』中孚彖に、「中孚は、柔、内に在りて剛、中を得たり。説《よろこ》びて巽《したが》うは、孚なり。乃ち邦を化するなり。豚魚にして吉なるは、信、豚魚に及ぶなり」とある。○危疑は、分崩の対であるので、大山氏のように危邦とはしない。○分崩は、『論語』季氏篇に、「邦分崩離析して、而も守ること能わず」とある。○予手之拮据は、『詩経』豳風鴟鴞に、「予が手、拮据す、予が捋《と》る所は荼《と》なり」とある。○夙契は、『景徳録』巻五、慧能章に、「師具戒し已り、此の樹の下に於て、東山の法門を開く。宛も宿契の如し」とある。宿と夙は音通。○投機は、『碧巌録』十二則、頌評唱に、「言は事を展《の》ぶる無く、語は機に投ぜず」とある。○弄西河獅子は、『五灯会元』巻十一、汾陽善昭章に、「汾陽門下に西河の獅子有り、門に当り踞坐す。但《も》し来たる者有れば、即便《すなわ》ち齩殺す。……曰く、如何なるか是れ学人親切の処。師曰く、西河獅子を弄す」とあり、巻十二、石霜楚円章に、「問うて曰く、我聞くならく、西河に金毛の獅子有りと、是なりや。師曰く、甚麼の処にか此の消息を得たり」とある。師と獅は音通。○済北瞎駈は、『虚堂録犂耕』に、「忠曰く、臨済和尚を称す」とあり、『虚堂録』巻四、示蓬萊宣長老法語に、「済北の瞎驢、初め高安の灘頭に到る。既に踢蹈すること能わず、却って黄檗山中に還る」とある。○殺活自在は、『碧巌録』七則、本則評唱に、「所謂る声を超え色を越え、大自在を得、縦奪時に臨み、殺活我に在り」とある。○縦横巻舒は、『碧巌録』二十二則、垂示に、「擒縦他に非ず、巻舒我に在り」とある。○致君与利民は、『大慧書』答張提刑に、「纔かに日用塵労中に、漸漸に力を省くを覚《さと》る時、便ち是れ当人得力の処、便ち是れ当人成仏作祖の処、便ち是れ当人地獄を変じて天堂と作すの処、便ち是れ当人穏坐の処、便ち是れ当人出生死の処、便ち是れ当人君を堯舜の上に致すの処、便ち是れ当人疲氓を凋瘵の際より起つるの処、便ち是れ当人子孫を覆蔭するの処なり」とある。○道真之土苴は、『荘子』譲王篇に、「道の真、以て身を治め、其の緒余、以て国家を為《おさ》め、其の土苴、以て天下を治む」とある。

梶谷宗忍氏の訳注『絶海語録』（相国寺僧堂・崇福寺、一九七六年、二三九・二四〇頁）に口語訳がなされているものの、私なりに現代語訳を付けてみたい。

徳のあるお姿は春のような温かさであり、居士に付き合う者は、まだその働きの行き届いたことを覚ったことがなく、顔色を正すと冬のような厳しさがあり、居士を仰ぎ敬う者は、まだその無念無想の心を窺ったことがない。動く中にいつも静けさがあり、親しい中にもけじめがあるようである。軍旗を立てて辺境に行くと、武威は夷狄に鳴り響き、幕府にいて政道を論ずると、その誠心は豚や魚といった貧しいお供えしかできない者にも及ぼされた。かくして足利義満という幼主を危急の時に補佐し、三種の神器を北朝の瓦解のなごりから持ちこたえた。かの南朝がそのとき烏合であって蟻のように集まると、わが方はそこで雹のように攻撃し風のように吹き払った。人々は今日の結果だけを見て、わが手だけでなく口もともに働いたことを見てはいない。この上ない昔からの因縁によって、雲居庵の春屋妙葩に参入することになると、西河の獅子に舞いをやらせ、臨済の盲の驢馬を跳ね上がらせた。自由自在に活躍した有徳の老僧も、居士には及ばないものがある。とすれば、将軍を名君とし生気のない民を疲弊から立ち上がらせた手段は、仏道の真髄の残りかすでないことがあろうか。

絶海中津は将軍義満を補佐し傅育した管領として細川頼之を高く称揚し、禅にひきつけて居士として描き出している。

四　蘭渓道隆諷誦文

この諷誦文に注目した発端は、村井章介氏『北条時宗と蒙古襲来』（日本放送出版協会、二〇〇一年）を読んだことにある。現在は建長寺所蔵のものと大山柏氏所蔵のものとに両断されている（『国宝・重要文化財大全』八、毎日新聞社、一九九九年）。先日の『鎌倉――禅の源流』展（東京国立博物館、日本経済新聞社、二〇〇三年）では、建長寺のものしか出品されていなかった。諷誦文を四六文として分ち書きすると、次のようになる。

（日本国内●、諸大明神○、
（諸廟諸宮○、当境顕化●。
（上窮銀漢●、
（下尽金輪○。
（一切聖神○、
（普伸回向●。　　（イ）

先願、
（時和歳稔●、
（物阜民安○。
（寰中絶兵革之憂○、
（天下獲義皇之慶●。　　（ロ）

信心弟子時宗
（身無它擾●、
（道自心明○。
（寿山如泰華之高○、　　（ハ）

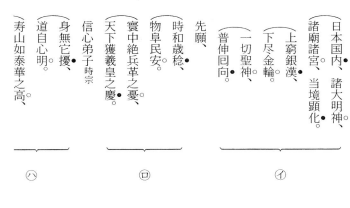

福海等滄溟之●広。

子孫栄●顕、
門葉昌○隆。
長為仏法之棟○梁、
永作皇家之砥●柱。

㊁

左右侍●従、
姦狡消○除。
如葵藿之向○陽、
若川流之会●海、

㊭

混為一○味●、
頓絶●三○心。
同佐●皇○図、
共遵○君●業。

㊬

仏日舜●日、斉照於八○紘、
慈風堯○風、並行於四●海。
民心○俱正●、
天道●好○生。
三有●四○恩、

㊦

（均蒙利益。）
者具列功課品目于後。
妙法蓮華経百部
　二十五人各人四部
住持僧道隆　空性首座　恵沖首座
海恵書記　宗円蔵主　崇印知客
空心浴主　宗振都寺　琳□監寺
任照副寺　真契維那　唯空直歳
是明首座　静禅寮元　栄俊寮元
然心上座　印毫上座　宗本上座
静暁上座　性禅副寺　観尊監寺
行智上座　宗静上座　定憲維那
覚仙首座

諷誦文といわれているが、回向文の一種といってよく、いきなり㋑の日本国内云々と始まるものはないので、序にあたる部分があったとみてよい。これは後年、三分断されたことになる。㋬の二つ目の単対のところで分断されているが、平仄がぴたりと理法に適っていて、これが一つであったなによりの証拠といえる。㋣の二つ目の単対以後は、看経榜の決まり文句のようである。

日本国内の諸大明神・諸廟・諸宮、境に当り化を顕さんことを。上は銀漢を窮め、下は金輪を尽す。一切の聖神に、普く回向を伸ぶ。

先ず願わくは、時和し歳稔り、物皁《ゆたか》民安く、寰中に兵革の憂を絶ち、天下に羲皇の慶を獲んことを。

信心の弟子時宗、身に他の擾無く、道は心の明なるに自り、寿山は泰華の高きに如《ひと》しく、福海は滄溟の広きに等し。

子孫は栄顕し、門葉は昌隆す。長く仏法の棟梁と為り、永く皇家の砥柱と作らん。

左右は侍従、姦狡消除すること、葵藿の陽に向うが如くし、川流の海に会うが若し。

混じて一味と為り、頓に三心を絶つ。同に皇図を佐け、共に君業に遵わん。

仏日舜日、斉しく八紘に照らし、慈風堯風、並《あまね》く四海に行わる。民心倶に正しく、天道生を好む。三有・四恩、均しく利益を蒙らんことを、者《ここ》に具に功課の品目を後に列す。

○時和歳稔は、『詩経』小雅、鹿鳴、華黍、序に、「時和し歳豊かなり」とある。○心明は、『虚堂録』巻二、元宵上堂に、「世間の灯は、心の灯の最も明なるに若くは莫し」とある。○寿山福海は『西遊記』二十三回に、「屏門上に、一軸寿山福海の横披画を掛く」とある。○泰華は、『文選』巻八、揚雄、羽猟賦に、「泰華を旒と為し、熊耳を綴と為す」とある。○砥柱は、『文選』巻十九、宋玉、高唐賦に、「状は砥柱の若く、巫山の下に在り」とある。○如葵藿之向陽は、『文選』巻三十七、曹植、求通親親表に、「葵藿の葉を傾くるが若きは、太陽之が為に光を廻さざると雖も、然も終わりまで之に向う者は、誠なり」とある。○川流は、『文選』巻四十八、揚雄、劇秦美新に、「川のごとく流れ海のごとく渟り、雲のごとく動き風のごとく偃す」とある。○三心は、『晏子春秋』巻七、外篇十九に、「嬰聞くならく、一心以て百君に事う可く、三心以て一君に事う可からず」とある。○君業は、『孟子』梁恵王上篇に、「君子は業を創め統を垂れ、継がる可きことを為さんのみ」とある。○仏日は、『禅苑清規』巻二、念誦に、「初三・十三・二十三に念ず、皇風永く扇いで、帝道遐《はるか》に昌んなり。仏日輝を増し、法輪常に転じ……」とある。〇三有四恩は、『景徳録』巻二十五、洞山良价章に、「師又た曰く、還《は》た四恩三有に報いざる者有りや」とあり、『禅苑清規』巻十、百丈規縄頌に、「三八の日晩参し、四恩三有の為にし奉り念誦す」とある。

日本国内の諸大明神・諸廟・諸宮が、その境内に教化を顕現されるように願う。上は天の川から、下は大地の果てまで、一切の神々に普く回向を陳べる。第一に願うことは、世が鎮まり物が稔り、人民が豊かで休まり、世界中戦争の心配を断ち切り、天下に伏羲の世の安らかで落ち着いた慶びを得ることである。信心の弟子時宗私は、身に他の煩いはなく、道は心の灯の明るいものがあることから、寿命は泰山や崋山の高さに等しく、幸福は大海の広さにも似たものを願う。子孫が栄え現われ、一門が盛んになり、長く仏法の棟梁となり、永く皇室の重任を担いたい。左右は侍従の、悪賢いものが消え去ること、向日葵が日のあたる方に向かうようなものであり、川の流れが海で一つの水になるようなものがある。それは混じりあって一つの味となり、にわかに三つの心を断ち切って一心となり、同に皇室を助け、共に君主として務めに遵守したい。仏の日・舜の日が、均しく全世界に照らし、慈悲の風・堯の徳風が、洽く天下に行われる。すると民心がみな正しくなり、天の道は生命を慈しむ。三有・四恩が、みな利益《りやく》を授かるように願う。ここに詳しく看経の題目・分担を後に列ねることにする。

法華経一〇〇部を諷経《ふぎん》する功徳によって、戦争のない平和な世界の現出を冀求する北条時宗が、建長寺堂頭蘭渓道隆に要請した祈禱諷経回向文である。時宗の意向をうけて建長寺の書記が作文したといえよう。文中の「時宗」という署名は、自分で書いたように見える。

おわりに

蘭渓道隆諷誦文といわれる四六文は、時宗祈禱回向文といってよい。とすると、執権以後、蘭渓示寂（一二六八～七八）までの鎌倉中期の文ということになる。桂岩居士像賛は、おそらくは忌日ごとに軸を掛けて供養したものであろうから、頼之没後、絶海示寂（一三九二～一四〇五）までに賛が作文されたことになり、室町前期のものとなる。江湖疏と夢窓の頂相賛は、南北朝期のものである。三点の四六文と一つの駢賦は、五山文学総体からすると、点ともいえないくらいの小さなものである。しかし、現に墨蹟として存するという点で、五山文学草創期の四六文・駢賦作例として貴重なものがある。江湖疏以外の三点は、これまで四六文や駢賦として注意されてはいない。そういう点で、この小考は、なにがしかの意義があるものと考える。

第四章　寂室和尚を祭るの文

はじめに

二〇〇三年十月、栗東歴史民俗博物館において、寄託されている永源寺文書の重要文化財指定記念の特別展「永源寺の歴史と美術」が開催された。(1)どの墨蹟文書も紹介してみたい記事を含む。この小論では、一六号の月心慶円筆永源寺開山祭文を中心に読んでみることにする。

祭文とは、『文体明弁』巻六十一に、「按ずるに、祭文は、親友を祭奠するの辞なり。古の祭祀は、告饗に止まるのみ。中世により以還《このかた》、兼て言行を讃して、以て哀傷の意を寓す。蓋し祝文の変なり。其の辞に散文有り、韻語有り、儷語有り」とあり、いろんな文体でもって哀悼の意を表わした。『文選』巻六十所収の三首の祭文は、共に四字の隔句ごとに韻を踏む。『文体明弁』儷語に韓愈の祭薛中丞文、祭裴太常文を引用する。散文に『唐宋八家文』にも所収の韓愈の祭十二郎文を例とする。その祭文の最後に近い箇所で、

嗚呼、
汝《ガ》病《ムヿ》吾《レ》不ㇾ知《ラ》ㇾ時《○ヲ》、
汝《ガ》歿《スルヿ》吾《レ》不ㇾ知《ラ》ㇾ日《●ヲ》。
生《クルトキ》不ㇾ能二相《ハ》養《ヒイテ》以《テ》共《ニ》居《○ルヿ》一、

歿《スルトキ》不レ得二撫《ソ》レ汝《ヲ》以《テ》尽《クス「ヲ○ヲ》レ哀。
斂《スルトキ》不レ憑《ラ》二其棺《ノ○ニ》一、
窆《スルトキ》不レ臨《マ》二其穴《ノ●ニ》一。
吾行《ガイ》負《イテ》二神明《ニ》一而使《メ》二汝夭《ヲソ●セ》一、不孝不慈《○ニソ》、
而不レ得二与レ汝相養《イツテ》以生《テ○キ》、相守《イツテ》以死《テ●スル「ヲ》一。
一在《ハリ》二天之涯《○ニ》一、
一在《ハリ》二地之角《●ニ》一。
生《キテ》而影《ノ》不下与二吾形《ガ》一相依《イ○ラ》上、
死而魂《ソノ》不下与二吾夢《ガ》一相接《イ●セ》上。
吾実為《レニス》レ之《○ヲ》、
其又何尤《レタヲカ○メン》。
彼蒼《ノタル》者天《ハ○》、
曷其有《ソレラン》レ極《●マリ》。

と、四六文を含む。居のところに仄声の字、之に仄声がくると、リズムのよい四六文になる。古文の復古運動を推進した韓愈にして、四六駢儷文の祭文をも作成している。

尊宿《どうちょう》が遷化すると、方丈の中に遺誡・偈頌を牌（告知板）の上に貼り出す。入龕がすむと法堂《はっとう》に安置し、頂相《ちんそう》を掛ける。檀越や近隣の尊宿、親密の法属らの祭文があった場合、真前に陳べ、もし祭文を読む人を帯同していないときには、その寺の維那《いのう》、書記が代読した（『禅苑清規《ぜんねんしんぎ》』巻七、尊宿遷化）。

寂室元光の遺誡は、図録の一四号に掲載する。これについては、芳賀幸四郎氏は『墨蹟大観』（求竜堂、一九七九年）第三巻五三号に、釈読・語釈・大意を掲げ、入矢義高氏『寂室』（日本の禅語録10、講談社、一九七九年）にも、読み下し文・注・現代語訳が行われている。文中の、

庶不向袈裟之下失却人身、是余深所望于你輩耶（庶くは袈裟の下に人身を失却せざらんことを、是れ余が深く你輩に望む所なるをや）。

とある向は、文語では於となる。また、

然後把熊原、還于太守、以茆庵付与高野父老等、各自散去（然る後、熊原を太守に還し、茆庵を以て高野の父老らに付与し、各自散じ去れ）。

とあるところの把は、目的格を表わす把なので、「を」と訓じたらそれでよい。渡海僧である寂室にあっては、作文するときに知らず知らずのうち俗語を用いたものと思われる。『禅苑清規』に偈頌とあるのは、文意からすると、遺偈のことであり、図録一五号に掲げる。

屋後ノ青山
檻前ノ流水
鶴林ノ双趺
熊耳ノ隻履
又タ是レ空華結ブ二空子ヲ一
九月初一日
亡僧元光（花押）

墨蹟そのものは、最後の気力を振り絞って書いた様子が窺えるものの、水・履・子と上声紙韻で押韻することから、前もって遺偈を作詩していたといえる（七言のところは、下三連を避けるため、六字目を平声とする）。掛真のための頂相は、図録二号の自賛の寂室像であろう。

一　弥天永釈撰祭文

貞治六年（一三六七）九月一日、寂室は含空臺で亡くなる数日前、弥天永釈と霊仲禅英に祭文を撰述するように命じ、祭文が出来上がると、それを覧て大いに満足している。のちに弥天・霊仲は真前に香を焼《た》き、それぞれ黙誦したという（『永源寺町史』永源寺編、『瑞石歴代雑記』巻一、貞治六年丁未の条）。霊仲のものは伝わっていない。弥天が代表して作文したのであろうか。弥天撰の祭文は初七日のさいに誦えられた。これは序と騈賦から構成され、次に分ち書きをして示す。

維貞治六年竜集丁未季秋初吉、開山永源寂室和尚大禅師、示寂於含空臺正寝、越七日、小師比丘永釈哀慟匍匐、
謹以清茶香饈之奠、致祭於霊塔前。其文曰、
嗚呼哀哉、
師已棄我、
忽戢化権。
滅昏衢之明燭、
失苦海之慈航。

天耶非天耶、双涙竭而賡血、
命耶非命耶、中心熱而探湯。
風吹双林、宣暢拘尸之遺教、
石瘞隻履、顕揚少室之旧章。
天地震悼、
鬼神哀傷。
秀気低圧諸峰、瑞石蓊鬱。
正脈分列万派、永源汪洋。
維孫維子、
以繁以昌。
煮北焙之茗、
爇南溟之沈。
寂定不昧、
鑑斯微忱。
嗚呼哀哉、尚享。

維《こ》れ貞治六年竜丁未に集《やど》る季秋初吉、開山永源寂室和尚大禅師、寂を含空臺の正寝に示す。越ゆること七日、小師比丘永釈哀慟匍匐し、謹しんで清茶香饈の奠を以て、祭を霊塔の前に致す。其の文に曰く、嗚呼《ああ》哀しいかな、師已に我を棄て、忽ち化権を戢《や》む。昏衢の明燭を滅《け》し、苦海の慈航を失う。天か天に非ざるか、双涙竭きて血を賡《つぐな》い、命か命に非ざるか、中心熱して湯を探るがごとし。風双林を吹き、拘尸の遺教を宣暢し、石隻履を瘞《うず》めて、少室の旧章を顕揚す。天地震悼し、鬼神哀傷す。秀気諸峰を低圧して、瑞石蓊鬱、正脈万派を分列して、永源汪洋たり。維れ孫維れ子、以て繁く以て昌んなり。北焙の茗を煮て、南溟の沈を爇《た》く。寂定不昧、斯の微忱を鑑《み》たまえ。嗚呼哀しいかな、尚わくは亨《う》けよ。

○正寝は、『大慧宗門武庫』に、「舜老夫廬山の棲賢に住す。……舜の還俗するを聞き、人をして取《もと》めて浄因に帰ら遣《し》む。正寝を譲って之に居らしめ、自ら偏室に処す」とあり、方丈をいう。○哀慟は、『景徳録』巻二十六、瑞鹿遇安章に、「師右脇吉祥にして臥す。四衆哀慟す」とある。○清茶香饈之奠は、祭柳子厚文（『唐宋八家文』韓愈）では、「清酌庶羞之奠」とする。○致祭は、『景徳録』巻十五、神山僧密章に、「裴大夫僧に問う、仏に供養す、還《は》た喫するや。僧曰く、大夫の家神を祭るが如し」とある。○化権は、権化を平仄の上から化権とする。仮に教化のため人の姿となる。○昏衢之明燭、苦海之慈航は、『雲門広録』巻下、請疏に、「法炬を然《もや》し以て幽を燭《てら》し、慈舟を運らして溺を済う」とある。○深湯は、『漢語大詞典』六に、艱難痛苦の心境を喩えたものとする。○双林は、『景徳録』巻六、仏光如満章に、「帝又た問う、仏は王宮に向《おい》て生まれ、滅することは双林に滅す」とある。○拘尸は『景徳録』巻一、釈迦牟尼仏章に、「爾の時世尊、拘尸耶城に至りて、諸々の大衆に告ぐ。吾れ今ま背痛む、涅槃に入らんと欲す。即ち熙連河の側の娑羅双樹の下に往き、右脅にして足を累《かさ》ね、泊然として宴寂す」とある。○隻履は、『景徳録』巻三、菩提達磨章に、「熊耳山に葬る。……師に葱嶺に遇う。手に隻履を携えて、翩翩として独り逝くを見る」とある。○少室は、禅門規式（『景徳録』巻六）に、「百丈大智禅師は禅宗肇め少室自り、曹谿に至る以来《このかた》、多く律寺に居し、院を別にすと雖も、然も説法住持に於て、未だ規度に合せざるを以て、故に常に爾の懐を介《はさ》む」とあり、達磨をさす。○正脈は、『碧巌録』七十三則、本則評唱に、「須是《すべか》らく正脈裏に向《おい》て自ら看て、始めて穏当なるを得ん」とある。○

南溟は、『荘子』逍遥遊篇に、「北溟に魚有り、……海運《うご》けば、則ち将に南冥に徙らんとす」とある。冥と溟は音通。○寂定は、『景徳録』巻二十七、諸方雑挙徴拈代別語に、「如し一物も王に順わざるもの有らば、即ち大寂定に入り得ず」とある。○不昧は、明らか。『碧巌録』十五則、頌評唱に、「霊光不昧、万古の徽猷」とある。

以上の出典を踏まえ、以下に現代語訳を試みることにする。

ここに貞治六年星丁未にやどる陰暦九月一日、開山永源寺寂室和尚大禅師は、含空臺の方丈に示寂された。初七日に弟子比丘永釈わたしは、悲しみのあまり平伏し、謹んで清らかな茶・香ばしい御馳走のお供えをし、霊塔の前にお祭りします。その文は以下のようです。

ああ、悲しいことです。師は先達て自己を棄て、俄かに教化のためのお姿を隠された。そのため、暗い街中の明るい明りが消え、この世から彼岸へと渡す慈しみの舟を失ったようです。天命なのかと、両の目の涙も涸れて血を搾って泣くようであり、天命なのかと、心が熱くるしいのに湯を求めるような有様です。釈尊は拘尸那の城に遺教経《ゆいきょうぎょう》を説き示され、風が沙羅双樹に吹く下に涅槃に入られた。達磨は少室山での逸書を表章されたのち、石棺に隻履を残されお隠れになる。そのとき、天地は震悼し、鬼神も哀悼した。すぐれた気象が諸峰に垂れ籠め、瑞石山では草木が繁茂し、正伝の仏法が多く並び立つとき、永源寺でも師の教えが広く深く及んでいます。ここに法孫たちは、繁栄しています。北方の茗茶を入れて献じ、南方の沈香を真前に炷《た》く。涅槃にあって明々白々と、この微誠を見て取られるように。ああ、哀しいことです。どうかこの祭りを受けられるよう願います。

弥天の著わした駢賦からなる祭文の墨蹟は、残念ながら今に伝わらない。ただ弥天和尚法語（『大日本史料』六編之二十八、貞治六年九月一日の条）として、また『瑞石歴代雑記』巻一、貞治六年九月朔日の条に引用されて残るのみである。

二　月心慶円撰祭文

法姪である月心の撰述した祭文は、図録の一六号にあるように、墨蹟として現に残る。(2) 祭文は、四字句で構成され、以下に分ち書きをして示す。

維貞治六年歳次丁未九月朔旦、永源開山寂室和尚入般涅槃於含空臺。越一日、法姪比丘慶円謹以香茗之奠百拝、致祭于尊霊。曰、

惟師行解　潔如氷霜。
学通内外　識見難量。
壮年決志　遠遊大唐。
従容歴遍　淮浙江湘。
訪諸知識　登諸覚場。
迨于中年　志満帰郷。
乃隠山林　断利名韁。
歳深月久　行履難蔵。
瑞石山下　幻出宝坊。
徳輝赫々　道誉揚々。
王臣恭敬　不以為慶。

勧請住持　天竜建長。
聞之廻避　厭之推譲●
正喜吾門　法道殷昌。
為大宗匠　為大棟梁。
竜峰牧皐　扶起有望。
那期一旦　病入膏肓。
知縁既尽　不用医方。
俄爾無声　屹然坐亡。
臨行自在　遺言孔彰。
龕子不留　当夜便葬。
於戯苦海　遽覆慈航。
昏衢灯滅　杳々茫々。
祖庭寥落　誰復聯芳。
円也不料　来此送喪。
空切追慕　不勝痛傷。
搥胸叫屈　告訴彼蒼。
哀哭数声　涕涙数行。
時当秋季　景色凄涼。

金風撼々　玉露瀼々○
悲歎之余　俛写些章○
表誠貢献　一茶一香○
大寂定中　庶幾宴享●
真相如活　巍々堂々○
霊光不昧　煒□（々）煌々○
再来末□　願力莫忘○
尚饗

月心は、下平声陽韻の一韻到底格として隔句ごとに押韻したつもりで作っているものの、譲と享は仄声となっている。

維れ貞治六年歳《ほし》丁未に次《やど》る九月朔旦、永源開山寂室和尚は、般涅槃に含空臺に入る。越ゆること一日、法姪比丘慶円謹んで香茗の奠を以て百拝して、祭を尊霊に致す。曰く、惟みるに、師は行解、氷霜よりも潔く、学は内外に通じ、識見量り難し。壮年志を決し、遠く大唐に遊び、従容として淮浙江湘に歴遍す。諸知識を訪い、諸覚場に登り、中年に迨《およ》んで、志満ち郷に帰る。乃ち山林に隠れ、利名の韁を断ずること、歳深く月久しきも、行履蔵《かく》し難し。瑞石山下に、宝坊を幻出し、徳輝赫々、道誉揚々たり。王臣の恭敬、慶と以為《おも》わず。天竜・建長に住持せんことを勧請するも、之を聞きて廻避し、之を厭いて推譲す。正に吾が門の法道の殷昌なることを喜び、大宗匠と為り、大棟梁と為り、竜峰の牧皁、扶起に望有り。那ぞ期す一旦、病膏肓に入り、縁既に尽きることを知り、医方を用いず。俄爾として声無く、屹然として坐亡す。行に臨んで自在、遺言孔《はなは》だ彰れ、龕子留めず、当夜便ち葬す。於戯《ああ》苦海、遽に慈航を覆えし、昏衢灯滅し、杳々茫々たり、祖庭の寥落、誰か復た聯芳せん。円や料らざりき、此に来って喪を送るとは。空く切に追慕して、痛傷に勝えず。胸を搥ちて叫屈し、彼の蒼に告訴し、哀哭すること数声、涕涙すること数行。時は秋季に当り、景色凄涼として、金風摵々、玉露瀼々たり。悲歎の余、些かの章を俛写し、誠を表して一茶一香を貢献す。大寂定中、庶幾わくは宴享せんことを。真相活くるが如く、巍々堂々、霊光昧まず、煒々煌々たり。再び末□(世カ)に来って、願力忘るること莫れ。尚わくは饗けよ。

○般涅槃は、示寂をいう。『禅苑清規』巻二、念誦に、「大衆に白す、如来大師、般涅槃に入る」とある。○覚場は、僧堂をさす。『雲門広録』巻下、行録に、「師先に法を弟子実性に付し、覚場を紹がしむ」とある。○利名は、名利のこと。仄声にするため、語順を逆にする。『碧巌録』二十五則、本則評唱に、「古人既に得道の後、茅茨石室の中、折脚鐺児の内に、野菜根を煮て、喫し日を過す。且つ名利を求めず、放曠として縁に随う」とある。○宝坊は、仏法の寺。『景徳録』巻五、慧能章に、「近くに宝林古寺の旧地有り。衆議して営緝し、師をして之に居らしむ。四衆霧集して、俄に宝坊を成す」とある。○徳輝は、内面からの徳のかがやき。『文選』巻六十、賈誼、弔屈原文に、「鳳凰は千仞に翔《かけ》り、徳輝を覧て之に下る」とある。○推譲は、他人を推薦して自らは譲る。『荘子』刻意篇に、「仁義忠信を語り、恭倹推譲して修を為すのみ」とある。○竜峰は、仏灯国師約翁徳倹の塔頭、建長寺竜峰庵のこと（『扶桑五山記』巻三、建長寺、諸塔）。『寂室録』巻上に、「寿聖の養直和尚の来諭に酬い、兼ねて同門の諸法兄に簡す。嘉音両度到二林巒一、驚二起午眠一開二竹関一。寄二語竜峰下頭角一、一生放レ我得二安閑一」とある。○牧阜は、塔主のことであろう。○扶起は、推挙する。○膏肓は、『世説新語』倹嗇篇注に、「王隠の晋書に曰く、……天下の人は膏肓の疾と謂為《おも》う」とある。○坐亡は、坐禅のまま亡くなること。『景徳録』巻十五、投子大同章に、「言い訖り、跏趺して坐亡す」とある。○臨行は、死に臨んで。『景徳録』巻十五、洞山良价章に、「師亦た斎畢るに随い曰く、僧家は事勿し、大率行くに臨むの際、喧動すること斯くの如し」とある。○遺言は、遺誡のこと。『勅修百丈《はじよう》清規』巻三、遷化移龕に、「如し親書の遺言有れば、侍者は主喪の人及び首座・大衆に捧呈して云く、堂頭和尚臨終の遺言、首座・大衆に呈似す」とある。○龕子は、柩のこと。『景徳録』巻十八、長慶慧稜章に、「師羅山に到り、新製の龕子を見る。師杖を以て之を敲きて曰く、大煞《はなは》だ予め備う」とある。○彼蒼は、あのあおあおとした天。韓愈、祭十二郎文（『唐宋八家文』）に、「彼の蒼たる者は天なり。曷《なん》ぞ其れ極まり有らん」とある。○金風は、秋のみのりの風。『碧巌録』二十七則、本則に、「雲門云く、体露金風」とある。○玉露は、『景徳録』巻十六、鳳棲同安章に、「師曰く、曠劫曾て玉露を沈めず、目前豈に太陽の機に滞らんや」とある。○庶幾宴享は、『漢書』巻二十二、礼楽志に、「嘉き籩《たかつき》は列陳す、庶幾くは宴享け、凶災を滅除し、烈八荒を騰《こ》えんことを」とある。○真相は、頂相《ちんそう》のこと。『玄沙広録』巻中に、「師は僧の真を円月相に写《えが》くに因りて、自ら真の賛を書して云く、円月の性相　真容を瑩らかにし、真相の円光　海相の中。我れ今ま是れ真にして真相無く、元本の円光は釈迦翁」とある。○巍々堂々、煒々煌々は、『景徳録』巻九、潙山霊祐章に、「雲巌却って師に問う、百丈大人の相如何。師云く、巍巍堂堂、煒煒煌煌、声前も声に非ず、色後も色に非ず」とある。○霊光不昧は、霊妙不可思議な光明が歴然として明白であること。『景徳録』巻三十、五臺山澄観の語に、「至道は其の心に本づき、心法は無住に本づく。無住は心の体にして、霊知不昧」とある、主旨は同じ。巻九、古霊神讃章に、「乃ち曰く、霊光独り耀いて、迥かに根塵を脱す」とある。○再来は、『景徳録』巻十七、洞山道全章に、「僧問う、仏王宮に入る。豈に是れ大聖の再来にあらずやと」とある。○末□は、末世のことであろう。

以上の典拠によりながら現代語訳を試みることにする。

ここに貞治六年歳《もくせい》が丁未に至った九月一日、永源寺開山寂室和尚は、含空臺の方丈に示寂された。あくる日、法姪比丘である慶円私が恭しく香りのよい茶を供え百拝して、霊前に哀痛の文を次のように誦えます。

思い返しますに老師は、修行と知解が氷や霜よりも汚れがなく、その学も内典・外典に通じ、識見には計り知れないものがありました。壮年になると思いきって、遠く元国に行き、気の向くままに淮浙江湘といった江南を遍歴され、諸善知識を訪ねて、各地の僧堂に掛搭《かとう》し、中年になり、望みが達せられるとわが国に帰って来られました。そこで山林に隠れて、名利の繋がりを断ち切ること、歳月を経過しても、行いを晦ますことが難しいことでした。瑞石山下に仏法の寺をまぼろしのように現わすと、老師の徳が輝きを増し、仏道の評判が高揚しました。王臣の帰依も、慶事と思われませんでした。五山の天竜や建長に住持するようにと辞令が出ても、廻避し、これを嫌がり他人を推挙して自らは譲られました。この上なく吾が禅門の法道が栄え、大宗匠となり、大棟梁となられ、竜峰庵の塔主が引き立て望みが持てるのを喜んでおりました。だのに一旦、病気が救いがたく、世縁が尽きたことを知ると、医療を用いたくないと願われました。にわかに声もなく、高くそば立ち結跏趺坐して亡くなられました。死に際し自由で、遺誡はきわめて明白であり、柩を留めずにその夜すぐに埋葬するようにとのことでした。ああ、この世の苦海は、不意に慈悲の船を覆し、暗い町の灯が消え、暗くぼうっとしてはっきりしないようです。祖師の住する庭苑があれ果ててさびれ、それを誰がいったい仏法を伝えるのでしょうか。慶円私はここに老師を送ることになろうとは思いませんでした。空《うつ》ろに深く追慕して、激しい哀しみに勝えません。悲しみが極まってこぶしで胸をたたき、仰いで天に訴え、哀哭すること数声、涕涙すること数すじになります。時は秋に当り、その眺めはもの寂しく、秋風に葉が散り、美しい露の多いことです。悲歎の余りこの祭文を頂垂れ書き、心を込めて一茶一香を供え祭ります。大涅槃にあって庶幾くは宴《たのし》み享《う》けたまわりますように。頂相は活きているかのごとく威風堂々とし、霊妙不可思議な光明を放って歴々と光り輝いています。末世に再び来り、衆生済度の願力を忘れられませんように。どうかこの祭りを受けられますように。

三　弥天の置文と禅師号

寂室の四神足の一人、弥天永釈の置文が今に伝わる（図録四五号）。

永安禅寺置文

当寺者、無功菴主偏為弁道所在。而所開創也。嘉慶元年春、請老拙住持。已垂二紀。今亦将易簀。汝等相議、不問自他、請一老成弁道人、以充菴主、共勤行業。若不爾、則附之本寺、或還檀那、各自散去。其余弊寺廃院等、悉皆倣焉。行身修心之要旨、唯当依先師開山和尚遺誡所説、没歯遵守之。是余深所庶幾者也。諸子悉之。

応永丙戌六月日　永釈（花押）

永安禅寺置文

当寺は、無功庵主偏に弁道所と為す在《な》り。而して、開創する所なり。嘉慶元年の春、老拙を請じて住持せしむ。已に二紀に垂《なんなん》とす。今ま亦た将に簀《すのこ》を易えとす。汝等相い議して、自他を問わず、一老成の弁道人を請じて、以て庵主に充て、共に行業を勤めよ。若し爾《しか》らざれば、則ち之を本寺に附し、或いは檀那に還し、各々自ら散じ去れ。其の余の弊寺廃院等は、悉く皆な焉に倣え。身を行い心を修むるの要旨は、唯だ当に先師開山和尚の遺誡の所説に依り、没歯に之を遵守すべし。是れ余が深く庶幾う所の者なり。諸子之を悉せ。

応永丙戌六月日　永釈（花押）

置文となっているが、正しくは遺誡であり(3)、先師寂室の意を体するものであり、遠くは釈尊、そして中峰明本の林下としての生きかたを守るように門人たちに遺言している(4)。

弥天の禅師号の勅書も今に残る（図録四六号）。その釈文を左に掲げる。

勅。江州路飯高山永安禅寺弥天和尚、其

為人頗聞其略。

（早歳掇少林五葉之芳、○
中年挹永源一滴之水。●）

（空名位於世表、●
忘利養於念端。○）

但以見性悟心為要、深自韜晦

也。

（宜依立号易名之例、● 一

諭曰見性悟心禅師。
庶昭国家、
欽慕仏乗、
之意云。

応永二十二年四月八日

単対のみの文とはいえ、リズムからすると四六文の一種といってよい[5]。それが了承できるように分ち書きした。

勅す。江州路飯高山永安禅寺の弥天和尚は、其の人と為り頗る其の略を聞く。早歳には少林五葉の芳を掇《ひろ》い、中年には永源一滴の水を挹《く》む。名位を世表に空し、利養を念端に忘ず。但だ見性悟心を以て要と為し、深く自ら韜晦するのみ。宜しく号を立て名を易うるの例に依り、諭して見性悟心禅師と曰うべし。庶くは国家を昭《て》らし、欽んで仏乗を慕わんことを、の意と云う。

応永二十二年四月八日

この諭号勅書は、おそらくは、永安寺の書記が下書きを作り、それを朝廷において清書し、それに称光帝が日付の「八」を入れたものであろう。この禅師号は、足利義持が「勅諭見性悟心禅師」と揮毫し、いまに永安寺に所蔵する(図録四七号)。

おわりに

弥天の駢賦による師寂室を祭る文は、師の示寂を悼む悲しみに充ちている。残念なことに墨蹟は現存しない。月心の作った祭文は、四字句の隔句ごとに韻を踏んだものである。法の上での甥という月心の距離を置いた立場からか、祭文の内容は事績を踏まえたものになっている。弥天の寂室和尚行状（『大日本史料』六編之二十八、貞治六年九月一日の条）があり、新たな歴史事実を加える点はないものの、同時代の史料として墨蹟が現存することは貴重なものといえる。もう一首、法の上では従兄弟に当る平心処斉の書いた祭文がある。しかし、四字句の隔句ごとに押韻した文体であり、墨蹟もないことから、ここでは取り上げなかった。

寂室は渡海し、中峰明本に師事することにより、官寺に出世することなく、林下としてその生涯を全うした。その生きかたは、遺誡として門弟たちに示された。それをまた弥天永釈は、永安寺の置文として弟子たちに遵守するよう定めている。のちに永源寺が諸山に列しているのは、寂室の遺誡を守れなかったことを表わしている。

注

（1）永源寺文書については、『永源寺関係寺院古文書等調査報告書』（滋賀県教育委員会、一九九八年）があり、その伝来については、藤田励夫「永源寺文書の伝来について―中世文書を中心に―」（『古文書研究』五四、二〇〇一年）がある。

（2）月心の書いた祭文は、『大日本史料』六編之二十八、貞治六年九月一日の条に永源寺文書からの釈文があり、『瑞石歴代雑記』巻一にも引用する。

（3）置文は、『瑞石歴代雑記』巻二に、遺誡として引用する。

（4）林下としての寂室は、拙稿「元の幻住明本とその波紋」（『中世の日中交流と禅宗』第三章、吉川弘文館、一九九九年）を参看されたい。

（5）禅師号勅書が四六文の一種というように思ったのは、後光明天皇諡号勅書（加藤正俊編『開祖大道真源禅師と聖沢派』所収、聖沢院、二〇〇三年）を見たことによる。

勅《ス》

（本有円成国師之的孫、
）

仏日真照禅師之神足●、
東陽和尚《ハ》
岐下《ノ》祥鳳●、
林際《ノ》大竜《ナリ》○。
結《ビ》二衲子《ノ》寃《ヲ》○一、出《デ》二四派之其《ノ》一《ニ》●一、
発《シ》二活祖《ノ》意《ヲ》●一、究《ム》二五家之其《ノ》源《ヲ》○一。
払子辺《ニ》振《イ》二宗風《ヲ》○一、
拄杖頭《ニ》挑《かかグ》二仏日《ヲ》●一。
重《ネテ》続《つギ》二妙心《ノ》伝記《ヲ》●一、広《ク》垂《レ》二後昆《ニ》○一、
曾《テ》録《シ》二宗門《ノ》正灯《ヲ》○一、永《ク》流《つたウ》二万世《ニ》●一。
匪《ズ》三啻《ニ》顕二示《スルノミニ》　少林《ノ》密旨《ヲ》●一、
況《ンヤ》又《タ》匡二正《スルヲヤ》　百丈《ノ》清規《ヲ》○一。
道風達《シ》二天聴《ニ》○一、
声価播《ス》二宇宙《ニ》●一。
仍《ッテ》諡《ス》二大道真源禅師《ト》一。
承応二年八月廿四日

日付けの「廿四」は、異筆であり、後光明帝の宸筆である。

第五章　竺仙梵僊の墨蹟

はじめに

竺仙梵僊は、『大日本仏教全書』第九六巻所収の行道記・塔銘とも、竺僊梵僊とするのに対し、『大正大蔵経』第八〇巻所収のものでは、竺仙梵僊とする。号の二字目、仙・僊は、どちらでもよさそうだが、墨蹟を見ると、本人は竺仙梵僊と署名する。印影も竺仙梵僊と読める。とすると、『大日本仏教全書』本の方は、意味が同じであるところから仙を僊としてしまったのであろう。念のために、川瀬一馬『五山版の研究』（一九七〇年）所載の大東急記念文庫蔵巻首書影を見ても『竺仙和尚天柱集』とある。全書本の語録名は、『梵竺僊禅師語録』とする。この書名は二重の誤りを犯す。一つは僊とすること、もう一つは諱の略を梵とすることである。全書本を活かすとすると、僊竺仙禅師語録とすべきであった。普通だと五山版のように、竺仙和尚語録とする。系字を略すると、竺仙僊和尚語録とするのがよい。縮めると、竺仙録となる。大正本の目次では、竺僊和尚語録とし、著者を竺僊梵仙とする。これは語録の巻中に収める行道記・塔銘が活かされていないことになる。

もとの文書を活かすことの大切さは、史料を読む姿勢とも係わるといえる。そういう点では、安易に常用の字を用いるのではなく、文書にある字を用いることに努めたい。

竺仙は、鎌倉の極末に当る元徳元年（一三二九、天暦二）日本の招聘に応じた明極楚俊の同行要請により渡来した

（拙著『中世の日中交流と禅宗』一三六頁、吉川弘文館、一九九九年）。この竺仙には、何点かの墨蹟が今に残る。その中で史料として重要と思われるものを読んでみたい。

一　明叟住真如諸山疏

古林清茂門下のことを金剛幢下という。そのリーダーが竺仙といってよい。中峰明本の法嗣である明叟斉哲も金剛幢下の一人に数えうる。京都の大通院に蔵する墨蹟は、次のような七言絶句である（『国宝・重要文化財大全』八119毎日新聞社、一九九九年。田山方南『禅林墨蹟』42。芳賀幸四郎『墨蹟大観』第一巻51）。

依安国至孝　　安国の至孝禅
禅師之厳韵　　師の厳韻に依り、
以賀明叟和尚　　以て明叟和尚、遷りて
遷主真如禅寺　　真如禅寺を主るを賀す。
四海禅流斉渇望　　四海の禅流 斉しく渇望す、
開堂演法遠伝芳　　堂を開き法を演べ遠く芳を伝うるを。
万年松老真如境　　万年の松老ゆ真如の境、
懽見竜天護道場　　懽び見る竜天 道場を護ることを。
　梵僊書　　　　梵僊書す。

○安国寺は、初め北禅寺という。康永元年（一三四二）無徳至孝が住持となる。[1]寺格は十刹に列なる（無徳和尚行実）。

○至孝は、無徳至孝のこと、無為昭元の法を嗣ぐ。○禅流は、『臨済録』序に、「具眼の禅流、冀わくは賺《あやま》って挙すること無かれ」とある。○開堂演法は、開堂説法に同じ。『景徳録』巻二十一、資福智遠章に、「復州刺史、僚吏及び緇黄千衆を率いて、師を資福院に請じ、開堂説法せしむ」とある。○伝芳は、『晋書』巻六、元帝本紀論に、「豈に武宣の余化、猶お琅邪に暢べ、文景の垂仁、芳を南頓に伝えんや」とある。○松老は、『洞山録』に、「青林洞山に在りて松を栽うる次で、劉翁という者有り、偈を求む。偈を作りて曰く、……知らず何れの代の人、此の松の老ゆを見るを得たるかを」とある。○真如は、『碧巌録』九十七則、本則評唱に、「古人道う、青青たる翠竹は尽く是れ真如、鬱鬱たる黄花は般若に非ざる無し」とある。○竜天は、『景徳録』巻二十八、南陽慧忠語に、「所在の処、常に河沙の天竜八部の恭敬する処、河沙の善神来り譲るを得たり」とある。

安国寺の無徳至孝禅師の貴い韻を踏まえて、明叟斉哲和尚が転じて真如禅寺に住持するのを祝賀する偈、以下のように私梵僊が記す。

天下の禅者は、みな和尚が法堂を開いて説法をし、広くその芳声を弘めることを渇望している。万年も経つ松の生える真如を表わす境致にあって、護法の天や竜が真如寺を守るのを喜ばしく目にすることになった。

真如寺の前住である竺仙は、明叟のために諸山疏も作文することになる。明叟が等持寺長老から転じて真如寺に入寺したのは、貞和二年（一三四六）十二月二十三日丁酉のことであった（『賢俊僧正日記』大日本史料六編之十）。当然、山門疏もあったことになるが、(2)今に伝わっていない。竺仙の浄妙寺語録には、「山門疏を拈じて、是れ屋裏の人、屋裏の話を説く。然りと雖も也《ま》た大家の知らんことを要す」（大正八〇、三三四C）と、法語を述べ謝意を表しているくらいだから、入寺に山門疏はあった。しかし、『竺仙録』等に竺仙の浄妙寺入寺の山門疏は残らない。明叟には語録が伝わらないが、幸い竺仙の書いた諸山疏が墨蹟として伝来する。それが竜光院に蔵するものである。タイトルを付けると、明叟住真如諸山疏、となる（『国宝・重要文化財大全』八120、田山方南『禅林墨蹟』43）。四六文だということを見てわかるように次に分ち書きする。

諸山
　茲審
　等持明叟和尚
　禅師、栄膺
　公命、遷主
　真如禅寺、開堂
　演法、闡発宗
　乗。我等同盟
　合詞勧
　駕者。
右伏以
（万年松径、正当雪後弥青、
（累代人文、自是年来益著。
（諸山有望
（四海同懽。

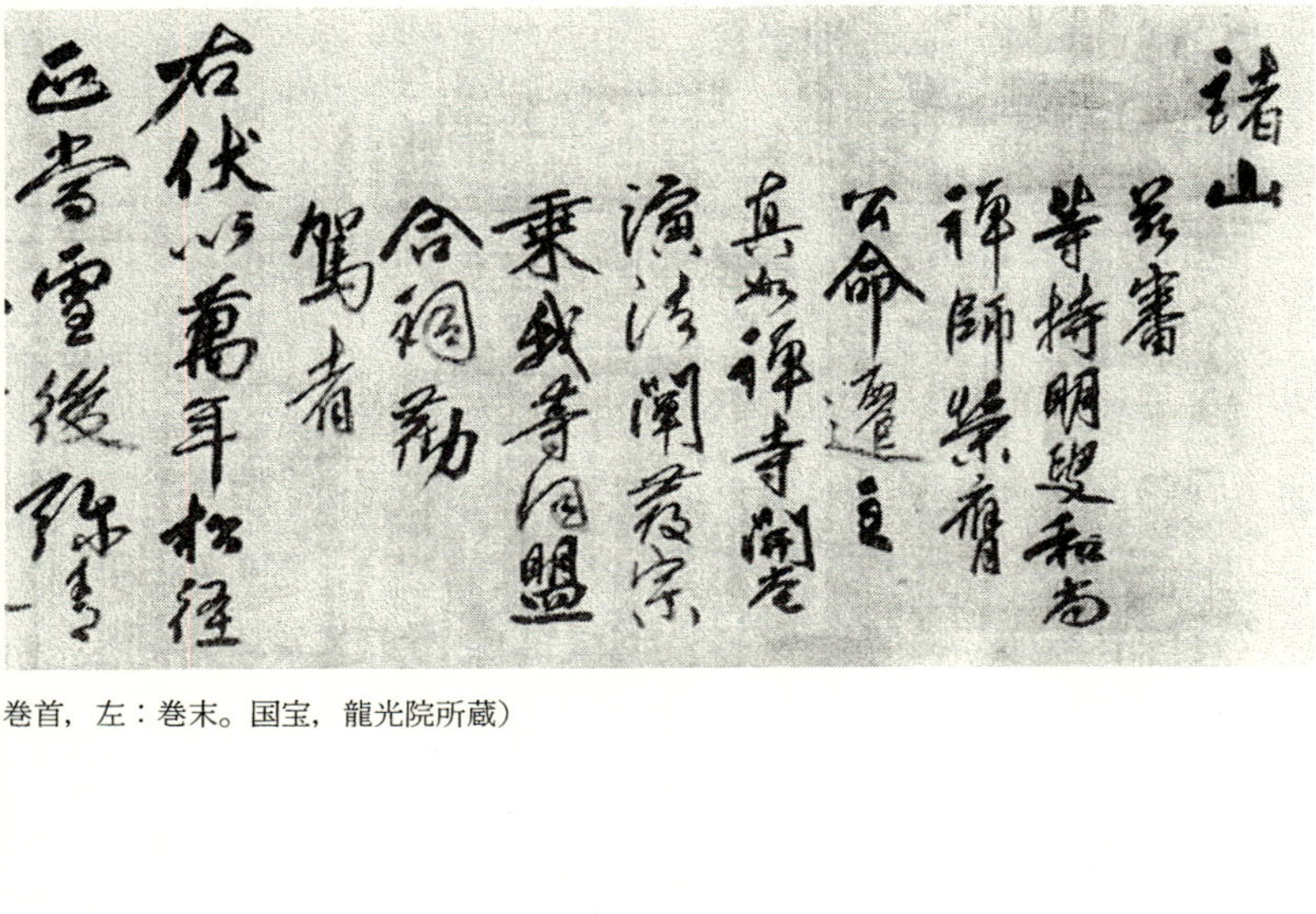

巻首，左：巻末。国宝，龍光院所蔵）

恭惟
新命真如堂上明叟和尚禅師
行脚跨滄溟○、親見中峰挺秀●、
決訾小天下●、必教正脈流芳○。
新開選仏之場○、
旧有真如之境●。
看九万鵬程挙翼●、
試一擲獅子翻身○。
直上青霄○、未為高也、毋哂計為法座●、
横行海上●、何其壮哉、不妨身満虚空○。
謹疏
今月　日疏
安国　至孝
万寿　宗昭
東福　一鞏
建仁
天竜　志玄
南禅　智明

図５「笠仙梵僊の墨蹟」（右：

この諸山疏は、玉村竹二「応仁以前の五山入寺疏の伝存一瞥」(『日本歴史』三八九号、一九八〇年)に疏の全文の残る最古のものとして取り上げるものの、第二軸七行に亙って抜け落ちている。これは掲載の『日本歴史』が月刊誌であるところから初校のみの校正であり、さすがの玉村氏も七行もの脱字を見逃すことになった。先に私が読んだ東隆寺文書の南嶺住筑州聖福江湖疏(「禅林四六文小考」『文藝論叢』六二号、河内昭圓教授退休記念、二〇〇四年、本書II—第三章所収)は、疏末の連署が残らない。そういう点で、完全に諸山疏の全文が残るこの横長の入寺疏の墨蹟は、貴重なものといえる。(3) 以下に読み下しを示すことにする。

諸山

茲に審らかにすらく、等持明叟和尚禅師は、公命に栄膺し、遷りて真如禅寺を主り、開堂演法し、宗乗を闡発す。我等同盟し詞を合し駕を勧むる者なり。

右伏して以みるに、
万年の松径、正に雪後に当り弥〻青く、
累代の人文、是れ自り年来益〻著る。
　諸山に望有り、
　四海同に懽ぶ。
恭しく惟みるに、
新命真如堂上明叟和尚禅師は、
行脚し滄溟を跨《こ》え、親しく中峰に見えて挺秀し、
眥を決して天下を小とし、必ず正脈をして流芳せ教む。

新たに選仏の場を開き、
旧くに真如の境有り。
九万の鵬程翼を挙ぐるを看、
一擲獅子の飜身を試む。
直に青霄に上がるも、未だ高しと為さず、哂うこと毋れ計りて法座と為すことを、
海上に横行す、何ぞ其れ壮ならんや、妨げず身の虚空に満つるを。

謹んで疏す。

今月　日疏す。

○諸山は、京城諸山疏のこと。新命の任寺のある州内の諸寺が入院を促す文書である。○茲審は、ここに明らかにする（拙稿「正木美術館蔵道旧疏」『禅学研究』七八号、二〇〇〇年。本書Ⅱ—第六章所収）。○等持は、鳳凰山等持寺、この当時は諸山（今枝愛真『中世禅宗史の研究』二三一頁。東京大学出版会、一九七〇年）。○真如寺は、山号を万年山といい、十刹（『扶桑五山記』巻二）。○開堂演法は、新命和尚が初めて説法するのをいう。『景徳録』巻二十五、報恩法安章に、「師上堂し衆に謂いて曰く、此の日命令を奉じ、当院に住持し、衆の為に法を演ぶ」とある。○闡発宗乗は、『景徳録』巻十五、清平令遵章に、「文徳元年、上蔡に抵る。会〻州将は法を重んじ、大通禅苑を創め、宗要を闡《ひら》かんことを請う」とある。○同盟は、『虚堂録』巻七、弥蔵主帰潮陽に、「穆穆たる叢林、老成を見、江湖我に約し復た盟を同にす」とある。

○万年松径は、『景徳録』巻二十九、同安禅師詩、第七首、破還郷曲に、「万年の松径は雪深く覆ひ、一帯の峰巒は雲更に遮る」とある。○新命は、『虚堂録犂耕』巻一に、「新たに公命を承け、某寺に住するの人、故に新命と云う」

とある。○堂上は、堂頭に同じ。『虚堂録』巻九、中秋送鏡空西堂赴三塔上堂に、「景徳の堂上鏡空禅師は、前輩の典刑を蘊め、尊宿の礼貌有り。朝命に栄膺し、宗猷を光闡す」とある。○挺秀は、『景徳録』巻十四、天皇道悟章に、「神儀挺異、幼にして生知し、長じて神侔」とある。○小天下は、『孟子』尽心篇上に、「孟子曰く、孔子は東山に登りて魯を小とし、太山に登りて天下を小とす」という。○正脈は、仏祖の正伝をいう。『碧巌録』七十三則、本則評唱に、「須是《すべか》らく正脈裏に向《おい》て自ら看、始めて穏当を得たり」とある。○流芳は、『晋書』巻九十八、桓温伝に、「既に芳を後世に流《つた》うること能わず、復た臭を万載に遺すに足らざらんや」とある。○選仏之場は、『景徳録』巻十四、丹霞天然章に、「禅客曰く、今ま江西馬大師世に出づ、是れ選仏の場、仁者往く可し」とある。○真如は、万有に遍在する根源的な実相と、真如寺との機縁の語。○九万鵬程挙翼は、『荘子』逍遥遊篇に、「鵬の南冥に徙るや、水に撃つこと三千里、扶揺を搏《う》ちて上る者《こと》九万里、去りて六月を以て息う者なり」とある。○一擲獅子翻身は、『無門関』十五則頌に、「獅子、児を教う迷子の訣、前《すす》まんと擬《ほっ》して跳躑して早《すで》に翻身す」とある。○法座は、『景徳録』巻二十一、竜華彦球章に、「開堂の日、衆に謂いて曰く、今日既に法座に陞る。又た争でか解《よ》く諱み得ん」とある。○虚空は、『雪峰録』巻下、勧人に、「虚空天下に満ち、迷人坐らに安んぜず」とある。○万寿宗昭は、高峰顕日の法を嗣いだ杲山宗昭（注（3）の無極和尚住天竜諸山疏の署名では宗照とある。照と昭では音通にならないが、誤用したのであろう）のこと。このときの万寿寺は十刹であった。○東福一鞏は、東福寺二十二世固山一鞏のこと。○天竜志玄は、天竜寺二世無極志玄のこと。○南禅智明は、南禅寺十九世蒙山智明のこと。

以上の出典を踏まえ、以下に現代語訳を試みることにする。

諸山

ここに明らかにする。

等持寺明叟和尚禅師は、大檀越足利直義公の御尊命に応じて、真如禅寺に移り住持し、法堂を開き仏法を説き、禅の宗旨を明らかにされんとするとき、私ども諸山も連盟上書し晋山を勧めるものである。

右伏して思いますに、

万年山の松の小道は、ちょうど雪の降った後で益々青く、歴代の和尚方の文様《もよう》は、これ以後より一層顕著になる。

諸山には願いがあり、天下のものが慶びを共にするようにと。

恭しく惟みるに、新命真如寺堂頭明叟和尚禅師は、行脚し大海を乗り越え、親しく中峰明本に見えて格別に優秀であり、目を大きく見開いて天下を小さなものとし、間違いなく幻住派の法脈を伝え匂わせることになった。

新たに僧堂を開いたが、そこには元来、根源的な実相の場が具わっている。

鵬が九万里の高さに上昇し、三〇〇〇里にわたる翼をひらくのを見守り、ライオンが子を谷にけ落としたとたんにその身を翻すという雲水の鍛え方をする。

まっすぐに青空に上がっても、まだ高いとはせず、意図して教えを説く処とするのを笑ってくれるな、海上を思いのまま巡るのは、なんと壮大なことではないか、随分と身に空の境地と一つになっているものだ。

当時、京都の諸山には任に堪える書記役がいなかったのであろうか、それとも同じ金剛幢下として竺仙が買って出たのであろうか、ともあれ、前任の竺仙が明叟斉哲のために諸山の入寺疏を作製した。

二　与法延首座印可状

小浜の高成寺にある竺仙が大年法延（?～一三六三）に与えた印可状は、『大日本史料』六編之二十五、貞治二年

（一三六三）十月二日の条に釈文を載せ、墨蹟そのものは、竺仙和尚筆蹟として、六編之十一、貞和四年七月十六日の条に掲げる。（4）いま墨蹟そのものから釈文を試みることにする。

法延首座、道念根於心地、確不可
抜。余住浄妙時、数蒙訪及、悉以此事、
而諮詢之。洎余董茲山、如有縁契、諮
之益密、往々徴詰難問。使其下語
吐露於心於性之理、不無所入、不無所
得。而余亦不無為之点首。而若此者、不
知其幾。然雖若是、於我宗門、猶有
径庭。今年十一月十五日、余為衆上堂、有天
上天下唯我独尊之語。有未解者、議
之曰、此四月八日語也、何故説之。首座即謂之
曰。今日堂上誕生辰也。人始称奇。余既聞
之、多識兄弟有未至者。遂於冬至
小参、覼縷引言、痛為箴誨、乃及舜老
夫答古鏡因縁。首座一歴耳根、走謁丈室、
忻然呈露請益。余即為之、対機提撕、
再三勘弁。見〔其〕始有超脱、誠於在昔、

大段不同、即許可之。於後亦復数々相見、
見其開《言》尤為迴異。首座乃曰、従上仏
祖、皆以此事。時節因縁、如此契合、方乃
承嗣、為師弟子。我今所得不殊《思之、欲效》先哲、如《竟》
以所自願為弟子、嗣続宗風。余以福薄
徳浅、以不可謝之。首座既以此事、根之
於心、連旬累日、投誠是請迫。不得已、使
其焚香、恭請
三宝証明、順而受之。仍書此為証云。

右付弟子

法延首座

建武四年丁丑十二月十三日浄智竺仙梵僊（花押）

法延首座は、道念、心地に根ざし、確として抜くべからず。余の浄妙に住する時、数〻訪及を蒙り、悉く此の事を以て、之を諮詢す。余の茲の山を董すに洎び、縁契有るが如く、之を諮ること益〻密にして、往々難問を徴詰す。其をして下語し心性の理を吐露せしむるに、所入無きことあらず、所得無きことあらず。而して余も亦た之が為に点首無きことあらず。而して此《か》くの若き者《こと》、其の幾ばくなるかを知らず。是《か》くの若くなりと然雖《いえど》も、我が宗門に於て、猶お径庭有り。今年十一月十五日、余は衆の為に上堂し、天上天下唯我独尊の語有り。未だ解せざる者有り、之を議して曰く、此れ四月八日の語なり、何が故に之を説く。首座即ち之に謂いて曰く、今日堂上誕生の辰《とき》なり。人始めて奇と称す。余は既に之を聞き、多く兄弟《ひんでい》に未だ至らざる者有るを識る。遂に冬至の小参に於て、覶縷引言し、痛く箴誨を為し、乃ち舜老夫の古鏡に答うるの因縁に及ぶ。首座一たび耳根を歴るや、走りて丈室に謁し、忻然と呈露し益を請う。余は即ち之が為に、対機提撕し、再三勘弁す。其の始めて超脱有り、誠に在昔より、大段に同じからざるを見て、即ち之を許可す。後に亦復《ま》た数々相見し、其の開言を見て、尤も迥異と為《おも》う。首座乃ち曰く、従上の仏祖、皆な此の事を以てす。時節因縁、此くの如く契合し、方乃《はじめ》て承嗣し、師弟子と為る。我れ今ま之を思い、先哲に効《なら》い、竟に自ら願う所を以て弟子と為り、宗風を嗣続せん。余福薄く徳浅きを以て、以て之を謝すべからず。首座既に此の事を以て、之を心に根ざし、連旬累日、誠を投じ是れ請迫す。已むを得ず、其れをして香を焚かしめ、恭しく三宝に請うて証明し、順じて之を受《さず》く。仍りて之を書し証と為すと云う。

右弟子法延首座に付す

建武四年丁丑十二月十二日浄智竺仙梵僊（花押）

○住浄妙は、元徳四年（一三三二）二月十四日のことであった（『竺仙録』浄妙寺語録）。○此事は、『碧巌録』五則、本則評唱に、「三たび投子に上り、九たび洞山に至り、漆桶木杓を置き、到る処飯頭と作るは、也《ま》た只だ此の事を透脱せんが為なり」とある。○天上天下唯我独尊は、『景徳録』巻二十四、休復悟空章に、「上堂衆に示して曰く、古聖纔かに生下するに、便ち周行すること七歩、目四方を顧みて云く、天上天下唯我独尊と」とある。○誕生辰は、「竺仙和尚行道記」に、「至元二十九年壬辰十一月十五日を以て生る」とあり、『竺仙録』浄妙寺語録に、「師誕生日上堂。……復た挙す。世尊初め生下のとき、一手は天を指し、一手は地を指し、目は四方を顧みて云く、天上天下唯我独尊と」とある。○舜老父の古鏡を答うの因縁は、『建中靖国続灯録』巻五、雲居暁舜章に、「一日入室し、（洞山暁）聡問うて云く、古鏡未だ磨かざる時如何。曰く、黒きこと漆に似たり。聡云く、磨きて後如何。曰く、天を照《うつ》し地を照す。聡云く、我は即ち恁麼ならず。師便ち問う、古鏡未だ磨かざる時如何。曰く、此は郎州を去ること遠からず。師云く、磨きて後如何。曰く、黄鶴楼の前鸚鵡洲。師忽ちに省有り」とある。

わずかな典拠等しかあげていないけれども、以下に現代語訳を試みることとする。

法延首座は、仏道を求める思いが心という大地に根付き、しっかりと不変のものになっている。私が浄妙寺に住持しているとき、たびたびの訪問をうけ、どれも禅の極則をはかり問われた。私がこの浄智寺を治めるようになると、まるで縁が深く、問うことがますます濃やかになり、時として難問を明らかにし正された。それにコメントを付けさせ本来の面目を吐露させると、どれも微に入り、得るものがあった。かくして、私も頷かないわけにはゆかない。そして、このようなことが、何回かわからないほどだ。そうはいっても、わが宗門では、なお大きい隔たりがある。

今年十一月十五日、私は修行者のために法堂で説法し、天上天下唯我独尊ということを言った。そうすると、そのことを理解しない者があり、これをあげつらって言うには、これは四月八日の語であって、なぜ十一月十五日に言われたのだろうと。法延はすぐこの者に向かって言った、今日は堂頭さんの誕生日だと。他の者はこのときやっと優れていると認めた。私はこれを耳にすると、修行者のなかにはまだ根本に至っていない者があることを知った。かくして、冬至の方丈での説法に、事細かに例えを引き、厳しく戒めとし、そこで雲居の暁舜さんが古鏡について洞山の暁聡に答えた因縁に説き及んだ。法延はこれを耳にすると、駆けて方丈に見え、喜び勇んで見解を述べ、さらに教えを請うた。私は直ちに法延のために機根に応じて答え指導し、再三にわたって法延の見地を検証した。彼のこのとき初めて解脱し、いかにも昔より甚だ境地の進んだのを見て、すぐに許可した。のちにまたたび相見し、彼の言葉つきを見て、なによりも境涯が飛躍していると思った。法延はそこで言った、これまでの仏祖は、どなたも大事を了畢せんがためです。時節が到来し因縁がこのように和合して、初めて法を師から承け嗣ぎ、師と弟子となります。私がいま思いますに、先賢に倣い、しまいに自らの願いが適って弟子となり禅の教えを継ぎたいと思います、と。私は福が薄く徳が浅いということで、これを退けるべきでない。法延はかねて禅の大事を心に定着させていて、数句にわたって心を傾けて願い求めている。已むをえず、法延に嗣法の香を焼かせ、恭しく仏法僧の三宝に祈って証明を求め、証明を受けて大事を授けた。かくて、これを書いて大事了畢の証明とした次第である。

右、弟子法延首座に法を授ける。

建武四年丁丑十二月十二日浄智竺仙梵僊（花押）

この墨蹟は、『竺仙録』巻下之下、天柱集法語の一つとして収める。玉村竹二氏も『五山文学——大陸文化紹介者としての五山禅僧の活動』（至文堂、一九五五年、一四二〜一四三頁の間に写真を入れる）に自筆法語とする。大事了畢の証明を竺仙が大年法延に与えた墨蹟なので、法語をより的確に印可状と呼んでよいと考える。

おわりに

竺仙の三つの墨蹟を取り上げた。一つ目は、明叟斉哲が真如寺の堂頭となったお祝いの偈であり、金剛幢下の一員として竺仙が贈っている。二つ目は、明叟の真如寺入寺に際し、京都の諸山が新命和尚となるように促した疏を、前住の竺仙が作文したものである。この横幅の諸山疏は、疏の完全なものでは最古の墨蹟であり、史料の少ない明叟にあって、法の上では中峰を師匠とする第一の史料であることが疏から見て取れる。一つ目・二つ目の墨蹟から、明叟が横の繋がりである古林清茂を師とする友社の一員であることを認めうる。(5)

三つ目は、竺仙が大年法延に与えた印可状であり、この法語を付与された子細を知りえて貴重なものといえる。有名な流れ圜悟といわれる、圜悟克勤が虎丘紹隆に与えた墨蹟や、無準師範の円爾への印可状を見るとき、その感を深くする。

注

(1) 江湖請無徳住神鶏山北禅疏（法常寺本『東海一漚集』五山文学新集第四巻、六三九頁）がある。

竜淵分余波於海東○、円照子孫擅衆多之美●、
武衛創浄刹於京北●、将軍家門占鞏固之基○。
爰有東福之徒○、
乃為北禅之主●。
某人
無為○真子●、
有道●名○流。
志気衝天○、故家遺業未墜●、
弁談瀉水●、乃翁余態尚○存。
且請試牛刀於神鶏○、
会看揮麈払於恵日●。
多年慣歴雪霜苦●、土木之役不可辞労○、
同心不減骨肉親○、江湖之盟亦須理旧●。

江湖無徳を請じて神鶏山北禅に住せしむるの疏

竜淵余波を海東に分ち、円照の子孫衆多の美を擅にし、武衛浄刹を京北に創め、将軍の家門鞏固の基を占む。爰に

東福の徒有り、乃ち北禅の主と為る。

某人、無為の真子、有道の名流。

志気天を衝き、故家の遺業未だ堕ちず、弁談水を瀉ぎ、乃翁の余態尚お存す。且らく牛刀を神鶏に試みんことを請い、会《かなら》ず麈払を恵日に揮うを看ん。多年雪霜の苦を歴るに慣れ、土木の役 労を辞すべからず、心を同じくすること骨肉の親に減ぜず、江湖の盟も亦た須らく旧を理《ただ》すべし。

（2）前住の竺仙が南禅寺東堂より真如寺に入寺したのは、貞和二年丙戌（一三四六）二月六日のことで、十一月二十九日真如寺方丈において建長寺の拝請を受けて退院している。竺仙の真如寺入寺の山門疏・諸山疏といった文書は伝わらない。唯一、乾峰士曇の書いた四明竺仙和尚住南禅山門疏（『広智国師語録』巻二、大日本史料六編之六、暦応四年四月六日の条）が伝わる。

孝宗皇帝崇浄刹●、革故宮作梵宮○、
太上法皇敬仏心○、開王室成禅室●。
自非竺仙大仙氏●、
寧為本朝帝者師○。
某
生縁契合中華○、
覚地頓超三際●。
鳳凰臺上高飛遠翥●、馬韓海外闊歩横行○、
浄妙国土随処現成○、浄智荘厳不求自至●。
且閣一柄鈯斧●、
閑読四巻楞伽○。
感得霊芝茁土之祥○、
栄膺紫泥入雲之詔●。
道之大矣●、

（天其舎諸。
（為護国安民、。
（好開堂祝聖。

四明の竺仙和尚、南禅に住する山門疏

孝宗皇帝浄刹を崇び、故宮を革めて梵宮と作し、太上法皇仏心を敬い、王室を開いて禅室と成す。竺仙の大仙氏に非ざる自りは、寧ろ本朝帝者の師と為らん。

某

生縁中華に契合し、覚地頓に三際を超う。鳳凰臺上高く飛び遠く翥《とびた》ち、馬韓海外闊歩横行す、浄妙の国土随処に現成し、浄智の荘厳求めず自ら至る。且らく一柄の鉏斧を閣き、閑かに四巻の楞伽を読む。霊芝茁土の祥を感得し、紫泥入雲の詔に栄膺す。道の大、天其れ諸《これ》を舎つ。護国安民の為に、好く開堂祝聖《しゅくしん》せん。

この山門疏は、『大日本史料』六編之十一、貞和四年七月十六日の条にも載せるものの、単対の一つが「且閣鉏斧、閑読四巻楞伽」とあり、一句目、一柄の二字脱落する。

（3） 諸山疏の疏末の連署中、建仁寺住持の署名がないのは、雪村友梅が亡くなって、次の別伝妙胤の入寺前だったことによる。雪村署名のある無極和尚住天竜諸山疏は、雪村が作文したものであり、『禅林僧伝』巻二に、『慈済事物紀』から引用する（『大日本史料』六編之九、貞和二年三月十八日の条と、六編之二十二、延文四年二月十六日の条の二ヶ所に見える。この雪村撰諸山疏を知ったのは、玉村竹二『夢窓国師』（二七三頁、平楽寺書店、一九五八年）を読んでいてのことである。墨蹟は残っていないが、四六文として分ち書きする。

諸山

茲審

無極和尚

大禅師栄膺

宸睠、擢住

霊亀山天竜資聖禅寺、開堂

演法。歓動隣封、
合詞従臾其
駕者也。
右宓㠯
蔚乎亀山、嚢為姑射山人之洞、
儼若鷲嶺、偶現夜摩覩史之宮。
輦路不聞警蹕之声、
梵摩時震《宸》法雷之響。
勢開玉戸、
名覆金甌。

龔惟
新命堂上和尚大禅師　親炙前脩、
力行古道。
凜氷霜於懐抱、不肯趨世而奔馳、
忘歳月於典墳、止能掩関而黙究。
游戯不離大円覚海、
住持莫慕臨川道場。
来儀似瑞《端》鳳九包、人争快睹、
挽出為天竜二世、徳不譲雄。
摵《槭》砕中峰破沙盆、
撲滅円照文武火。
君唱陽春、我和白雪、幸分隣壁之輝、
主君虞舜、臣賢皐陶、願聴弁香之祝。

謹疏

貞和二年三月　日

安国比丘　至孝

真如比丘　梵僊

万寿比丘　宗照

東福比丘　一肇

建仁比丘　友梅

南禅比丘　智明

無極和尚、天竜に住する諸山疏

諸山　茲に審らかにすらく、無極和尚大禅師は宸睠に栄膺し、霊亀山天竜資聖禅寺に擢住し、開堂演法す。歓び隣封を動かし、合詞其の駕を従臾する者なり。

右密かに以みるに、亀山に蔚とし、曩に姑射山人の洞と為り、儼かなること鷲嶺の若く、偶〻夜摩覩史の宮を現わす。輦路警蹕の声を聞かず、梵摩時に法雷の響を震う。勢玉戸を開き、名金甌を覆う。龔しく惟みるに、新命堂上和尚大禅師、前脩に親炙し、古道を力行す。

氷霜を懐抱に凜け、肯えて世に趨きて奔馳せず、歳月を典墳に忘れ、止だ能く関を掩いて默究するのみ。游戯大円覚の海を離れず、住持臨川の道場を慕うこと莫かれ。

来儀瑞鳳の九包に似て、人争いて快睹し、挽出天竜の二世と為り、徳雄を譲らず。中峰破沙の盆を擸砕し、円照文武の火を撲滅す。

君陽春に唱え我白雪に和し、幸いに隣壁の輝を分ち、主虞舜に君とし臣皐陶に賢《まさ》り、弁香の祝を聴さんことを願う。

謹んで疏す。

貞和二年三月　日

安国比丘　至孝

真如比丘　梵僊

万寿比丘　宗照
東福比丘　一鞏
建仁比丘　友梅
南禅比丘　智明

この諸山疏中、字の異同があるのは、四六文に留意するとミスをしない箇所がある。

（4）印可状は、『墨蹟資料集』第一集、田山方南『続禅林墨蹟』144、『国宝・重要文化財大全』八121、『竺仙録』巻下之下（大正八〇427C、大日本仏教全書九六66上）、『小浜市史』社寺文書編・高成寺文書1、『福井県史』資料編9・高成寺文書1等々に収める。

（5）古林清茂にも師事したことは、常盤山文庫に所蔵の「海東の哲禅人、遠く来たりて入道の警策を求む。……」という墨蹟からも確認できる（田山方南『禅林墨蹟拾遺』一九七七年、77警策）。

第六章　正木美術館蔵道旧疏

はじめに

根津美術館の平成十年秋季特別展は、『墨の彩《いろどり》――大阪正木美術館三十年』と題して開催された。そのさい、出品されないものの図録には、正木美術館所蔵の墨蹟・水墨画の重要作品を参考作品として図版が採録された。その15に「横川景三墨蹟道旧疏」が掲載され、高橋範子氏が解説されている。私なりにこの道旧疏を読んでみたいと思い著わしたのが、この拙稿である。

墨蹟についても、古文書についても、素人である私が勇を鼓した理由は、図版が鮮明であり、道旧疏（つまり四六駢儷体で作成されている）である、という点にある。そしてまた、長年に亙り、日本禅宗史や墨蹟について研究されてきた加藤正俊教授の退休記念号に横川景三の墨蹟を取り上げるのも、なにがしかの意義のあることであろうと思ったことである。

一　墨蹟文書

これまで日中の交流に関する論文を書いてきて、史料として墨蹟を用いてきたものの、墨蹟ということにあまりこだわらなかった。それが墨蹟のもつ重要性を再確認したのは、「「無爾可宣」筆墨蹟」（『中世の日中交流と禅宗』所収、吉川弘文館、一九九九年）という小編を書いて以後のことである。中国には、いわゆる古文書は、敦煌文書やトゥルファン文書、それに明代のもの以外はほとんど残っていない。ところが、わが国には、宋元の墨蹟が多く伝存している。また、わが国の中世の墨蹟も多く伝えられている。大まかにいって、一行書以外の大半のものは、古文書の範疇に入れてよいであろう。そこで「墨蹟文書」という概念が使えるのではないかと考えている。

現在、墨蹟というと、禅僧の書いたものと受け取られがちであるけれども、中国でも日本の中世でも本来は字の通り解されていた。(1) 利休は、「海道人の墨跡は、一段見事に候」といって（桑田忠親『利休の書簡』124、河原書店、一九六一年）、海粟道人、すなわち元の馮子振のものも墨蹟といっている。それが、たとえば、天正十四年六月八日の大坂城での秀吉の茶会には、床に虚堂智愚の墨蹟が掛けられる（桑田前掲書84）というように、禅僧のものが茶掛けとして珍重されるところから、自然に墨蹟といえば、禅僧のものをさすようになる。時代としては、近世以後と考えてよいであろう。

先に、「元朝における中峰明本とその道俗」（『禅学研究』六四号、一九八五年、のち『中国近世における国家と禅宗』〈思文閣出版、二〇〇六年〉に再録）で引用した、中峰の山翁和尚あて書翰も、日本に将来され、それを利休が多賀新左衛門秀種のために表具をし、茶掛けとしている（桑田前掲書61）。宋元の禅僧の墨蹟が珍重されると、贋物も作られるようになり、利休が近江で買い入れた密庵咸傑のものは、北向道陳、松江隆仙から贋物と判定され、焼き捨てられたという（筒井紘一『新版 利休百話』33密庵の墨蹟、淡交社、一九九九年）。私がここで問題にしているのは、墨蹟が古文書として用いうるか、どうかにかかっている。極端にいうと、たとえ贋物であろうとも、その内容が史料として堪えうるものならば、一向に構わない。たとえば、中国や日本の偽経が、史料価値を減ずるどころか、当時の社会に受容された実相を写し出すようなものである。

墨蹟は、禅林から流出しても、茶掛けとして大事に扱われたために、今日にまで伝えられたともいえる。しかし、そのためなにが書かれているか、あまり問題にされなかった。日中の禅宗史、交流史の上で貴重な史料となりうるものが墨蹟である。

二　霖父住相国江湖疏目子

正木美術館の道旧疏を読み解く手がかりとなるはずの僧伝や灯史といった類のものに霖父は列伝されておらず、どう調べたらよいかわからず、どうしたものだろうと思案していた。なにか手がかりをと、『大日本史料』を見ても、まだ霖父乾逍の寂年までは編纂されておらず、仕方なく『史料綜覧』を見ると、幸いにも明応元年（一四九二）八月二十七日、九月二十七日、二年三月二十日の条に、霖父の記載があり、その史料源として『蔭涼軒日録』があげられている。そこで、『蔭涼軒日録』を探ってみると、幸運にも「江湖疏目子《もくす》」（延徳四年八月四日の条）に行き当ることになる。

江湖疏目子

新命相国霖父和尚、諱乾逍、本貫備之前州。蓋建長前住也。童丱而隷年山、寓筆硯於先廬養浩軒。遷蔵司而秉払焉。遊春渓天与二宗匠之門、攻駢儷之業、代而剗之者数矣。粗渉内学、最長法華。客居不易投袂、東遊于川于尾歴三十年。小院之在尾者曰霊源、在川者曰満目。晩出世雲門、而視篆於駿之清見也。逍嗣柏心操。天徳愛山、皆其燕居之所也。操嗣智海大珠禅師、々嗣智覚普明国師。芥室仙壺、幻斎懶雲、廼覚海二師之偏室別号也。新命今年七十四歳。平日以天竜乃愛山翁之熟処、特要駕軽車。於此而官府推轂而補本山之席、不亦可乎。
　新命《しんめい》相国の霖父和尚、諱は乾逍、本貫は備の前州。蓋し建長の前住なり。童丱にして年山に隷し、筆硯を先廬養浩軒に寓す。蔵司に遷りて秉払《ひんぽつ》す。春渓（洪曹）・天与（清啓）の二宗匠の門に遊び、駢儷の業を攻《おさ》め、代わって之を剿《けず》る者数《ことしば》しばす。粗《ほ》ぼ内学に渉り、最も法華に長ず。客居、袂を投じ易からず、東のかた川に尾に遊ぶこと三十年を歴たり。小院の尾に在る者、霊源と曰い、川に在る者、満目と曰う。晩に雲門に出世して[2]、駿の清見に視篆す。[3]逍は柏心（周）操に嗣ぐ。天徳・愛山は、皆な其の燕居の所なり。操は智海大珠禅師に嗣ぎ、（禅）師は智覚普明国師に嗣ぐ。芥室・仙壺、幻斎・懶雲は、廼ち（智）覚・（智）海二師の偏室・別号なり。新命は今年七十四歳。平日、天竜乃ち山翁の熟処を愛するを以て、特に軽車に駕せんと要《ほっ》す。此に於て官府推轂して、本山の席に補す。亦た可ならずや。

延徳四年（一四九二）八月四日この目子を渡された茂叔集樹は、霖父が相国寺に住持するさいの江湖疏を作成することになる。茂叔は十三日にその草案を蔭涼軒の亀泉集証のもとへ持って行き、意見を求めている。二十七日、霖父は相国寺に開堂入寺することになる。[4]天気は快晴であった。山門疏は景徐周麟西堂が作製し、前堂首座の承英西堂がこれを読み、諸山疏は慕真桂哲西堂がこれを作製し、後板の周陵首座がこれを読み、道旧疏は梅雲承意が作製し、書記の等樟書記がこれを読み、江湖疏は茂叔西堂の作ったものを東蔵主の法叔蔵主がこれを読み、同門疏は月翁周鏡が作製し、等紳西堂がこれを読んだ。これら入寺疏のうち、景徐の作製した「霖父住相国山門疏」は、『翰林葫蘆集』巻一（『五山文学全集』第四巻、四頁）に入っている。[5]

三　霖父住相国道旧疏

道旧疏も作製されるに際し、「道旧疏目子」を渡されて、それに基づいて作られたはずである。その目子は、今に伝わらないものの江湖疏目子と内容を等しくするとみてよい。そこで、次に正木美術館所蔵の道旧疏を見ることにする。

道旧　茲審
前建長霖父大禅師、栄膺
大檀越征夷大将軍鈞命、視篆
万年山相国承天禅寺。於是雪鬢霜鬚、以道義講習者、聞斯盛挙、弗勝抃躍。胥率製疏、以叙厥旧云。

（智海当六々院開堂○、子生孫々生子●、
　雲門説非々想退位●、人見天々見人○。
　承七八生知識之尊○、
　革百丈氏清規之弊●。）　蒙　頭

共惟
新命相国霖父和尚大禅師　（舌頭○卍字●、頬上●三毛○。）　八字称
（文章有神○、洛党羽翼朔党領袖●、

兄弟継踵、季方驂乗元方御車。
不隔三川市朝、
而歴八州都督。
過句

松栢下無凡草、人焉廋哉、
芝蘭室自然馨、天之徳也。
塵々虚空会説法、
歩々水晶域荘厳。
襲句

万山伝霊源伽陀、中秋月白、
九老遊普明僧舎、晩歳髪黄。
結句

延徳四年歳舎壬子八月　日疏

前南禅中瓏 天圭　前南禅景茝 蘭坡　前南禅竜沢 天隠　前南禅竜統 正宗
前南禅桂悟 了庵　前南禅宝松 喬年　前天竜景照 高先　前建長等璀 器田
前建仁元暉 継章　前建仁聖寿 仁甫　前建仁徳昌 桂林　小補景三 横川

道旧　茲《ここ》に審らかにす、

前建長霖父大禅師、大檀越征夷大将軍（足利義材）の鈞命に栄膺し、万年山相国承天禅寺に視篆す。是に於て雪鬢霜鬚、道義を以て講習する者、斯の盛挙を聞き、抃躍に勝えず。胥《あい》率いて疏を製し、以て厥《そ》の旧を叙して云う。

智海　六六院の開堂に当りて、子 孫を生み 孫 子を生み、
雲門　非非想より退位すると説《い》い、人 天を見 天 人を見る。

七八生知識の尊を承け、
百丈氏清規の弊を革む。
共《うやうや》しく惟みるに、

新命相国霖父和尚大禅師
舌頭の卍字、
頰上の三毛。

文章に神有り、洛党の羽翼　朔党の領袖、
兄弟踵を継ぎ、季方駿乗し元方御車す。

三川の市朝を隔てず、
八州の都督を歴たり。

松栢の下に凡草無く、人焉んぞ廋《かく》さんや、
芝蘭の室　自然に馨る、天の徳なり。

塵塵の虚空　説法を会し、
歩歩水晶　荘厳を域る。

万山　霊源の伽陀を伝え、中秋月白く、
九老　普明の僧舎に遊び、晩歳髪黄し。

延徳四年歳舎壬子八月　日疏す。

八対からなり、蒲室の疏法からすると、結句に単対が一つ入ると原則通りになる。蒙頭の隔対は、堂子位人と句末の平仄がなり、単対二句と併せて四句とみると子人尊弊となる。八字称は、八字連続としてみると、頭字上毛となる。

過句の隔対は、神袖踵車となり、単対と併せると袖車朝督となる。襲句の隔対は、草哉馨也となり、単対と併せて哉也法厳となる。結句の隔対は、陀白舎黄となる。この入寺疏は四六文としてリズムに適っている。

以下、疏の出典を中心として見ていくことにする。

○道旧は、『禅林象器箋』道旧に、「忠曰く、道旧とは道友を謂う。道を以て相交わる、故に道と言い、旧識なり」とある。○茲審は、『蒲室集』疏35の序に、「恭《つつし》んで審かにす、……」とあり、49の序に、「茲《ここ》に行宣政院の疏を以て、……」とある。○霖父は、『扶桑五山記』四、相国寺住持位次に、「八十二世、霖父和尚、諱乾逌」とあり、『五山歴代』相国寺住持位次に、「八十二、霖父乾道(ママ)、嗣松(ママ)心操、延徳四年八月廿七日入寺」とある。○栄膺は、『蒲室集』疏35、「行宣政院の公選に膺《あた》って、……」とある。『補庵京華別集』前聖福玉浦珍(珠珍)西堂住東福江湖疏に(『五山文学新集』第一巻、五一〇頁)「江湖　茲に審かにす、前席聖福玉浦大禅師、大檀越(足利義政)准三宮の鈞命に栄膺し、恵日山東福禅寺に視篆す。凡そ吾が三笠四蓑し江湖に在る者、斯の盛挙を聞き、翕然歓呼し、手の舞い足の踏むを知らず、胥率いて疏を製し、以て其の駕を勧む」とある。○相国寺入寺については、『万年山聯芳録』巻一(『相国寺史料』別巻)に、「第八十二世霖父乾道(ママ)和尚、明応元年壬子八月二十七日入寺」とある。○道義は、『易経』繋辞上に、「性を成し存を存するは、道義の門なり」とある。○講習は、『易経』兌に、「君子以て朋友講習す」とある。○盛挙は、『蒲室集』疏49に、「目を盛挙に拭いて、斉盟に光ること有り」とある。○胥率は、『蒲室集』疏45に、「勝幢来帰せば、鐘を考《う》って胥《あい》慶せん」とあり、40に、「是に於て相率いて疏を具えて、闉《もん》を排《ひら》き以て請う」とある。

○智海は[6]、『建中靖国続灯録』巻六に、「東京大相国寺智海正覚禅師、諱は本逸、姓は彭氏、福州の人なり。……(上堂して曰く)竜朔星霜自従《よ》り後、殃児孫に及ぶ、知るか知らざるか、喝一喝して下座」とあり、本逸は雲門宗に属する。『嘉泰普灯録』巻八に、「東京智海普融道平禅師、仙都の人、族は許氏。……後六び道場に生(住)し、四び詔旨を被る」とある。『扶桑五山記』四、相国寺住持位次に「廿二、厳中禾上《おしょう》、諱は周噩、普明（春屋妙葩）に嗣ぐ。応永廿年癸巳三月廿三日入寺、正長元年戊申六月廿六日入滅、寿七十。智海大珠禅師と勅謚す。軒、養浩と曰い、塔、持地と曰い、西山に在り」とある。厳中は、天寧寺（備前、諸山）、等持寺（山城、十刹）、相国寺・相国寺再住・天竜寺・南禅寺と六院に住持した。智海を出すことにより、直接には厳中をさし、間接には相国寺の名を宋に遡って述べる機縁の語である。

○六六院は、対からすると、六院と考えざるをえない。○雲門説非非想退位は、『碧巖録』三十三則、陳尚書看資福の評唱に、「雲門云く、経中に道《い》う、一切の治生産業、皆な実相と相違背せずと。且らく道え、非非想天より、即今幾人退位する有るや」とある。雲門は、雲門文偃を指すと同時に、霖父が初めて住した神龍山雲門寺（丹後、諸山）をさす。○七八生知識は、無準師範―無学祖元―高峰顕日―夢窓疎石―春屋妙葩―厳中周噩―柏心周操―霖父乾逍という法系をさす。○百丈氏清規は、『小補東遊集』規伯号頌序（『五山文学新集』第一巻、六〇頁）に、「我が百丈祖叢林を創め、以て清規を講ず。舌（千）古の典章なり」とある。

○舌頭は、『蕉堅稿』永相山住京城安国茶湯榜に、「某、方は肘後に霊し、眼は舌頭に正し」とある。○卍字は、『方広大荘厳経』巻三、誕生品に、「八十種好は、……七十八、髪に五卍字有り」とある。○頬上三毛は、『晋書』巻九十二、顧愷之伝に、「嘗て裴楷の象《すがた》を図き、頬の上に三毛を加う。観る者神明殊勝を覚《さと》る」とある。

○文章は、『宋史記事本末』巻四十五、洛蜀党議に、「（太后曰く）先帝毎に卿《蘇軾》が文章を誦し、必ず歎じて曰く、奇才、奇才と。但だ未だ卿を進用するに及ばざるのみ」とある。○洛党羽翼朔党領袖は、『小学紺珠』巻六、元祐三党に、「洛党（程頤を領袖と為し、朱光庭・賈易等を羽翼と為す）。蜀党（蘇軾を領袖と為し、呂陶等を羽翼と為す）。朔党（劉摯を領袖と為す）」とある。○継踵は、『景徳録』巻十九、南嶽惟勁章に、「師は梁開平中に続宝林伝四巻を撰し、貞元の後禅門継踵の源流を紀す」とある。○季方・元方は、『後漢書』巻九十二、陳寔伝に、「陳寔、字は仲弓、潁川許の人なり。

……六子有り。紀・諶最も賢。紀、字は元方、至徳を以て称せられ、兄弟孝養、閨門雍和。後進の士、皆な其の風を推慕す。……弟諶、字は季方、紀と徳を斉しくし行を同じくす」とある。○驂乗・御車は、『漢書』巻四、文帝本紀に、「乃ち宋昌をして驂乗せ令《し》む。（注）師古曰く、乗車の法。尊者左に居り、御者中に居り、又た一人有り。車の右に処《お》り、以て傾倒に備う」とある。御者を平仄の上から御車とする。○三川は、『蕉堅稿』答久庵和尚書に、「茲に承従者、暫く伊豆を離れ、三川に坐夏すと」とある三河をさす。○八州は、八郡のこと、尾張をさす。○都督は、不詳。○松栢は、『論語』子罕篇に、「子曰く、歳寒くして、然る後に松栢の彫《しぼ》むに後《おく》るることを知る」とあり、『蕉堅稿』性天由首座住播州円応江湖疏に、「松栢衆木に異なり、凛冬に在りて益々貞、鳳凰凡禽に殊なり、醴泉に非ざれば則ち飲まず」とある。松栢は、柏心周操をさす。義教は、鎌倉公方足利持氏が京都に背いたさいに（永享の乱）、囚われた持氏を上杉憲実に誅伐するようにと命ずる使節に柏心を用いている（玉村竹二『円覚寺史』二一六頁、春秋社、一九六四年）。○人焉廋哉（7）は、『論語』為政篇に、「子曰く、其の以《な》す所を視、其の由る所を観、其の安んずる所を察すれば、人焉《いずく》んぞ廋《かく》さんや、人焉んぞ廋さんや」とある。○芝蘭室は、『孔子家語』巻四、六本篇に、「善人と居るは、芝蘭の室に入るが如し。久しくして其の香を聞かず。即ち之と化す」とあり、『蕉堅稿』祭亮声遠文に、「芝蘭を庭階に蒔え、玉樹の先委を何《いか》ん」とある。○天之徳は、柏心の燕居の所をもさす。○塵塵は、『碧巌録』五十則、雲門塵塵三昧本則に、「挙す、僧雲門に問う、如何なるか是れ塵塵三昧。門云く、鉢裏の飯、桶裏の水」とあり、『絶海語録』孤山和尚三十三年忌請陞座に、「一一向上の巴鼻を提掇し、塵塵格外の霊機を撥転す」とある。○歩歩は、『景徳録』巻二十四、清涼文益章に、「問う、十二時中、如何が行履す。師曰く、歩歩踏著す」とある。塵塵、歩歩の対は、『小補東遊続集』竹心妙貞禅尼秉炬（『五山文学新集』第一巻、一五五頁）に、「歩々毘盧の頂顊を蹈着し、塵塵自己の家珍を運出す」とある。○水晶は、『禅月集』巻十九、蜀王入大慈聴講に、「玉節金珂響き雷に似、水晶宮殿歩み裴回す」とある。

○霊源は、尾張にある小院。○伽陀は、『景徳録』巻十一、仰山慧寂章に、「韋宙は山に就いて一伽陀を請う」とある。○中秋月白は、『樊川別集』猿に、「月白く煙青く水暗流し、孤猿恨を銜み中秋に叫《な》く」とあり、『蕉堅稿』象山首座住妙光江湖疏に、「東嶺に分座して、幾たびか月白く風清きを見る」とある。○九老は、『夢渓筆談』巻九、人事に、「唐の白楽天洛に居り、高年者八人と遊ぶ、之を九老と謂う」とある。○普明僧舎(8)は、春屋妙葩の住した寺のこと。ここでは相国寺をさす。○晩歳は、『杜甫詩選』羌村第二首（岩波文庫）に、「晩歳生を偸むに迫られ、家に還るも歓趣少なし」とある。○髪黄は、『皮日休文集』巻十、橡媼歎に、「秋深くして橡子熟し、散落す榛蕪崗。傴傴たり黄髪の媼、之を拾いて晨霜を践む」とあり、黄髪が平仄の上から髪黄となっている。

霖父乾逍には、文集はない。新命の旧き道友を探ることは難しい。そこで、間接的ながら、この道旧疏を書いた横川景三の交友を少しばかりみることにする。『小補東遊続集』持正字説（『五山文学新集』第一巻、一九〇頁）に、「東山（建仁寺）の持正湜（光湜）公侍者は、乃ち大寂（寂室元光）派下の俊秀なり。余が友桂林（徳昌）老人に従って学ぶ」とあり、疏に署名する桂林徳昌と横川との関係がみてとれる。『補庵京華前集』（『五山文学新集』第一巻、二一三頁）に、「癸巳歳（文明五年）元日、大昌の天隠（竜沢）老人、詩を作り宜竹の景徐（周麟）蔵主に寄せらる。蓋し賀歳なり。吁二公は、余が故人なり」とあり、横川と天隠竜沢、景徐周麟とは、昔なじみであった。『補庵京華前集』（二二七頁）次韻正宗（龍統）統首座寄呈瑞松希世（霊彦）師詩幷に序に、「東山蕭庵正宗老人は、予が故人なり」とあり、正宗竜統と横川とは故人である（正宗は、長享元年閏十一月・十二月に建仁寺で蒲室四六之図を講じている。『鹿苑日録』一）。

以上の出典を踏まえ、以下に現代語訳を試みることにする。

道旧　ここに明らかにする。

前建長寺霖父大禅師は、大檀越征夷大将軍のご尊命に応じて、万年山相国承天禅寺に住持することになる。そこで真っ白な耳ぎわの毛や白いあごひげの生えた、仏道を習う旧き道友が、この盛挙を聞き、喜びで手を打って躍り上がるのを押さえようもなく、誘いあって疏を作り、その旧好を述べて以下のようにいう。

北宋の本逸（雲門宗）が大相国寺の智海院など六院に応じて演法し、法の子孫に伝えられたように、厳中周噩も六院に住して法を新命へと伝える。雲門文偃が意識も無意識もない境地から降りて来て説法すると、人間界の凡夫でも天上界の神々でも般若の空が分ったように、春屋妙葩も雲門寺で空を説いた。無学祖元により無準師範の法が中国から伝えらえて七、八代の善知識により霖父へと継承され、百丈清規により宗門の弊害を革めた。

恭しく惟みるに、新命相国寺堂頭霖父和尚大禅師は、舌に仏陀のような卍字が現われ、説くところ正法にかない、顧愷之が像を画くのに、ほお上に三本の毛を加えたら生き生きしたように、少し辞句を加えたら文章が生き生きするものをもつ。

文章に霊妙な趣があり、北宋の程伊川や劉摯のような文章力があり、後漢の陳寔の二子、紀（元方）が御者となり、諶（季方）がそえのりとなって兄弟が踵を継いで徳行を等しくしたように、柏心門下の霖父と虚中周頤は、兄たりがたく弟たりがたきものがあった。三河の町（満月院）に住し、尾張の統領、つまり霊源院の住持を歴任した。

松や檜の下には雑草がないように、柏心周操の下では、隠れようがない。芝や蘭といった香草のある部屋から自然に香りがしてくるように、霖父が柏心の香りに同化するのは自然の働きである。個物でありつつ一切を含む虚空から説法を会得し、一歩ごとに水晶宮（相国寺）は荘厳さを増す。

相国寺は仏性の顕れである梵唄を伝え、時は中秋の明月に当る。年をとり白髪となったかつての修行仲間が春屋の住した相国寺に新命霖父の入院を機縁に交遊することになった。

この道旧疏は、旧き道友を代表して横川景三が作成し、それぞれが署名押印する。

四　道旧疏の製作者

正木美術館の道旧疏は、横川が書いたものである。ところが、入院に際し等樟書記が読み上げたものは、梅雲承意が作製したものであった。霖父の相国寺入寺に当って、一通あったらよいわけで、二通もの道旧疏を必要とはしない。横川の今に残る墨蹟には、次のようなものがある。


a、季安号頌、一華号偈（『承天閣美術館名宝図録』28・31、一九八四年）。

b、松月杜鵑図賛（『鹿苑寺名宝展図録』75、承天閣美術館、一九八四年）。

c、七言律詩（『慈照寺名宝展図録』5、承天閣美術館、一九八五年）。

d、布袋唐子図賛（『ボストン美術館所蔵日本絵画名品展図録』34、東京国立博物館・京都国立博物館、一九八三年）。

e、芙蓉図賛（『開館二十五周年記念図録　日本の芸術』55、正木美術館、一九九三年）。

f、観瀑図賛（『北山・東山文化の華――相国寺・金閣・銀閣名宝展』194、根津美術館、一九九五年）。

g、傅大士偈（『大阪・正木美術館三十年――墨の彩』参考作品14、根津美術館、一九九八年）。

h、山水図賛（島田修二郎・入矢義高監修『禅林画賛――中世水墨画を読む』116、毎日新聞社、一九八七年。藤懸静也「小補賛山水図解」『国華』五六〇号、一九三七年）。


これらの墨蹟と道旧疏とを比べてみると、まさしく、横川の書いたものといえる。さらに、疏には古き道友たちが、一人ひとり署名押印していて、横川が書いたものであることを疑う余地がない。

梅雲承意が作製した道旧疏は、霖父の入寺の日に先立ち、草案を蔭凉軒に持参し、写しが作られている（『蔭凉軒日録』延徳四年八月十三日の条）。もともと道旧疏は、霖父の所望によって、元鹿苑僧録の月翁周鏡が横川に作製を命じ、山門疏は景徐周麟に命じ、江湖疏は蔭凉職の亀泉集証に命じている。

道旧疏の最後に、「小補景三〔横川〕」と署名する仕方は、横川が相国入寺法語の添削を希世霊彦に求めたさいにもまったく同じ署名押印をしている（『補庵京華新集』『五山文学新集』第一巻、六二〇頁）。また「書唱和詩後」（六九一頁）にも、押印はないものの「小補景三」と署名する。このほか、小補と景三の入る署名は、横川景三……小補庵（二九七頁）、前景徳横川景三……小補之室（三〇六頁）、小補横川叟景三（三九一頁）、小補野衲景三（四二一頁）、前相国横川景三……小補之室（四三一頁）、前相国小補景三（四三四頁）、小補子景三（四七九頁）、前相国横川景三……常徳小補之室（五二七頁）、小補横川景三（五八七頁）、小補陀僧景三（七八九頁）、小補散人景三（八〇一頁）、小補叟景三（九四五頁）等と用いる。署名押印からいっても、ほぼ横川の書といってよい。

梅雲は文筆の指導を横川より受け、文明十一年（一四七九）十一月二日の冬節の秉払には、横川が索話・提綱・拈提の代作をしている（『補庵京華後集』『五山文学新集』第一巻、三七七頁）。これより先、横川は「梅雲字説」（『補庵京華前集』『五山文学新集』第一巻、二七〇頁）を書き与えている。のち、梅雲は、却って横川の代作「仙桂字説」（『補庵京華外集』下、『五山文学新集』第一巻、八四三頁）を書くことになる。

　普広の一派、芳公侍者は、万年（相国寺）の英なり。
其の氏族を論ずれば、則ち赤松（政則）源府君の麾下、島津氏の寧馨にして、天資穎敏、孜々として善を為す。亡友揚拍（伯）（妙俊）
老人に従って游び、玉成見るべし。……此を書き以て字説と為す。
　延徳壬子三月吉辰、前南禅横川叟景三、筆を小補の室に滌う。

仙桂□芳のための字説を梅雲が学芸上の師である横川に代って書いたことは、なにも特異なことではなく、五山文学をひもとけばよくあることである。(9) このような代作ということに考えが及ぶと、もし横川の文集にこの疏が収録された場合、「霖父住相国道旧疏　梅雲代」と題名が立てられたはずである。中国の塔銘のように書いたとすれば、

霖父住相国道旧疏

梅雲意首座撰

前南禅横川三書

とあったであろう。

なお、霖父は最初、諱を乾肖といったが、建長寺の居公文を発給するさいに、(10) 侍衣がいうには、公文帳を調べてみると、肖の字を逍としたらどうかと、蔭凉職にいっている（『蔭凉軒日録』延徳三年十一月十七日の条）。蔭凉職が将軍の判を加えたとき、乾逍西堂となっているので、霖父本人にも尋ねて諱を改めたようである。霖父乾肖は、リズムからいうと、二四不同に適っているが、『荘子』の逍遥遊から霖父乾逍としたのであろう。(11)

延徳四年八月十日、喬年宝松が相国寺を退き勝定院に帰ると、新命霖父の公帖御判が出され、二十七日に入寺することになった。それが九月十六日には退鼓し大智院に帰っている。退院の上堂に逢った横川が覚えていた一偈は、次のようなものであった（『蔭凉軒日録』延徳四年九月十六日の条）。

去也聖恩来也恩　　去るも也《ま》た聖恩　来るも也た恩、
芒鞋竹杖不留痕　　芒鞋竹杖　痕を留めず。
有人若問吾山楽　　有る人若し吾が山の楽しみを問わば、
永可田園独掩門(12)　　永く田園に独り門を掩う可し。

九月十一日、南禅の公帖が出されることになり、十二日書立が到来し、十七日霖父の南禅寺坐公文の御判が出され、二十一日には南禅公帖と陞座の御礼を蔭涼軒に述べ、明応元年十月十九日陞座の草案を提出し、十一月七日大智院の半斎、斎会が終ると陞座し、霖父は拈香した。五山之上南禅寺の前住ということになる。霖父長老は、功成り名を遂げて明応二年二月二十六日、尾州で病のため示寂した。

おわりに

霖父は、応永二十六年（一四一九）に生まれ、明応二年（一四九三）に七十五歳で遷化したことになる。玉村竹二『五山禅僧伝記集成』（講談社、一九八三年）には立伝されておらず、『大日本史料』の当該相国寺入寺・示寂年のところはまだ出版されていない。ここに取り上げた正木美術館所蔵の霖父乾逍が相国寺に入寺するさいの道旧疏は、当然『大日本史料』に載録されるものである。延徳四年八月二十七日の条に、「幕府、乾逍霖父ヲ相国寺住持ト為ス、是日、乾逍、入院ス」と、綱文が立てられ、景徐周麟の山門疏とともに、梅雲承意が作製し、横川景三が清書した道旧疏も入ることになる。そして、明応二年二月二十六日の条に、「前南禅寺住持乾逍霖父寂ス」と、『蔭涼軒日録』に基づき、綱文が立てられることになる。

右の綱文中、乾逍霖父とまず諱を出し、号を割注とする。この書式は、『大日本史料』を編纂するさいの用例の立て方の間違いである。号諱と続けるか、もし略するとしたならば、霖父乾逍・霖父逍・逍霖父とすべきであった。『大日本史料』は、明治以来編纂され続けていることになるので、いまさら、用例を変更するわけにもいくまい。しかし、この道旧疏を見ても、道号と法諱がある場合、公式には、まず道号を出すべきことが明確である。

三〇年に亙り三河や尾張の地に隠棲した霖父が、晩年に丹後の雲門寺（諸山）、駿河の清見寺（十刹）、鎌倉の建長寺（五山）、相国寺（五山）、南禅寺（五山之上）と、ばたばたと歴住したことは、応仁の乱による混乱が大きく作用しているとみてよい。春渓洪曹や天与清啓について四六駢儷文を学び、その代作をしていることは、相国寺大智院養浩軒の鹿王門派に属する霖父にとって学芸上当然のことであった。五山を代表する学芸上の作家とはいえないが、五山を支える作家の一人とはいえるであろう。霖父は、慈照院や養花軒の聯句会に参加し、また、禅林の唱和詩を逐一吟味している点からすると、[13]作詩に一家言あったといえる。

注

（1）神田喜一郎「宋代禅僧の墨蹟」（『書道全集』第十六巻、平凡社、一九五五年）参看。

（2）雲門寺は、丹後の神竜山雲門寺のこと。鹿王門派の派祖、春屋妙葩が南禅寺山門破却事件から細川頼之と乖離したため隠潜したところである。霖父の師柏心周操もここに住している（『瑞渓疏』栢心操首座住雲門諸山同門二疏『五山文学新集』第五巻、六一三頁）。雲門寺への入寺には、鹿王院の吹嘘状がいる（『蔭涼軒日録』永享十年十二月十一日の条）。

（3）霖父が清見寺に入寺したさいの諸山疏は、季玉承球が作製し、江湖疏は彦竜周興が作り（『半陶文集』一、霖父西堂住巨鼇山清見江湖疏『五山文学新集』第四巻、八七〇頁）、道旧疏は桃源瑞仙が撰述し（『桃源疏』霖父西堂住清見道旧疏『大日本史料』第八編之二十九、延徳元年十月二十八日の条）、同門疏は、景徐周麟が作文した（『翰林葫蘆集』巻一、逍霖父住清見同門疏『五山文学全集』第四巻、一八頁）。清見寺については、市毛弘子『巨鼇山清見興国禅寺の歴史』（新人物往来社、一九七四年）があるものの、世代についてはふれられていない。

（4）相国寺については、玉村竹二「慈照寺と慈照院」（『日本禅宗史論集』下之二、思文閣出版、一九八一年）、村井章介「東アジアのなかの相国寺」（『国境を超えて――東アジア海域世界の中世』所収、校倉書房、一九九七年）、上田純一「相国寺略史」（『大本山相国寺・金閣・銀閣寺宝展図録』所収、北海道新聞社、一九九八年）・『相国寺の歴史』（相国寺教化活動委員会、二〇〇六年）等がある。

（5）霖父住相国山門疏　景徐周麟

理上伽藍事上伽藍、興廃有数、
喝下正覚棒下正覚、知識難逢。
吾徒喜道人帰山、
祖塔慰牧童避雨。　　蒙頭

某
眼飽支竺、
名喧夏夷。　　八字称

禅月有山居詩、嘲錦衣之遊竜華寺、
趙州無柏樹話、指鉄觜以呼獅子児。
掉頭京洛風塵、
濯足蓬莱清浅。　　過句

三千歳蟠桃結実、力起霊源故家、
六十州曼陀吹香、旁探台岳教苑。
上坡下坡幾人退位、
此土他土一門荘厳。　　襲句

列十哲於孫呉、将軍定国、
修六度者舜禹、聖寿無疆。　　結句

霖父相国に住する山門疏

理上の伽藍 事上の伽藍、興廃に数有り、
喝下の正覚 棒下の正覚、知識に逢い難し。
吾が徒道人の山に帰するを喜び、
祖塔牧童の雨を避くるを慰す。
某
眼 支竺に飽き、
名 夏夷に喧し。

禅月に山居の詩有り、錦衣の竜華寺に遊ぶを嘲り、
趙州に柏樹の話無く、鉄觜以て獅子児を呼ぶを指す。
頭を京洛の風塵に掉《ふ》り、
足を蓬萊の清浅に濯う。
三千歳の蟠桃 実を結び、力めて霊源の故家に起ち、
六十州の曼陀 香を吹き、旁《ひろ》く台岳の教苑に探る。
上坡下坡幾人退位し、
此土他土一門荘厳す。
十哲を孫呉に列ね、将軍 国を定め、
六度を舜禹に修め、聖寿 彊《かぎ》り無し。

（6）孟元老『東京夢華録』（入矢義高訳、岩波書店、一九八三年、一〇〇頁）に東京開封府の相国寺の代表的な塔頭として智海院等をあげる。

（7）『碧巌録』四十一則、趙州大死底人、評唱に、「浙中の永光和尚道《いわ》く、……非常の旨、人焉んぞ廋さんや」とある。

（8）『智覚普明国師語録』巻一、後円融院宸翰に、

天下太平興国南禅禅寺住持春屋和尚、乃為正覚国師之上足也。
親受国師付属、●
深明心法根源。○
道著一代、●
徳被万邦。○
所謂僧中之竜・法中之王者也。
朕辱迎内殿、
受付衣之儀、○而
執弟子之礼。●

聞法恩大、皇天罔極。爰加智覚普明国師之号、用旌皇天之下・一人之上之尊云。

康暦元年十二月二十八日

天下太平興国南禅禅寺住持春屋和尚は、乃ち正覚国師の上足為り。親しく国師の付属《ぞく》を受け、深く心法の根源を明らむ。道 一代に著われ、徳 万邦に被る。謂う所の僧中の竜・法中の王たる者なり。朕辱くも内殿に迎え、付衣の儀を受けて、弟子の礼を執る。聞法の恩大にして、皇天極まり罔し。爰に智覚普明国師の号を加え、用《もっ》て皇天の下・一人の上の尊を旌わすと云う。

康暦元年十二月二十八日

とあり、『鹿王院文書目録』（京都府教育委員会、一九九七年）巻子四―二五　足利義満御判御教書（玉村前掲書、六〇七頁）に、

相国寺住持職事、有
執務可被致造営沙汰之
状如件。
永徳二年十一月十八日（花押）
普明国師禅室

相国寺住持職の事、執務有り造営の沙汰を致さるべきの状件の如し。
永徳二年十一月十八日（花押）
普明国師禅室

とあり、また『扶桑五山記』四、相国寺住持位次に、「第二、特賜智覚普明国師、諱は妙葩、号は春屋、夢窓国師に嗣ぐ。……大智院に塔す」とある。

（9）代作については、朝倉尚氏の「禅林における代作について―門生としての彦竜周興の場合―」（『中世文学研究』一四号、一九八八年）、「混入考―横川景三集の場合―」（『国文学攷』一二〇号、一九八八年）、「禅林における代作について―師僧としての横川景三の場合―」（『国語国文』五八巻五号、一九八九年）等の論稿があり（これらはのちに『禅林の文学――詩会とその周辺』〈清文堂出版、二〇〇四年〉に再録）、それに今泉淑夫『桃源瑞仙年譜』（春秋社、一九九三年、三〇四頁

(74)）にふれる。

（10） 実際に入寺しないで、公帖だけをうけて前住という資格をうけるものを、居公文とか、坐公文・居成公文といった（今枝愛真「公文と官銭」『中世禅宗史の研究』所収、東京大学出版会、一九七〇年。玉村竹二「公帖考」『日本禅宗史論集』下之二、思文閣出版、一九八一年）。

（11） 今泉淑夫校訂『鹿苑院公文帳』（続群書類従完成会、一九九六年）口絵、相国寺に、「霖父　乾逌」とある。よく図録等の世代には、「乾道」とつくるが、これではっきりする。さすがに承天閣美術館発行の図録は、「乾逌」につくる。

（12） 脚韻は、上平声元韻で、韻字は恩・痕・門である。

退院するのも天子のめぐみ入院するのも天子のめぐみ、
わら沓や拄杖のあとを残さない。
ある人がもし吾が庵での楽しみを問われれば、
永く村里で独りただ門を閉じるだけ。

（13） 朝倉尚「徐凝悪詩考」（『禅林の文学―中国文学受容の様相―』所収、清文堂出版、一九八五年）参看。

III　禅林の四六文・駢賦

第一章　五山における入寺疏

はじめに

中国における仏教教団は、宋以後のいわゆる近世にあっては、大きくは国家体制下に包摂された形態でのみその存続が可能であった。五山の始原については、南宋の史弥遠の上奏によるといわれているがはっきりしない。春屋妙葩が足利義詮の小祥忌の陞座《しんぞ》説法に、天下五山の制を定めたのは、呉越忠懿王銭俶で、宋元と続いて行われたとする（『普明録』巻三）。夢巌祖応も『旱霖集』秀峰説の中で同様のことを説く。とすると、わが国の五山では、呉越王のときのことと受け取られていたことになる。私はなにに基づくかわからないが、まったくのデタラメでもないのではないかと考えている。中央集権的な官僚制の影響を強く受ける教団にあって、十方住持制のもと五山官寺体制が禅寺・教寺を問わずしだいに定着したといいうる。

ここで取り上げようとする入寺疏は、どこまで時代を溯りうるかわからないものの、北宋末の覚範慧洪『石門文字禅』巻二十八、疏には何篇かのものを収める。日本では、渡来僧無学祖元の建長寺に住持したさいの山門疏[1]や江湖疏が思い出される（『仏光録』巻三）。日本で五山之上・五山・十刹・諸山というように五山の体制が整ったのは、義満のときのことであり、ちょうど義満のもとで活躍した絶海中津が相国寺第六世として入寺したときの文書を見ることにする。それに先立って、入寺当日の入院《じゅえん》法語を見る（『絶海録』巻上）。

一　入院法語

師於明徳三年壬申八月晦日、就北山等持院受請、十月初三日入寺。指山門云、広大門風、威徳自在。一路通霄、十方無礙。喝一喝。

仏殿。一仏二菩薩、六耳不同謀。一等敬礼、以恩報讐。便礼拝。

土地堂。你捧銅槃、我執牛耳。敢忘宗盟、霊山在彼。

祖師堂。東西密付、胡漢風殊。各自鼻孔、各自頭顱、一一按過、黔之驢黔之驢。

拠室。拈竹箆云、妙密鉗鎚、鍛錬仏祖、還他烹金炉。我這裏即不然、仏来祖来、也未饒渠。何故重賞之下、必有勇夫。以竹箆打卓云、参。

拈公帖。這箇是大人相公、把尽乾坤大地、一印印定底無上大陀羅尼印。今日因甚麼、付在津上座手裏。獲赤水珠者、夫惟罔象乎。

拈山門疏。法無定相、随処作主。従前過量孟八、今日歇後鄭五。

拈諸山疏。千金択友、百万買鄰。以磨以琢、光輝日新。

拈道旧疏。睦州擸掇臨済、雲峰激発老南。寥寥千歳下、道誼固難担。

拈江湖疏。東西山二疏亀嶠水浄、鴨川緑肥、交流天一碧、白鳥共忘機。

拈同門疏。同条一句、迴隔天涯。莫挙鼇山旧話、雪後不奈楊花。

拈衣。吾家爛牛皮、年久成誵訛。拈来鞔露柱、露柱笑呵呵。且道、笑這甚麽。笑新相国羊質虎皮。

指法座云、纔作高広想、此座不能陞。衲僧家没規縄、只要当頭坐断挙揚宗乗。便陞座拈香云、此一弁香、爇向炉中、端為祝延

今上皇帝聖躬万歳万歳万万歳。陛下恭願、聖図広大、誄浮幢王刹而無窮、皇祚綿延、閲恒河沙劫而逾久。

次拈香云、此香大椿八千歳春秋、以比寿考、扶桑六十州疆土、以連根株。爇向宝炉、奉為本寺大檀越准三宮従一位征夷大将軍、資陪禄算。伏願、輔文教昭武徳、九錫冊桓文之功、熙庶績新旧邦、二南歌周邵之化。又拈香云、此香一炉爇却、以奉供養本寺第一鼻祖帝王五代門師天竜開山夢窓正覚心宗普済玄猷国師、用酬法乳之恩。斂衣就座。南禅和尚白椎云、法筵竜象衆、当観第一義。師垂語云、第一義如何観、仏祖無門窺覰、釈梵無分讃歎。雖然恁麼、観水有術、必観其瀾。頂門具眼底、相共激揚看。問答罷迺云、中原一宝、耀古騰今。恢恢乎弥綸十虚、而体不可見、蕩蕩乎廓通三際、而徳不可名。多子塔前、放開線路、曹渓門下、漏泄真風、聖人得之、君臨四海、賢相得之、子育万邦。便見、国泰民豊、風調雨順。一一無非皆承他恩力。津上座幸対竜象筵、不敢囊蔵被蓋、拈来撒向諸人面前了也。拈拄杖卓一下云、諸人還識中原一宝麼。若能識得、依旧十月孟冬。其或未然、重為指出。又卓一下云、長安是日辺。

復挙。僧問虎丘和尚云、為国開堂一句、作麼生道。丘云、一願皇帝万歳、二願重臣千秋。師云、一言分賓主、一句定乾坤、則非無虎丘祖師。其柰一字入公門、九牛車不出。今日有僧問山僧、為国開堂一句作麼生。便対他云、千峯朝華岳、万派粛滄溟。

当晩小参。垂語云、徳山小参、不要畣話、尽法無民。趙州小参、要畣話、倚勢欺人。若是真獅子子、不妨出衆嚬呻。問答罷迺云、道無向背、理絶言詮。迥出三乗、高超十地。一機一境、不拘方隅、一色一香、解知見縛。有時孤峯頂上、坐断閙市紅塵、有時十字街頭、眼掛断崖碧嶂。塵塵解脱、法法円融。是故、昨日北山山下、一向放倒、

松窗雲白、竹筧水清、今宵万年峰前、十分観光。金殿燭明、玉楼鐘動。地霊人傑、土腴泉香。人人握滄海珠、歩歩踏雪山草。初無静閙之想、初無去来之心。曩拈主丈云、傍有主丈子、出来云、休休、纔恁麼、便不恁麼。以言遺言、何時得了。以心用心、豈不大錯。且道、主丈子有甚伎倆、便恁麼道。卓一下云、竜得水時添意気、虎逢山色長威獰。

復挙。僧問曹山云、仏未出世時如何。山云、曹山不如。僧云、出世後如何。山云、不如曹山。此一則公案、諸人作麼生商量。山僧為諸人、不惜口業、下這注脚。曹山不如仏、仏不如曹山。一挙四十九、空裏走磨盤。

師　明徳三年壬申八月晦日に、北山等持院に就いて請を受け、十月初三日入寺す。

三山門を指して云う、広大の門風、威徳自在。一路 霄に通じ、十方 礙げ無し。喝一喝。

仏殿。一仏二菩薩、六耳 謀を同じくせず。一等に敬礼し、恩を以て讐に報ず。便ち礼拝す。

土地堂。你は銅槃を捧げ、我は牛耳を執る。敢えて宗盟を忘れ、霊山は彼に在り。

祖師堂。東西密に付し、胡漢風殊なる。各自の鼻孔、各自の頭顱、一一按過すれば、黔の驢 黔の驢。

拠室。竹篦を拈じて云う、妙密の鉗鎚、仏祖を鍛錬し、他の金を烹るの炉を還す。我が這裏は即ち然らず、仏来たり祖来たるも、也《ま》た未だ渠を饒《ゆる》さず。何故《なぜ》 重賞の下に、必ず勇夫有り。竹篦を以て卓を打ち云う、参。

公帖を拈ず。(2) 這箇《これ》は是れ大人相公、尽乾坤大地を把り、一印印定する底の無上の大陀羅尼の印。今日甚麼《なに》に因りて、津《中津》上座の手裏に付す。赤水の珠を獲る者は、夫れ惟だ罔象のみか。

山門疏を拈ず。法に定相無く、随処に主と作る。従前過量の孟八、今日歇後の鄭五。

諸山疏を拈ず。千金 友を択び、百万 隣を買う。以て磨し以て琢し、光輝日に新し。

道旧疏を拈ず。睦州は臨済を攛掇し、雲峰は老南を激発す。寥寥たる千歳の下、道誼は固に担い難し。

江湖疏を拈ず。東西山の二疏亀嶠水浄く、鴨川緑肥ゆ。交ごも流れ天一碧、白鳥共に機を忘る。

同門疏を拈ず。同条の一句、迥かに天涯を隔つ。鼇山の旧話を挙すること莫かれ、雪後の楊花を奈《いかん》ともせず。

拈衣。吾が家の爛牛皮、年久しく誵訛を成す。拈じ来って露柱に鞔《は》り、露柱笑い呵呵。且らく道え、這の甚麽をか笑う。新相国の羊質虎皮を笑う。

法座を指して云う、纔かに高広の想を作さば、此の座 陞ること能わず。衲僧家 規縄没く、只だ当頭に坐断し宗乗を挙揚せんと要《ほっ》す。便ち座に陞り香を拈じて云く、此の一弁香、炉中に爇き、端《まさ》に為に今上皇帝聖躬万歳万歳万万歳を祝延す。陛下恭しく願わくは、聖図広大、浮幢の王刹を誄《たす》けて窮まり無く、皇祚綿延、恒河の沙劫を閲して逾いよ久しからんことを。

次に香を拈じて云う、此の香は大椿八千歳の春秋、以て寿考に比し、扶桑六十州の疆土、以て根株を連ぬ。宝炉に爇き、本寺大檀越准三宮従一位征夷大将軍の為にし奉り、禄算を資陪す。伏して願わくは、文教を輔け武徳を昭かにし、九錫 桓文の功を冊《た》て、庶績を煕《ひろ》め旧邦を新たにし、二南 周邵の化を歌わんことを。

又た香を拈じて云う、此の香は一炉爇却し、以て本寺第一鼻祖・帝王五代の門師・天竜開山夢窓正覚心宗普済玄猷国師に供養し奉り、用て法乳の恩に酬いん。衣を斂《おさ》め座に就く。南禅和尚白椎して云う、法筵の竜象衆、当に第一義を観ずべし、と。(3) 師垂語して云う、第一義如何が観ず、仏祖 窺覰するに門無く、釈梵 讃歎するに分無し。恁麽なりと雖然《いえど》も、水を観るに術有り、必ず其の瀾を観る。頂門 眼を具する底、相共に激揚し看よ。

問答罷り廼ち云う、中原の一宝、古に耀き今に騰《あが》る。恢恢乎として十虚に弥綸して、体 見るべからず、蕩蕩平として三際に廓通して、徳 名づくべからず。多子塔の前、線路を放開し、曹渓門下、真風を漏泄す。聖人 之を得て、四海に君臨し、賢相 之を得て、万邦を子育す。便ち見る、国泰く民豊か、風調い雨順う。一一皆な他《か》の恩力を承くるに非ざる無し。津上座幸いに竜象の筵に対し、敢えて囊蔵被蓋せず、拈じ来って諸人の面前に撤《ま》き了る。拄杖を拈じ卓すること一下《かい》して云う、諸人還《は》た中原の一宝を識るや。若し能く識得せば、旧に依り十月は孟冬。其れ或《も》し未だ然らざれば、重ねて為に指出せん。又た卓すること一下して云う、長安は是れ日辺。

復た挙す。僧 虎丘和尚に問うて云く、国の為に堂を開くの一句、作麼生か道わん。丘云く、一願は皇帝万歳、二願は重臣千秋。師云く、一言 賓主を分かち、一句 乾坤を定むるとき、則ち虎丘祖師無きに非ず。其れ一字 公門に入れば、九牛も車を出さずを奈《いかん》せん。今日有《あ》る僧 山僧に問う、国の為に堂を開くの一句作麼生、と。便ち他《かれ》に対《こた》えて云く、千峰 崋岳に朝し、万派 滄溟に粛《すす》む、と。

当晩小参。垂語に云う、徳山の小参、答話を要せず、法を尽さば民無し。趙州の小参、答話を要す、勢に倚り人を欺く。若《も》是し真の獅子子ならば、妨げず衆を出でて嚬呻せよ。問答罷り廼ち云う、道に向背無く、理は言詮を絶す。迥かに三乗を出で、高く十地を超ゆ。一機一境、方隅に拘《とら》われず、一色一香、知見の縛を解く。有る時は孤峰頂上に、鬧市の紅塵を坐断し、有る時は十字街頭に、眼 断崖の碧嶂を掛く。塵塵解脱し、法法円融す。是の故に、昨日北山山下、一向に放倒し、松窓雲白く、竹筧水清く、今宵万年峰前、十分に観光し、金殿の燭明るく、玉楼の鐘動《な》る。地霊に人傑に、土腴え泉香し。人人 滄海の珠を握り、歩歩雪山の草を踏む。初めより静閙の想無く、初めより去来の心無し。驀《まく》に主丈を拈じて云う、傍に主丈子有り、出で来って云う、休みね休みね、纔かに恁麼ならば、便ち恁麼ならず。言を以て言を遣らば、何時か了ずるを得ん。心を以て心を用う、豈に大いに錯らずや。且らく道う、主丈子に甚の伎倆有り、便ち恁麽に道う。卓すること一下して云う、竜は水を得る時 意気を添え、虎は山色に逢い威獰を長ず。復た挙す。僧 曹山に問うて云く、仏未だ出世せざる時如何。山云く、曹山は如かず。僧云く、出世の後如何。山云く、曹山に如かず。此の一則の公案、諸人作麽生か商量す。山僧 諸人の為に、口業を惜まず、這の注脚を下す。曹山は仏に如かず、仏は曹山に如かず。一挙に四十九、空裏に磨盤を走らす（梶谷宗忍訳注『絶海語録』（一）相国寺僧堂・崇福寺、一九七六年、参看）。

入寺に当って拝請から当晩の小参まで、一連の法語は、問答体以外のところでは、単対や隔対で行われ、また隔句で押韻する箇所もある。その上、四六文のところもある。それを○●◎⦿の圏点で示した。香を焼き嗣法を天下に表明する法語は、絶海の場合、夢窓疎石になされた。絶海は建仁寺の竜山徳見に師事し、中国にあって五山之上の天界寺に季潭宗泐に参究しているが、受業師夢窓の法嗣《はっす》といわざるをえなかった（拙稿「室町幕府外交における絶海中津」『中世の日中交流と禅宗』所収、吉川弘文館、一九九九年、参看）。

右のように、語録によると山門疏・諸山疏・道旧疏・江湖疏・同門疏があったことになる。残念なことに墨蹟は散佚してしまったようである。幸いなことに、惟肖得巌の作成した絶海和尚住相国山門疏（『五山文学新集』第二巻『東海瓊華集』疏一〇三九頁）と太白真玄の作った絶海和尚住相国道旧疏（『五山文学全集』第三巻『峨眉鴉臭集』二二六二頁）の二通の四六文がある。(4) この発表では、入寺疏の中でも一番大事な山門疏を取り上げることにしたい。

二　絶海和尚住相国山門疏

入寺する相国寺から出された拝請のための公式文書ということになる。惟肖は相国寺の書記ではないものの、四六文の作法を学んだ学芸の師である絶海のために山門疏を作文したことになる。絶海が拝請をうけたのは、北山等持院に住していたときのことであった。以下に山門疏を掲げることにする。

付千鈞於烏獲、孰敢争能、
授六轡於王良、坐将致遠。
睠茲梵刹輪奐、
宜得名師作新。
——蒙頭

某
雅量鎮浮、
高風立懦。
——八字称

探百城之諸友、海上横行、
対万乗之至尊、殿前作賦。
宸奎錫寵、
昼錦栄帰。
巋然玄猷克家、
藉甚黄閣入幕。
——過句

一則仲父二則仲父、天作其逢、
是亦東坡非亦東坡、世責其任。
黒竹篦噴人毒炁、
——襲句

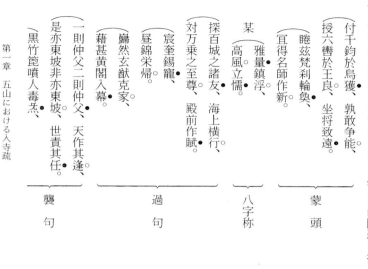

破沙盆擲地金声。
一時行蔵、何妨猿驚鶴怨、
三代礼楽、以警鼉寂鯨瘖。
天雨四華、
山呼万歳。
結句

絶海和尚　相国に住する山門疏

千鈞を烏獲に付す、孰《たれ》か敢えて能を争い、
六轡を王良に授け、坐して将て遠を致す。
茲の梵刹の輪奐を睠《かえり》み、
宜しく名師の作新を得べし。
恭しく惟《おも》みるに、新命堂頭絶海和尚大禅師は、雅量　浮を鎮め、高風　懦を立つ。
百城の諸友を探《たず》ね、海上に横行し、
万乗の至尊に対し、殿前に賦を作る。
宸奎　寵を錫い、
昼錦栄帰す。
黼然たる玄猷　家を克《おさ》め、
藉甚たる黄閣　幕に入る。
一にも則ち仲父　二にも則ち仲父、天　其の逢を作し、

是も亦た東坡　非も亦た東坡、世　其の任を責《もと》む。
黒の竹篦　人の毒気を噴《しか》り、
破沙盆　地に擲つ金声。
一時の行蔵、何ぞ猿驚鶴怨を妨げん。
三代の礼楽、以て鼉寂鯨瘖を警む。
天　四華を雨《ふら》し、
山　万歳を呼《とな》う。

以下に、出典等を中心に見ていくことにする。

○付千鈞於烏獲は、『孟子』告子篇下、朱注に、「烏獲は、古の力有るの人なり。能く千鈞を挙げ移す」とある。○争能は、『荀子』君子篇に、「矜《ほこ》らず、夫の故に天下与に能を争わずして、善く其の功を用うることを致す」とある。

○授六轡於王良は、『孟子』滕文公篇下、朱注に、「王良は、御を善くする者なり」とある。○蒙頭の隔対は、直接には、『東坡文集事略』巻二十七、賀韓丞相啓に、「八音を師曠に付す、孰か敢えて能を争い、六轡を王良に捐《あた》え、坐して将《もっ》て遠を致す」とあるのに基づく。

○鎮浮は、『国語』楚語上に、「之に楽を教えて、以て其の穢を疏《あら》いて其の浮を鎮《しず》む」とある。○立懦は、『孟子』万章篇下に、「伯夷の風を聞く者は、頑夫も廉に、懦夫も志を立つる有り」とある。

○百城は、『文選』巻二十五、陸士龍、答張士然に、「百城は各おの俗を異にして、千室も良き鄰には非ず」とある。

○殿前作賦は、『蕉堅藁』80応制賦三山に、「鹿苑絶海和尚は、曩に中華に遊び、錫を竜河に卓《た》つ。時に大明洪武九年の春に当る。太祖高皇帝　英武楼に召見し、海邦の遺跡　熊野の古祠を顧問し、勅して詩を賦せしめ、和を賜うを欣蒙す」をさす。

○玄猷は、夢窓疎石の国師号の一つ。(5) ○克家は、『易』蒙、九二に、「蒙を包《か》ぬ、吉なり。婦を納る、吉なり。子にして家を克《おさ》む」とある。

○一則仲父二則仲父は、『韓非子』難篇二に、「斉の桓公の時、晋の客至る。有司 礼を請う。桓公 仲父に告げよと曰うこと三たび。而して優は笑いて曰く、易きかな君為ること、一にも仲父と曰い、二にも仲父と曰う。桓公曰く、吾聞くならく、人に君たる者、人を索《もと》むるに労《ほねお》り、人を使うに佚《たの》しむ、と」とある。○是亦東坡非亦東坡は『予章黄先生文集』巻十四、東坡先生真賛第二首目に、「岌岌堂堂たること、山の如く河の如し。其の之を愛するや、之を引きて西掖鑾坡に上す。是も亦た一東坡、非も亦た一東坡」とある。(6) ○黒竹篦は、『虚堂録』巻四、真讃、無補侍者請に、「黒漆の竹篦 劈面に揮い、師資誰か謂う禅補無しと」とある。○破沙盆擲地金声は、道聯撰、日本国絶海津禅師語録序（『絶海録』）に、「是《ここ》に知んぬ無準以前は、破沙盆 此土に金声玉振す、無準以後は、彼の方に驚天動地することを。而も能く東抛西擲し、声に和して撼砕する者、其れ吾が絶海に在り」とある。

○行蔵は、『論語』述而篇に、「子 顔淵に謂いて曰く、之を用うれば則ち行い、之を舎《す》つれば則ち蔵《かく》る。唯だ我と爾と是れ有るか、と」とある。○猿驚鶴怨は、『補庵京華外集』巻上、常徳院殿奠湯仏事に、「猿驚き鶴怨む北山の下、一盞春風 手《みずか》ら湯を薦む」とある。○三代礼楽は、欧陽玄の勅修百丈清規叙（『勅修百丈清規』巻八）に、「程明道先生一日《ある日》定林寺を過り、偶たま斎堂の儀を見る。喟然として嘆じて曰く、三代の礼楽、尽く是に在り」とある。○鼉はわに、木魚をさすのであろう。鯨は梵鐘をさすと思われる。この二つで禅寺での鳴らしものを代表させていると考えたい。○山は、万年山相国寺をさす。なお、万年は、径山の接待所である万年正続院の万年をも承けるといえる。というのは、この院は無準師範の塔所としての意味合いも持っていたことから思う。

以上の典拠を踏まえ、以下に現代語訳を試みる。

千鈞の重いものを動かしたという才を付与された戦国時代の烏獲と、誰が才能を争えよう、六本の手綱を御者の王良（春秋時代）に授けたら、坐ったままで遠いところに達する。この相国の大きく壮麗な姿を見上げると、烏獲や王良のような有能な老師を住持とし相国を一新させるのがよい、と思う。

恭しく惟みるに、新命住持の絶海和尚大禅師は、その広い度量は浮薄な気持ちを鎮静させ、そのすぐれた人柄は懦夫をも志を立てさせるものがある。

多くの町の老宿を訪ねて、海を渡り、明の洪武帝の殿前で七絶を作った。帝の御製の和韻（祠・肥・帰）を賜い、光栄にも昼に錦を着て帰ることになる。高くそびえる夢窓の家風を修め、盛大な幕府の鹿苑僧録をも兼ねる。(7) 斉の桓公が、一にも仲父、二にも仲父と仰せられた管仲を臣とできたのは、天の配剤であり、善いのは東坡と中書舎人・翰林学士に登庸され、悪いのは東坡と海南島に遠流されて、そのときの政権（新法党・旧法党）から任を問われたように、絶海も義満の是非にあう。(8) 黒漆の竹篦で機に応じて修行者の毒気を抜き、無準以前にあったすばらしい正法を震わせてほしい。

そのときの登庸されたり、隠居したりというのは、猿が啼《な》き鶴が唳《な》くというような自然にまかせたっていいではないか、三代の礼楽のような禅院の清規は、木魚や鐘といった鳴らしもので規矩が滞るのを戒しめる。天が四種の花を降らせ、相国寺では時の陛下の長久を寿ぎ、併せて絶海和尚の新命を祝う。

絶海のように行状のはっきりする禅僧は、山門疏を読むことにより、新たな史的事実を加えることはない。それでも、南宋末の無準師範の法系を継承することをいまさらのように確認することになる。「東坡山谷味噌醬油」といわれるくらい蘇軾と黄庭堅の詩文は、五山で読み学ばれた。この入寺疏の典拠を探ることにより、図らずもそれを証明することにもなった。

おわりに

中国で形を整えた五山制は、わが国にも移植された。五山の住持、堂頭は、十方住持制により、あたかも官僚のように二夏三年を原則として転任した。その結果、夥しい入寺の疏が作られている。墨蹟として現存するものは、ほんのわずかしかないものの、その俤を今に伝える。蒲室疏法を学び、わが国に伝えた絶海そのものの作文ではないが、その学系につらなる弟子惟肖によって製作された師の相国への入寺疏は、日本に定着していくモデルの一つといってもよいであろう。

江戸幕府の宗教政策を立案した金地院崇伝は、大徳や妙心の僧たちに一七〇〇則の公案の透過を求めた。一七〇〇則は、『景徳録』の立伝からきている。その『景徳録』を見ていると、五字・七字、単対・隔対と、リズムにかなった問答になっている。中国人の体質として、平仄にかなった言葉が意識されての結果であろう。五山僧たちは、平生漢籍に触れる機会はあったにしても、かなり努力して古典を学び、語録や灯史を読み、多くの時間を割いて知識人として教養を積みつつ、四六文により疏を作ったことになり、それが新命の開堂のさいに披露されたことになる。この五山僧の作文力が外交文書の作製にも生かされた。

注

（1）拙稿「五島美術館蔵「山門疏」考」（『日本歴史』六三八号、二〇〇一年。本書Ⅰ―第一章所収）に取り上げる。

（2）絶海の公帖は残らないが、古いものでは、無学祖元を建長寺住持に任ずるものがある（玉村竹二・井上禅定『円覚寺史』

春秋社、一九六四年、一三頁)。

建長寺事為住持／可被興行大法之状／依仰執達如件／弘安二年八月廿日相模守（花押）／無学和尚

（3）『景徳録』巻二十三、奉先□深章に、「江南国主請ず、開堂の日、纔かに座に陞るや、維那白槌して曰く、法筵の竜象衆、当に第一義を観ずべし、と。師便ち云く、果然として識らず、人を鈍置殺す。時に有《あ》る僧出でて礼拝し、問う、如何なるか是れ第一義、と。師曰く、頼《さいわい》に道い了るに遇えり、と」とある。

（4）絶海和尚住相国道旧疏

日月出而蛍爝息、人皆仰之、
風雲従而竜虎騰、物相感也。
蓋周邦雖多士、
而晋陽為一門。
（蒙頭）

某
濁水摩尼、
頽波砥柱。
（八字称）

五竺雲煙旧隠、虎斑難窺、
三山風月新題、竜顔改観。
説法前宣室之席、
回郷錫昭陵之袍。
（過句）

正統的流、暗中亦知曹劉沈謝、
心宗諸子、籃外孰不冲本秀夫。
定恵等持、
行蔵従義。
惟茲荘厳之域、
足致傑特之師。
（襲句）

天宝而物華、宛然毘盧楼閣、

門市而心水、従者亹父岐邠。
克徇衆心、
益慰旧好。
結句

絶海和尚　相国に住する道旧疏

日月出でて蛍爝息み、人皆な之を仰ぎ、
風雲従いて竜虎騰《のぼ》り、物相《み》な感ず。
蓋し周邦　多士と雖も、
而も晋陽を一門と為す。
某
濁水の摩尼、
頽波の砥柱。
五竺の雲煙旧《もと》の隠、虎斑　窺い難し、
三山の風月新たに題し、竜顔　観を改む。
説法　宣室の席に前《すす》み、
回郷　昭陵の袍を錫う。
正続の的流、暗中も亦た曹劉沈謝を知り、
心宗の諸子、鑑外孰か冲本秀夫ならず。
定恵等しく持し、
行蔵　義に従う。
惟《おも》えらく玆の荘厳の域は、
傑特の師を致すに足る、と。
天の宝にして物の華、宛然《あたか》も毘盧楼閣、
門市のごとくにして心水のごとく、従う者は亹父に岐・邠に。
克《よ》く衆心に徇い、

益ます旧好を慰む。

（5）後円融天皇宸翰（『大日本史料』六編之三十六、応安五年九月二十九日の条）

応令南禅々寺上生院与天地倶長久事

伏惟、夢窓正覚心宗普済国師、

巨宋万年的裔、
遠伝玄猷扶桑。

五帝師尊、
高提祖印。

故塔名祖印宝塔、
而師号玄猷国師。

願
以此良因、従初会到三会之暁、
亦護正法、自上生待下生之時。

応安五年歳次壬子秋九月廿九日

応に南禅禅寺上生院をして天地と倶に長久ならしむべき事。伏して惟みるに、夢窓正覚心宗普済国師は、巨宋万年の的裔、遠く玄猷を扶桑に伝う。五帝の師尊、高く祖印を提ぐ。故に塔を祖印宝塔と名づけて、師を玄猷国師と号す。願わくは、此の良因を以て、初会従《よ》り三会の暁に至るまで、亦た正法を護って、上生より下生の時を待たんことを。

応安五年歳次壬子秋九月廿九日

（6）後半を続いて記すと、「槁項の黄馘、時の干戈に触る。其の之を悪むや、之を鯤鯨の波に投ず。是も亦た一東坡、非も亦た一東坡。東坡の天下に在るを計るに、太倉の一稊米の如し。大節に臨んで奪う可からざるに至るとき、則ち天地と相終始す」とある。『中華若木詩抄』東坡戴笠図・江西に、「東坡ハ、是亦一東坡、非亦一東坡ナレ　万事ヲ夢トミレバ、コヽハ夷中、コヽハ京ト分別スルコトモナイゾ」とある。

（7）今枝愛真「禅律方と鹿苑僧録」（『中世禅宗史の研究』所収、東京大学出版会、一九七〇年）参看。

（8）　玉村竹二「絶海和尚について」（『日本禅宗史論集』上、思文閣出版、一九七六年）参看。

第二章　蘭渓道隆の四六文

はじめに

建長寺第一世開山となった蘭渓道隆（一二一三〜七八）に「大覚禅師遺誡」（『大覚拾遺録』）五ヶ条があり、弟子の南《なん》浦紹明《ぽじょうみん》の真蹟を永源寺一絲文守が筆写し、それが伝えられた、とされる。ところが、その一絲の写も散佚し、今に伝わらない（大日本仏教全書本、注）。遺誡は、次のようなものである(1)。

一、松源《崇岳》の一派に僧堂の規有り。専ら坐禅せんことを要《もと》む。其の余は何をか言わん。千古之を廃すべからず。廃するとき則ち禅林は何くにか在り。宜しく守り行うべし。
一、福山《建長寺》の各庵は、済洞《臨済曹洞》を論ぜず、和合輔弼し、仏祖の本宗を昧ますこと莫かれ。
一、戒は是れ僧の体、葷酒肉羹の門前に羇ぐを許さず。何ぞ況んや山中に入るをや。
一、参禅学道は、四六文章に非ず、宜しく活祖意に参ずべし。死話頭を念ずること莫かれ。
一、大法は非器に授くること莫かれ。吾が宗の栄衰は、唯だ此に在るのみ。

山僧の遺誡、它事無し。嘱嘱。

住山　道隆

遺誡の四条目に、参禅や学道は、四六文を学ぶことではないとする。蘭渓は、修行者のあるべき規矩の一つを示す。

そうはいっても、禅の世界を表現しようとすると、四六文もまったく用いないわけにはいかなかった。それを『大覚録』（大正八〇）より示すことにする。

一　常楽寺語録

蘭渓が相模の常楽寺に入院《じゅえん》したのは、宝治二年（一二四八）十二月のことであった。(2)

6　指法座、
尽大地作一法王座●、未称全提○、拈
須弥山為一片舌頭○、豈充宏弁●。
雖然仁義道中○、略通一線●。驟歩登座●、祝聖拈香○。此一弁香、恭為両国至尊○、用祝三祇劫寿●。恭願
懋昭大徳●、
宏済群生○、
垂拱而四海清平○、
無為而万邦入貢●。（46b）

法座を指して、尽大地を一法の王座と作すも、未だ全提と称さず、須弥山を拈じて、一片の舌頭と為すも、豈に宏弁に充てんや。然りと雖も仁義道中、略ぼ一線を通ず。驟歩登座し、祝聖《しゆくしん》拈香す。此の一弁香、恭しく両国の至尊の為に、用《もつ》て三祇劫寿を祝す。恭しく願わくは、懋《つと》めて大徳を昭かにし、宏く群生を済い、垂拱して四海清平、無為にして万邦入貢せんことを。

8

明施妙略、寒巌幽谷面面回春、
暗展玄機、此土他邦頭頭合轍。

既然合轍、便見

動与止倶止無動法、
動静二相了然不生。咄。

要入祖庭、
且居門外。

須知有

未移寸歩之前、已到東国、
不動道場之際、遍歴河沙。

於此明得

坐微塵裏転大法輪、有生蒙利益、
向一毫頭現宝王刹、何地不含融。

如是則

此山作主、在我行持、
彼処為賓、暫停戈甲。

有時恁麼三頭六臂、無奈他何、
設或不然千手大悲、摸索不著。

然雖如是、這裏還有同心合力済険扶危者麼。顧視左右云、幸有東勝和尚常楽東堂。
彼若扶頭、
我便接尾。
人人似虎靠山、
箇箇如竜得水。卓拄杖。
報尽皇恩与仏恩、
無限清風来未已。（46ｂ）

明に妙略を施し、寒巌幽谷、面面 春を回らし、暗に玄機を展べ、比土他邦、頭頭 轍に合す。既《すで》に轍に合し、便ち見る、動と止と倶に止、動法無く、動静の二相、了然として生ぜず。咄。祖庭に入らんと要《ほっ》せば、且らく門外に居れ。須らく未だ寸歩を移さざるの前、已に東国に到り、道場を動かざるの際、遍く河沙を歴ることを有るを知るべし。此に於て微塵裏に坐し、大法輪を転じ、有生の利益を蒙り、一毫頭に向《おい》て、宝王刹を現じ、何の地か含融せざるを明得す。是《かく》の如くなれば、則ち此の山を主と作す、我が行持に在り、彼の処を賓と為し、暫く戈甲を停む。有る時恁麼、三頭六臂も、他を奈何ともする無く、設或《も》し然らざれば、千手大悲も摸索不著ならん。是の如くなりと然雖《いえど》も、這裏に還《は》た同心合力、済険扶危の者有りや。左右を顧視して云く、幸に東勝和尚常楽東堂有り。彼若し頭を扶せば、我便ち尾を接せん。人人 虎の山に靠《よ》るが似《ごと》く、箇箇 竜の水を得るが如し。拄杖を卓つ。皇恩と仏恩とに報尽し、限り無き清風来って未だ已まず。

19 浴仏並開堂謝檀越上堂、……

20 復云、

物逐人興、○
道在日用。●
且如日用中、是甚道、人興者是何物。
動静俯仰之間、○
色声語黙之際、●
非道不親、○
惟人自昧。●
道若不昧、物随人而自興。豈不聞、趙州和尚云、
諸人被十二時使、●
老僧使得十二時。○
灼然体察得明、○
達絶疑慮之境。●
天地闢闔即我闢闔、●
陰陽惨舒即我惨舒。○
無一法従他処得来、○
無一物不是自心黙運。●
天地無物也、我無物也。未嘗無物。聖人得這箇妙理、能為二儀之首万物之主。茲者本寺大檀那、
尽己行仁、○

忠心輔国。●
本来身登菩薩地●、
人間世現貴官身。○
持大権。○
掌大柄●。
済世之念●、似海之深○、
養民之心○、如山之固●。
欽崇仏法●、
永保皇家○、
天地合宜○、
蛮夷率服●。
……（以下省略）　（47c～48a）

浴仏並びに開堂、檀越に謝するの上堂……復た云く、物は人に逐《したが》って興り、道は日用に在り。且つ日用の中の如き、是れ甚《なん》の道ぞ、人興るとは是れ何物ぞ。動静俯仰の間、色声語黙の際、道に非ざれば親しからず、惟だ人自らを昧ますのみ。道若し昧まさざれば、物 人に随って自ずから興る。豈に聞かずや、趙州《じょうしゅう》和尚云く、諸人は十二時に使わる、老僧は十二時を使い得たり。灼然として体察 明を得、疑慮を絶するの境に達す。天地の闢闔、即ち我が闢闔、陰陽の惨舒、即ち我が惨舒。一法の他処 従り得来たる無く、一物の是れ自心の黙運にあらずということ無し。天地 物無く、我れ物無し。未だ嘗て物無きことあらず。聖人は這箇《こ》の妙理を得て、能く二儀の首、万物の主と為る。茲者《ここ》に本寺大檀那、己を尽して仁を行い、心を忠《まこと》にし国を輔《たす》く。本来身 菩薩の地に登り、人間世 貴官の身を現わす。大権を持ち、大柄を掌る。済世の念、海の深きが似く、養民の心、山の固きが如し。仏法を欽崇し、永く皇家を保んず。天地宜に合《かな》い、蛮夷率《したが》い服す。

25 上堂。

認得些子光影、偃鼠飲河、
透過向上機関、蚍蜉合戦。
須是
耳聴不聞。
目視不見。
四大海水尽掀翻、
五須弥山倶掇転。
衆中莫有這箇力量底麽。良久、切忌刻舟覓剣。

上堂。些子《すこし》の光影を認得するも、偃鼠《どぶねずみ》河に飲み、向上の機関《からくり》を透過するも、蚍蜉《おおあり》戦に合《まじ》る。須是《すべか》らく耳聴きて聞かず、目視て見ざるべし。四大海水尽く掀翻《ひつくりかえ》し、五須弥山倶に掇転《むきをかえ》る。衆中に這箇の力量底有ること莫きや。良久して、切に忌む舟に刻みて剣を覓むるを。

初住の常楽寺にあって、入院の法語、上堂、それぞれ四六文や駢賦も作製されていて、即興でというわけにはゆかないであろうから前もって作文されていたことになる。

二　建長寺語録

建長寺は、建長元年（一二四九）北条時頼が発願し、三年十一月八日には事始があり、五年十一月二十五日落慶供養が行われ、導師を蘭渓が勤めた。[3] 語録には入院法語は残っておらず、翌年（建長六）解夏上堂（七月十五日）より中秋上堂（八月十五日）までのある日から語録が始まる。弘長二年（一二六二）の辞衆上堂で語録を終える。[4]

8　仏成道日上堂。

希奇之事、経塵劫而愈見希奇、
逸格之機、徹淵源而自然逸格。

悉達太子

一旦棄万乗帝王之位、苦行六年、此豈不是希奇之事耶。
末後為三界天人之師、利周群品。

誠所謂逸格機爾。至於深談広演、搖乾撼坤。

聚満竜宮、
積盈海蔵。

後世

究理悟心之者、其数無窮、
聞名離苦之人、不知其幾。

外道傾心而向仰●、
衆魔拱手以帰降。○

聊分一分白玉毫光、覆蔭子孫、受用無尽。恁麽挙唱、大似

順朱著墨●、
依本画猫。○

殊不知

各各有天然釈迦、○
人人 自然弥勒。●

更言

棄位入山、○
覩星悟道、●

已是落在第二第三著了也。是汝諸人来此同住。還曾鼎省精神、竪起両眼看麽。他既如是、我何不是。是不是。

三冬不得一番寒、○
争得梅花香撲鼻。●　(50c) 建長六年

仏成道の日の上堂。希奇の事、塵劫を経て愈々希奇を見、逸格の機、淵源に徹して自然に逸格なり。悉達太子は、一旦万乗帝王の位を棄て、苦行すること六年、此れ豈に是れ希奇の事にあらずや。末後 三界天人の師と為り、群品を利周す。誠に所謂る逸格の機のみ。深談広演に至って、乾を揺《うご》かし坤を撼《うご》かす。竜宮に聚満し、海蔵に積盈す。後世 理を究め心を悟るの者、其の数窮まり無く、名を聞き苦を離るゝの人、其の幾

くなるかを知らず。外道 心を傾けて向仰し、衆魔 手を拱き以て帰降す。聊か一分の白玉毫光を分ち、子孫を覆蔭し、受用 尽きる無し。恁麼《そのよう》な挙唱、大いに朱に順い墨を著け、本に依り猫を画くが似し。殊に各々に天然の釈迦有り、人々に自然の弥勒あるを知らず。更に位を棄て山に入り、星を覩て道を悟ると言わば、已に是れ第二第三に落在し著し了る。是れ汝諸人 此に来りて同に住す。還《は》た曾て精神を鼎省し、両眼を竪起し看るや。他既《すで》に是ならば、我何ぞ不是ならん。是不是。三冬一番の寒を得ざれば、争でか梅花の香鼻を撲つを得ん。

26
開炉上堂。
風頭稍硬●、煖処商量○、
冷地有人○、以鼻相笑●。
困則打眠○、寒来向火●、
満眼相識●、孰是丈夫○。
建長這裏、火也無、炭也無。大家聚首黹盧都。試問諸人、何所図。
直下領去○、勒叉勒叉薩婆薩埵●、
若也不会●、悉哩悉哩蘇盧蘇盧○。　（52ａ）建長七年

開炉上堂。風頭稍《や》や硬く、煖処商量し、冷地に人有り、鼻を以て相笑う。困《つか》るれば則ち打眠し、寒来れば火に向い、満眼相識る、孰か是れ丈夫。建長が這裏《ここ》、火も也《ま》た無く、炭も也た無し、大家《みんな》首を聚めて黹盧都《しろと》。試みに諸人に問う、何の図る所ぞ。直下に領し去らば、勒叉《れいしや》勒叉、薩婆薩埵《さぼさと》、若《も》也し会せざれば、悉哩《しり》悉哩、蘇盧《すりよ》蘇盧（5）。

44 解夏上堂。巨福山中、
打開布袋、
攤向人前。
物有定価、
無也快把将来、
有也不須担載。
大家覿面商量、
切莫貴買賤売。
畢竟是甚麼物。良久、
重如五岳軽如毛、
挙似諸方添話欛。（53a）康元元年

解夏上堂。巨福山中、布袋を打開して、人前に攤《ひら》く。物に定価有り、無きも也《ま》た快《すみや》かに把《と》り将ち来れ、有るも也た担載することを須いず。大家覿面《まのあたり》に商量す、切に貴く買い賤く売ること莫かれ。畢竟是れ甚麼《なに》物ぞ。良久して、五岳よりも重く毛よりも軽し。諸方に挙似して話欛《たね》を添えしむ。

62 上堂
箇一件事、非遠非近、
纔渉思惟、便成大病。
到這裏、

是則為汝証拠、三十拄杖棒棒不饒、
非則為汝剗除、五百馬騮頭頭縛定。
建長今日倒退三千、
一任諸人放身捨命。有麼有麼。
南北雖殊、
入門為正。　（54 a）正嘉元年

上堂。箇の一件の事、遠きに非ず近きに非ず、纔かに思惟に渉れば、便ち大病と成る。這裏に到って、是なるときは則ち汝が為に証拠して、三十拄杖、棒棒饒《ゆる》さず、非なるときは則ち汝が為に剗除して、五百馬騮、頭頭縛定せん。建長今日、倒退《こうたい》三千、一に諸人の放身捨命に任す。有りや、有りや。南北 殊なりと雖も、門に入るを正と為す。

102　祈晴上堂。
為国為民祈禱、
読誦一大蔵教。
汝等只解看有字経、
是故不能感天動地。
山僧講一巻無字経、
回上天之怒、
散下民之愆。

掃除千嶂雲○、
放出一輪日●。
俾五穀豊稔万姓謳謡。看看。
上無点画●、
下絶方円◎。
聴著則耳門塞●、
覰著則眼睛穿◎。
欠歯老胡猶不会●、
区区隻影返西天◎。

（56c）正嘉二年

晴を祈る上堂。国の為に民の為に祈禱して、一大蔵教を読誦す。汝等只だ解《よ》く有字の経を看る、是の故に天を感じ地を動かすこと能わず。山僧は一巻の無字の経を講じ、上天の怒を回らし、下民の愆《あやまち》を散じ、千嶂の雲を掃除し、一輪の日を放出す。五穀豊稔、万姓謳謡せしむ。看よ、看よ。上 点画無く、下 方円を絶す。聴著するときは則ち耳門塞がり、覰著《うかが》うときは則ち眼睛穿《つぶ》る。欠歯の老胡《ダルマ》猶お会せず、区々として隻影 西天に返る。

104

謝両班上堂。

雖有定乱之策●、非三傑而何以保社稷之安○、吾宗
雖具生殺之機○、籍両班而可以為股肱之輔●。
個是叢林人人知有底事、且

索鏹売姜、罰銭出院、
勿軽此粒、問従何来。
雖是円通入理門、
未称衲僧那一著。
如何是那一著。
楊岐一頭驢、
只有三隻脚。

（56c）正嘉二年

両班を謝するの上堂。定乱の策有りと雖も、三傑に非ずして、何を以てか社稷の安を保たん、吾が宗は生殺の機を具うと雖も、両班に籍《か》りて以て股肱の輔と為す可し。個《これ》は是れ叢林人々有ることを知る底の事、且つ鏹《ぜに》を索めて姜を売り、罰銭院を出す、此の粒を軽んずること勿かれ、何れ従り来ると問う。是れ円通入理の門と雖も、未だ衲僧の那一著《ひとて》と称せず。如何なるか是れ那一著。楊岐一頭の驢、只だ三隻の脚有り。

147 上堂

商量不及処、万緒千頭、
計較不成時、千頭万緒。
休計較、
莫商量。
無底鉄船高駕了、
乗風載月渡滄浪。

建長恁麼道●、
還有過也無○。　（59ｂ）正元元年

上堂。商量し及ばざる処、万緒千頭、計較し成さざる時、千頭万緒。計較することを休めよ、商量すること莫かれ。無底の鉄船高く駕し了り、風に乗り月を載せて滄浪を渡る。建長恁麼に道う、還た過有りや。

169　檀越写五部大乗経上堂。

虚玄之玄○、黄面瞿曇横説竪説而実不可説●、
至妙之妙●、諸善知識千言万言而果不能言○。
既不可説●、
又不能言○。
且五部大乗聖教、是玄妙耶、非玄妙耶。大檀施主
力究此理●、洞徹真実●、
剖一微塵○、出大経巻●。
於不静中○、自得真静●、
向有為内●、能行無為○。
然後於第二義門、為人方便。
出一滴血●、直濺梵天○、
写大乗経○、功資品類●。
如是則

用周万物而無尽●、
利極百姓而有余○。
似日昇東○、
無幽不燭●。
到這裏
三業六根○、本来清浄●、
纎塵諸垢●、当下消除○。
頭頭露本地風光○、
処処作無心仏事●。
或時坐微塵裏転大法輪○、巻舒在我●、
或時踞公庭上啓大円鏡●、鑑照非他○。
自利利人○、
其功功普●。
個是大檀那就内打出●、仏眼難窺底事○。如今清浄、梵行僧衆、書写此経、読誦此経、授持此経、供養此経。
無極之功○、
人人知有●。
且喚那個作此経。現前僧俗、若也知得落処、
非但伝仏心宗○、

（亦乃善済群有。
苟或不然、山僧為諸人、挙此経去也。拍膝
（如是我聞時、
（信受奉行去。　（60c～61a）文応元年

檀越の五部大乗経を写するの上堂。虚玄の玄、黄面の瞿曇、横説竪説し、而も実に説く可からず、至妙の妙、諸善知識、千言万言し、而も果たして言うこと能わず。既に説く可からず、又た言うこと能わず。且つ五部の大乗聖教、是れ玄妙なるか、玄妙に非ざるか。大檀施主は、此の理を力究し、真実に洞徹し、一微塵を剖《みわ》け、大経巻を出す。不静の中に於て、真静を自得し、有為の内に向《おい》て、能く無為を行ず。然る後に第二義門に於て、人の為に方便す。一滴の血を出して、直に梵天に濺ぎ、大乗経を写して、功 品類を資《たす》く。是の如きとき則ち用 万物に周ねくして尽きること無く、利 百姓を極めて余り有り。日の東に昇るに似て、幽として燭《てら》さずということ無し。這裏《ここ》に到って、三業六根、本来清浄、纖塵の諸垢、当下《ただち》に消除す。頭頭《ひとつひとつ》本地の風光を露し、処処《どこでも》無心の仏事を作す。或《あ》る時は微塵裏に坐し、大法輪を転じ、巻舒 我に在り、或る時は公庭上に踞《うずくま》って、大円鏡を啓き、鑑照 他に非ず。自らを利し人を利し、其の功功普し。個《これ》は是れ大檀那 内就《か》ら打出し、仏眼も窺い難き底の事なり。如今清浄、梵行の僧衆、此の経を書写し、此の経を読誦し、此の経を授持し、此の経を供養す。無極の功、人々有ることを知る。且らく那個《それ》を喚んで此の経と作す。現前の僧俗、若《も》也し落処《つぼ》を知得せば、但だに仏心宗を伝うるのみに非ず、亦た乃ち善く群有を済う。苟《も》或し然らざれば、山僧 諸人の為に此の経を挙し去らん。膝を拍って是の如く我れ聞く時、信受奉行し去る。

207 辞衆上堂。

昔年来主此山、初非計会、
今日往興彼刹、事豈偶然。
其中雖有千里之遥、
拠実本無一毫之隔。
既無一毫之隔、
東州打鼓、
西国上堂。
巨福山中合掌、
建寧寺内焼香。
諸人還肯此語也無。
若也肯去、是我同流、
若或不然、更聴一頌。
要津把断十三春
又挂軽帆出海浜
但得鉤頭香餌在
竜門険処釣金鱗　（63 b）弘長二年。上平声真韻

衆に辞するの上堂。昔年来って此の山を主り、初めより計会するに非ず、今日往きて彼の刹を興す、事豈に偶然ならんや。其中《そこ》千里の遥《とお》き有りと雖も、実に拠らば本より一毫の隔ても無し。既に一毫の隔ても無く、

東州　鼓を打ち、西国　堂に上る。巨福の山中合掌し、建寧《にん》の寺内焼香す。諸人還《は》た此の語を肯うや。若也《も》し肯い去らば、是れ我が同流、若或《も》し然らざれば、更に一頌を聴け。要津を把断すること十三春、また軽帆を掛け海浜を出づ。但《も》し鉤頭《つりばり》に香《よき》餌在るを得ば、竜門の険処に金鱗を釣る。

建長寺では、成道忌の上堂、開炉上堂、解夏上堂、祈晴上堂、両班を謝するの上堂、檀越の五部大乗経を写するの上堂、衆に辞するの上堂、等々に四六文や駢賦が作られている。辞衆では、七言絶句の偈頌も添えられる。

おわりに

臨済禅をわが国に伝えたといわれる明庵栄西《みんなんえいさい》には、語録が残らない。本格的に禅を展開する歴史的条件が熟していなかったことになる。筆者は先に「道元の四六文」（『竹貫元勝博士還暦記念論集　禅とその周辺学』所収、永田文昌堂、二〇〇五年）において、天福本の普勧坐禅儀や上堂を道元の四六文として分ち書きをして取り上げた。ここに扱った蘭渓の先輩格になる円爾（道元とともに、道号はない）には、(6) 大宰府の崇《そう》福寺、博多の承《じょう》天寺での語録は残らないものの、多くはないが東福寺語録がある。入寺法語がなくて、いきなり元旦上堂（『聖一国師語録』大正八〇、17c）を載せる。

（禅非意想、立意乖宗、
（道絶功勲、建功失旨。
（新年消息、
（不動纖塵。
（応節納祐、

慶無不宜。

若作仏法商量、喚鐘作甕、

若作世諦流布、平地喫交。

大衆還委悉麼。猛春猶寒、帰堂喫茶。

禅は意想に非ず、意を立すれば宗に乖き、道は功勲を絶す、功を建つれば旨を失す。新年の消息、纖塵を動ぜず。節に応じて祐を納る、慶宜しからざる無し。若し仏法商量と作さば、鐘を喚んで甕と作す、若し世諦流布と作さば、平地に喫交《つまず》く。大衆還た委悉するや。猛春猶お寒く、堂に帰って茶を喫せよ。

円爾は、元旦に法堂で四六文により説法したことになる。円爾が上堂や小参をしていることは、禅僧としての本分を守っていることになり、教乗禅だとか、兼修禅だとか、といった評価に修正を迫ることになる。(7)

道元や円爾、蘭渓に四六文があるということは、南北朝から室町期にかけて五山文学が隆盛になる萌芽を見てとることができる。しかし、道元・円爾・蘭渓に入寺疏を作文した痕跡が見られず、入寺法語のところで公帖を拈じてはいるものの入寺疏を拈じる箇所はない。機縁の語に基づく入寺の四六文を自分も作製しないが、他人にも求めることをしなかったのであろうか、それとも、語録の編集が不十分で今に伝わらないだけであろうか。蘭渓が遺誡したように、禅林の文学へと流れそうになる傾向を自戒した結果だと受け取っておきたい。

右に見たように、蘭渓の法堂での説法としての四六文は、冗漫なところがあり、緊縛さに欠けるものもある。蘭渓にとって文学として練り上げるよりも、修行者にどう仏法を説くかに視点があったからだと考える。建長寺退院《ついえん》の辞衆上堂にあったように、四六文・駢賦とともに七絶の詩でもって建長を引く説法をしている。(8) 蘭渓にとって禅の世界へと大衆《しゆぎようしや》を導こうとすると、作詩・作文という表現を借りる必要があったことになる。しかし、作詩・作文が自己目的化することは、厳に慎んだと言いうる。

注

（1）蘭渓の遺誡に注目したのは、林岱雲『日本禅宗史』（二一六頁、大東出版社、一九三八年）に眼を通していてのことであった。

（2）常楽寺は、鎌倉市大船にあり、山号を粟船山という。開基は北条泰時、開山は退耕行勇と伝える（『鎌倉市史』社寺編、四一三頁、川副武胤執筆、吉川弘文館、一九五九年）。『大覚録』の番号は、高木宗監『開山大覚禅師語録集訓読和訳篇』（建長寺、一九九四年）による。

（3）建長寺創建については、川添昭二「鎌倉仏教と中国仏教―渡来禅僧を中心として―」（高木豊編『論集 日本仏教史』4、雄山閣出版、一九八八年）、市川浩史「北条時頼の祈禱」（『吾妻鏡の思想史―北条時頼を読む―』所収、吉川弘文館、二〇〇二年。初出は、二〇〇一年）、村井章介「蘭渓道隆の画期性」（安西篤子監修『中世の鎌倉を語る』所収、平凡社、二〇〇四年）にふれる。日蓮の蘭渓に対する批判については、川添昭二「御遺文における禅宗」（『中央教学研修会講義録』一五号、日蓮宗勧学院、二〇〇五年、のち『歴史に生きる日蓮』山喜房仏書林、二〇〇八年に再録）に論及されている。

（4）玉村竹二「信濃別所安楽寺開山樵谷惟僊伝についての私見」（『日本禅宗史論集』上、思文閣出版、一九七六年）、舘隆志「大覚禅師語録の上堂年時考―特に兀庵普寧の来朝年時を中心に―」（『駒沢史学』六六号、二〇〇六年）参看。

（5）觜盧都は、だまりこむ（『大慧普覚禅師書栲栳珠』巻十三に、「口を閉じて言わざるなり。又た鳥觜を緘《つぐ》んで啼かざるなり」とある）。勒叉勒叉は不詳。薩婆薩埵は、一切の生きとし生けるもの。悉哩悉哩は、依止せよ。蘇盧蘇盧は、進み出でよ（木村俊彦・竹中智泰『臨済宗の陀羅尼』一八一・一八九頁。東方出版、一九八二年）。

（6）円爾に道号がなく、諱のみである点については、拙稿「板渡の墨蹟」（『禅文化研究所紀要』二六号、永島福太郎先生卒寿記念論集、二〇〇二年。本書Ⅰ―第二章所収）の中で論述している。

（7）従来、鎌倉期の禅を兼修禅・純粋禅といったカテゴリーで論じてきたことに対し、疑義を提示する論考に、和田有希子「鎌倉中期の臨済禅―円爾と蘭渓のあいだ―」（『宗教研究』三三八号、二〇〇三年）がある。

（8）建長寺語録188上堂（62ａ、文応元年、下平声陽韻）は七律である。

紅稀緑暗春将暮　紅稀れに緑暗くして春将に暮れんとし、
欲問春帰那一方　春の帰る那一方を問わんと欲す。
戯蝶尚貪残蘂蜜　戯蝶　尚お貪る残蘂の蜜、
狂峰猶恋故園香　狂峰　猶お恋う故園の香。
新池蓮挺玉銭細　新池の蓮は挺でて玉銭細かに。
古岸柳飛金線長　古岸の柳は飛んで金線長し。
莫謂蘭渓不分付　謂うこと莫かれ蘭渓　分付せずと、
誰家好子肯承当　誰が家の好子か肯えて承当せん。

この上堂は、七律のみで、散文も、四六文もない。

第三章　来々禅子譔茶榜

はじめに

先に「竺仙梵僊の墨蹟」（『禅学研究』特別号、小林圓照博士古稀記念論集、二〇〇五年。本書Ⅱ—第五章所収）において、明叟斉哲の真如寺に住する祝偈、明叟の真如に住する諸山疏、大年法延に与うる印可状、といった墨蹟の現代語訳を試みた。来々禅子と称する竺仙には、清拙正澄が円覚寺に住持したさいの茶榜がある。(1) これは残念なことに墨蹟は現存しないものの、四六文の一つとして読むことにする。

十方住持の寺院で住持が欠けていて、新たに公命、つまり公帖が下ると、山門疏・茶湯榜を書記が作成し、専使が署名する。それを専使が持参して、新命の留まる寺に拝請に行き、茶湯榜を僧堂の外の両側に掲示し、新命和尚のために煎点し、煮た食物や果物を出したのち茶湯を出す。また入院のとき、あらかじめ僧堂の前の上下間に茶湯榜を張り、お斎が終ると、朝は茶礼、晩には湯礼がある（『勅修百丈清規』巻三、請新住持、寺院）。

清拙の円覚寺入寺は、元徳二年（一三三〇）のことであり、このとき竺仙は、明極楚俊のもとで建長寺第一座であった（拙著『中世の日中交流と禅宗』一二〇・一三九頁。吉川弘文館、一九九九年）。とすると、円覚の書記に代って茶榜を作文したことになる。湯榜の方は、円覚の書記が作ったのであろうか、今に伝わらない。竺仙の茶榜を読む前に、のちの時代に属するが、茶榜も湯榜も揃う絶海中津のものを読むことにする。

一　永相山住京城安国茶湯榜

この茶湯榜は、梶谷宗忍訳注『蕉堅藁年譜』（相国寺、一九七五年）に訓読・口語訳・語注があり、蔭木英雄『蕉堅藁全注』（清文堂出版、一九九八年）に訓注があり、上村観光『五山文学全集』第二巻（思文閣出版、一九九二年）に収める。これらは四六文として配慮されていないので、その点に気を付けて示すことにする。

軽雷起蟄、収天下之蚕春、
小竜碾団、破人間之昏夢。
豈惟回一堂喜色、
亦足慰四衆渇心。
某
雪沃肝腸、
珠飛咳唾。
由来大雲際種草、香徹九霄、
端的曹源下名流、水伝一器。
兎甌傾双井雲液、
午鼎洒万壑松風。
何処蓬萊、不覚神仙之隔、
譬諸草木、但求臭味之同。

（悟趙州禅○、
　拈無著觴●。）

軽雷 蟄《むし》を起し、天下の蚕春を収め、小竜 団を碾《ひ》き、人間の昏夢を破る。豈に惟だに一堂の喜色を回すのみならんや、亦た四衆の渇心を慰するに足る。

某、雪 肝腸《こころ》に沃《そそ》ぎ、珠 咳唾を飛す。

由来 大雲《一山一寧》際の種草、香 九霄《天》に徹《とど》き、端的 曹源《曹源道生》下の名流、水 一器に伝う。兎甌《わん》 双井《茶》の雲液を傾け、午《ひる》鼎 万壑の松風を洒《そそ》ぐ。

何処の蓬萊ぞ、神仙の隔たりを覚えず、諸《これ》を草木に譬うれば、但だ臭味の同じきを求むるのみ。趙州の禅を悟り、無著の觴《さかずき》を拈ず。

この四六文は、茶榜に当る。お茶を飲む功徳を通して、相山良永の禅が臨済宗楊岐脈下曹源道生派として、一山一寧―無著良縁―相山良永と流れ伝わっていることを表明する。

（五色仙芝○、食者気平而体静●、
　三危瑞露●、飲之神澹而慮清○。）

（惟宗匠説法利生○、
　猶良医応病施薬●。）

某（方霊肘後●、
　眼正舌頭○。）

（道合君臣○、桃李孰非其門下●、）

根無大小、参苓皆出諸籠中。
曾招新羅毒箭而中之、
非借耆域妙術則殆矣。
鳩人豈有羊叔子、心不相疑。
看公莫是韓伯休、名安可避。
願観盛作、
俯賜光儀。

五色の仙芝、食する者気平らかにして体静《やす》らか、三危の瑞露、之を飲めば神澹《こころおだや》かにして慮清し。惟るに宗匠の法を説き生を利するは、猶お良医の病に応じて薬を施すがごとし。

某、方は肘後に霊《ききめ》あり、眼は舌頭に正し。

道 君臣に合し、桃李孰か其の門下に非ざらん、根 大小無く、参苓皆な籠中より出づ。曾て新羅の毒箭を招きて中《あ》つ、耆域が妙術を借るに非ざれば、則ち殆《あや》うからん。

人を鳩するは豈に羊叔子有らんや、心 相疑わず、公を看るに是れ韓伯休なること莫きや、名安くんぞ避く可けんや。願わくは盛作を観て、俯して光儀を賜わらんことを。

この榜は湯に当り、清らかな水のような相山の禅に参ずるようにと誘っている。

蒲室疏法を自己のものとする絶海にあっては、隔対・単対とリズムの調った四六文となっている。竺仙の茶榜のリズムはどうか次に見ることにする。

二　清拙和尚住円覚茶榜

清拙が円覚に入寺したのは、元徳二年八月二十四日のことであった（『清拙和尚語録』第五冊、円覚寺語録）。そのときのものが、清拙和尚住円覚茶榜（『来々禅子東渡集』雑著）である。(2) 分ち書きをして示す。

蓬萊万里春、
玻瓈一杯露。

少試新泉活火、
全勝玉醴銀漿。

空山瑞鹿呦呦致和気、　抽桑木金芽珠蕾、
喬雲従竜鬖鬖誇絶品、　出建渓蒼璧玄圭。

爰畬手閲三百月団、
要教鼎沸万壑雷動。

某人
原永元千古夢、　攪翻西湖連天竭九井三潭、
振嵩山二桂林、　喚醒老胡面壁開一華五葉。

酌妙香水満氷甌雪碗、
使大地人尽浣髄洗腸。

因撼樹得体得用、　親見仰山版歯生毛、

（問上座曾到未到、笑倒趙州舌頭無骨。
（五千巻中文字学鄙却玉川子、自是錦口繍心、
（百草頭辺祖師意験過龐老婆、掃去尋枝摘葉。
（盛礼既設、
（法味普沾。

蓬萊万里の春、玻瓈一杯の露。少《しばら》く新泉を活火に試み、全く玉醴・銀漿に 勝る。

空山の瑞鹿 呦呦 和気を致し、桑木の金芽・珠蕾を抽《だ》し、矞雲 竜に従い 靉靆 絶品を誇る、建渓の蒼璧・玄圭を出す。爰《なん》ぞ啻だに手《みずか》ら三百の月団を閲するのみならんや、万甌を鼎沸し雷動せしめんと要《ほっ》す。

某人、永元千古の夢を原ね、西湖の連天を攪翻して九井三潭を竭し、嵩山の二桂林に振い、老胡の面壁を喚醒し一華五葉を開く。

妙香の水を酌み氷甌雪碗に満し、大地の人をして尽く髄を浣い腸を洗わしむ。樹を撼《うご》かし体を得 用を得るに因って、親しく仰山版歯の毛を生ずるを見、上座に曾て到未到を問い、趙州舌頭の骨無きを笑倒す。

五千巻中、文字の学 玉川子に鄙却す、自是《もと》より錦口繍心し[3]、百草頭辺 祖師の意 龐老婆に験過し、枝を尋ね葉を摘むを掃去す。盛礼既に設け、法味普く沾う。

○蓬萊は、『玉川子詩集』巻二、走筆謝孟諫議寄新茶（この詩を以下『玉川子詩集』と略す[4]）に、「六椀 仙霊に通じ、七椀 喫し得ず。唯だ両腋 習習清風生ずるを覚ゆ。蓬萊山は何処に在り、玉川子 此の清風に乗り帰り去らんと欲す」とある。仙人の住む所といわれる。○玻瓈は、ガラス。『洞山録』に、「挙す、文殊大士 無著と茶を喫する次《つい》で、乃ち玻璃の盞を拈起し無著に問う、南方に還《は》た這箇有りや。著云う、無し」とある。○一杯露は、『李義山詩集』巻五、

漢宮詞に、「侍臣最も相如の渇有るも、賜わらず金茎の露一杯」とある。対と平仄の点から一杯露とする。承露盤の露を飲むと不死を求めうるとする（高橋和巳『李商隠』中国詩人選集第十五巻、一二三頁。岩波書店、一九五八年）。○新泉は、『無文印』巻十一、径山西寮元夕化湯茶疏に、「満堂皆な上客、怪しむこと莫れ空跡なることを。活火 新泉を煮、普く同に供養す」とある。○活火は、『因話録』巻二、商部上に、「（李）約は天性唯だ茶を嗜み、能く自ら煎る。人に謂いて曰く、茶は須らく緩火炙《あぶ》り、活火煎るべし。活火は、炭火の焔の者を謂う」とある。

○空山は、人気のない山。『景徳録』巻十九、睡竜道溥章に、「道うこと莫れ空山 祗待無しと。便ち方丈に帰る」とある。○呦呦は、『詩経』小雅、鹿鳴に、「呦呦と鹿鳴き、野の苹《よもぎ》を食む」とある。○和気は、『景徳録』巻二十四、帰宗道詮章に、「言を忘じて太虚に合せんと比擬し、和気をして親疎有らしむることを免る」とある。○金芽珠蕾は、『玉川子詩集』に、「仁風暗に珠琲瓃を結び、春に先んじて黄金の芽を抽出す」とある。琲瓃は蓓蕾に同じ。珠のような茶のつぼみ。金芽は黄金のような茶の芽。○矞雲は、『文選』巻六、魏都賦に、「矞雲翔竜ありて、沢馬 阜に亍《たたず》む。……嘉頴離合して以て蓴蓴たり、醴泉湧き流れて浩浩たり」とある。○矞雲従竜……蒼璧は、『宋黄文節公全集正集』巻四、謝送碾賜壑源揀芽に、「矞雲 竜に従う小蒼璧、元豊より今に至るまで人未だ識らず」とある。三色のめでたい雲が竜についた模様入りの小さな青い団茶をいう。○靉靉は、『寒山詩』に、「岩中人 到らず、白雲常に靉靉たり」とあり、雲のさかんに棚引くさま。○建渓は、『能改斎漫録』巻十五、方物、茶品に、「張芸叟画墁録に云う、唐の茶品有り、陽羨を以て上供と為す。建渓の北苑未だ著れず。……本朝に至るに迨んで、建渓独り盛ん」とあり、福建省建甌市東北鳳凰山に産する絶品の茶。林逋の烹北苑茶有懐（石川忠久『漢詩をよむ 春の詩百選』八三頁。日本放送出版協会、一九九六年）に、「石碾軽く飛ぶ瑟瑟塵、乳花烹《に》出だす建渓の春。世間の絶品 応に識り難かるべし、閑に茶経に対して古人を憶う」とある。○蒼璧玄圭は、『宋黄文節公全集正集』巻四、以小団竜及半挺贈無咎幷詩用前韻為戯に、

「我れ玄圭と蒼璧を持して、暗を以て人に投ずれば渠《か》れ識らざらん」とある。蒼璧は青い小団茶。玄圭は細長い団茶をいい、半挺と言い表わす。〇三百月団は、『玉川子詩集』に、「緘を開けば宛《さなが》ら諫議の面を見、手ずから閲る月団三百片」とある。三〇〇個の月のように円い団茶。〇万壑は、『集註分類東坡詩』巻十一、恵山謁銭道人烹小竜団登絶頂望太湖に、「孫登 語無くして空しく帰り去る、半嶺の松声 万壑に伝う」とあり、すべての谷をいう。

〇九井三潭は、『夢粱録』巻十二、西湖に、「郡臣の湯鵬挙は、西湖の条画の事宜を朝に申明す。……湖の六井の陰竇水口を修す。……近者《ちかごろ》画家、湖山四時の景色、最も奇なる者十有りと称す。曰う、蘇堤春暁、……三潭映月と」とあり、九井は六井の間違いと思われる。六つの取水口。三潭は西湖十景の一つ。〇嵩山二桂林、老胡面壁開一華五葉は、『景徳録』巻三、菩提達磨章に、「嵩山少林寺に寓止し、面壁して坐す。……吾が偈を聴け、曰く、吾れ本と茲の土に来り、法を伝えて迷情を救う。一花 五葉を開き、結果自然に成る」とある。〇二桂林は、『景徳録』巻三、菩提達磨章に、「(般若多羅) 吾が偈を聴け、曰く、路行して水を跨ぎ復た羊に逢い、独自に悽悽として闇に江を渡る。日下に憐れむ可し双象馬、二株の嫩桂久しく昌昌たり。復た八偈を演ぶ。皆な予め仏教の隆替を讖す」とあり、少林寺をさす。〇喚醒は、『碧巌録』四十則、本則評唱に、「亦た人の夢に在りて、覚めんと欲して覚めざるを、人に喚び醒さるるが如くに相似たり」とある。

〇氷甌雪碗は、林景熙、書陸放翁詩巻後(『全宋詩』巻三六三三)に、「軽裘駿馬 成都の花、氷甌雪椀 建渓の茶」とあり、白磁の茶碗をさす。〇浣髄洗腸は、『玉川子詩集』に、「三椀にして枯腸を捜り、……五椀にして肌骨清く」とあり、喫茶の功徳を説く。〇因撼樹得体得用は、『景徳録』巻九、潙山霊祐章に、「普く請じ茶を摘む。師は仰山に謂いて曰く、終日茶を摘み、只だ子《なんじ》の声を聞き、子の形を見ず、本形を現ぜんことを請う相見せん。仰山は茶の樹を撼す。師云く、子只だ其の用を得て、其の体を得ず。仰山云く、未審《いったい》和尚如何ん。師良久す。仰山云く、和尚只だ其の体を得て、其の用を得ず。師云く、子に二十棒を放《ゆる》す」とある。○版歯生毛は、『趙州録』巻中に、「問う、如何なるか是れ西来の意。師云く、板歯に毛を生ず」とあり、黙って坐禅をして口を利かず、前歯にかびが生えた面壁坐禅の姿をさす。○問上座曾到未到は、『趙州録』巻下に、「師は二新到に問う、上座は曾て此間《ここ》に到るや。云く、曾て到らず。師云く、茶を喫し去《ゆ》け。又た那の一人に問う、曾て此間に到るや。云く、曾て到る。師云く、茶を喫し去け。院主問う、和尚、曾て到らざるに、伊をして茶を喫し去かしむるは、即ち且く置く。曾て到るに、什麽の為に伊をして茶を喫し去かしむ。師云く、院主。院主応諾す。師云く、茶を喫し去け」とある。○笑倒は、『虚堂録』巻十、龐居士闔家都去に、「互いに魚目を将て明珠と作す。笑倒す西天碧眼の胡」とある。○趙州舌頭無骨は、『無門関』十一則に、「若し者裏に一転語を下し得ば、便ち趙州の舌頭に骨無きを見て、扶起放倒、大自在なるを得ん」とある。

○五千巻中文字は、『玉川子詩集』に、「三椀にして枯腸を捜るに、唯だ文字五千巻有るのみ」とある。○玉川子は、盧仝の号。中唐の詩人。○錦口繍心は、『柳河東集』巻十八、乞巧文に、「駢四儷六、錦心繍口」とある。○百草頭辺祖師意は、『龐居士語録』に、「居士一日坐する次で、霊照《りんしょう》に問うて曰く、古人道う、明明たり百草の頭、明明たり祖師の意と、如何に会すや。照曰く、老老大大、這箇の語話を作す。士曰く、你は作麽生。照曰く、明明たり百草の頭、明明たり祖師の意。士乃ち笑う」とある。○龐老婆は、龐居士の娘、霊照のこと。○験過は、『碧巌録』四十一則、頌に、「若し験過せずんば、争《いか》でか端的を弁ぜん」とあり、テストすること。○尋枝摘葉は、証道歌（『景徳録』巻三十）に、「直に根源を截《た》つは仏の印する所、葉を摘み枝を尋ねるは我れ能くせず」とある。○法味は、『景徳録』巻十一、関南道吾章に、「復た徳山の門下に游んで、法味弥々著わる」とある。

以上の出典を踏まえ、以下に現代語訳を試みることにする。

仙人の住むという蓬莱山は春が果てしなく広がり、ガラスのコップ一杯の茶を飲むと仙人になったような気分になる。湧き出たばかりの水を焔をあげる炭火に少しの間煮ると、実に甘泉や乳白色の飲み物よりも上だ。人気のない瑞鹿山に鹿の鳴き声がし、(5) 和らいだ気持ちになり、茶の黄色な芽・珠のような蕾を摘み、瑞雲が竜についた棚引く模様の団茶とし、絶品を誇るものは、建渓の青い団茶や半分の細長い団茶を産出する。どうしてただ自ら三〇〇個の月のように円い団茶を調べ検《あらた》めるというだけであろうか、多くの谷を沸き返らせ雷のように動かそうとする。

新命円覚寺堂頭清拙和尚禅師は、永遠の夢を尋ね、西湖の満天を動かし翻し六つの取水口や三潭を飲み尽くして修行を終え、嵩山少林寺に振った達磨の面壁を呼び起こし、一華五葉を開いた禅を自己のものとした。妙香の水を汲んで白磁の茶碗に充たし、大地の人に髄や腸を洗わせる。仰山が茶の樹を揺すり本質を得、働きを得たとき、仰山の前歯にかびが生えるのを目の当りに見た。趙州が上座に前にここに来たことがあるかどうかをたずねると、趙州の滑らかな弁舌を笑いとばした。

五〇〇〇巻もの書物は玉川子に無用で、もともと美しい詩文が自在に作られる。龐居士が「沢山の草の先端に、祖師の心」と、霊照に尋ねると、霊照は枝葉末節にとらわれるのを捨象した（茶を飲むことにより清拙の得たそのような気分をもたらす）。盛大な茶礼が用意されただけでなく、仏法の妙味も普く行き渡ることになる。清拙正澄の達した禅の境地を茶礼を通して修行者たちに伝えようとする。とともに、入寺疏といった四六文をも自在に撰述したことも読みとれる。

おわりに

竺仙の茶榜は、絶海のものと比べると、序部に当る部分に、まず単対が二つ置かれ、八字称でなくて隔対が配されていて、調えられた四六文とはいえない。ポイントになる平仄も、序部の隔対、気蕾品圭と、第一句目に平がきておらず、主部の隔対、用毛到骨と、第三句目に平声の字が配されていない。そして、センテンスの長い隔対となっていて洗練された四六文になっていない。

とはいえ、茶の機縁の語として仰山慧寂や趙州従諗の故事を引き、入院の茶礼を通して修行者を霊照のような境地へと導入するきっかけとなる掲示といえる。

茶榜も湯榜も、入寺疏や看経榜のように墨蹟として現存しないのは、なぜだろうか、これから発見されるかもしれないけれども不思議なことだ。一ついえることは、四六文の内容に変化を持たせ、中味の濃い文を作ることが難しく、文章が類型化せざるをえなかったこと、茶掛けとしても大きすぎて茶室にもそぐわない、といった点があるかもしれない。語録や文集中にもそんなに多く載録されていないのは、入寺疏ほど大切に扱われなかったことを物語る。

なお、竺仙は、清拙和尚住円覚江湖疏（『来々禅子東渡集』雑著）をも作成している。しかし、墨蹟は残っていない。

注

（1）玉村竹二氏は、榜の例としてこの清拙和尚住円覚茶榜を引用する（『五山文学―大陸文化紹介者としての五山禅僧の活動―』一四三・一四四頁。至文堂、一九六六年増補版）。

（2）金閣寺蔵（応永十八年〈一四一一〉写本、禅文化研究所マイクロフィルム）『来来禅子東渡集』雑著により、『清拙和尚語録』第四冊、禅居附録を参看。

（3）自是は、『臨済録』示衆に、「自是《もと》より你善知識眼無し、他を嗔ることを得ず」とあり、もともと、いうまでもなく、という意味。

（4）この盧仝の詩は、『古文真宝前集』巻八に、茶歌と題して収める。竹内実『中国喫茶詩話』（淡交社、一九八二年）に、

「仙境にあそぶ茶――怪なる詩人・盧仝」というタイトルの章で詩を解説する。村井泰彦「日本における盧同の茶詩」（藤善真澄編『東と西の文化交流』関西大学出版部、二〇〇四年）に、五山文学の中での盧仝を取り上げる。

（5）　瑞鹿山は円覚寺の山号（『扶桑五山記』巻四）。

Ⅳ　戦国武将への肖像画賛と法語

第一章　山内一豊夫人と南化玄興

はじめに

先に「山内一豊の肖像賛」（小島毅編『義経から一豊へ——大河ドラマを海域にひらく』勉誠出版、二〇〇六年）と題して、一豊の肖像画の賛を現代語に訳した。土佐山内家宝物資料館には夫人のものも所蔵する。一豊のものより少し小振りだが、一対となっていて、夫妻が向き合うように描かれている。画賛の釈文は、『大日本史料』第十二編之三、慶長十年（一六〇五）九月二十日の条にある。この小論では、一豊夫人肖像賛と、夫妻が帰依した南化玄興が妙心寺に住したときの山門疏とを中心に読んでみたい。（1）

一　山内一豊夫人肖像賛

夫人は右に向いているので、賛は右から左へと書かれている。四言と七言の詩からなり、分ち書きをして示す。

罵劉鉄磨　　劉鉄磨の
瞞溈山禅◎　　溈山の禅を瞞ずるを罵る。
方袍円頂　　方袍円頂し、

顕実開権　実を顕《あら》わし権を開く。
深怖苦報　深く苦報を怖れ、
夙修善縁　夙に善縁を修む。
打破業鏡　業鏡を打破し、
大用現前　大用現前す。
咦　咦
娘生面目不遮掩　娘生の面目 遮掩せず、
明月清風一色辺　明月清風 一色辺。
咄　咄

賛

見性院殿潙宗紹　見性院殿潙宗紹劉
劉大姉之肖像　大姉の肖像に賛す。
　元和四稔戊午孟秋吉辰　　元和四稔戊午孟秋吉辰、
前正法単伝拙叟書焉印　前正法単伝拙叟焉《これ》を書す。士印

隔句ごとに下平声先韻を踏むことから、四言のところは、二四不同とはならない。七言は詩のリズムに適っている。

以下に賛の典拠を示すことにする。

○罵は、『碧巌録』四則、本則に、「潙山云く、此の子、已後孤峰頂上に草庵を盤結し、仏を呵《しか》り祖を罵《ののし》り去らん」とある。○劉鉄磨は、『碧巌録』二十四則、本則評唱に、「劉鉄磨尼なり……劉鉄磨は久参、機鋒峭峻にして、人 号し

て劉鉄磨と為す。潙山を去ること十里、庵を卓《た》つ。一日去《ゆ》き潙山を訪う」とあり、潙山霊祐に久参の尼である。○瞞は、『碧巌録』六十二則、本則評唱に、「山云く、曹山一人を瞞《だま》すこと即ち得るも、諸聖の眼を争奈何《いかん》せん」とある。○潙山は、潙仰宗の祖、五家の一つ。○方袍円頂は、『大智』（水野弥穂子、日本の禅語録9、講談社）山居に、「方袍円頂　僧形と做り、何を用《もっ》て波波として利名を競う」とあり、袈裟を懸け頭を丸めて僧形となった夫人をさす。○顕実開権は、『景徳録』巻二十七、天台智顗章に、「師常に謂う、法華は一乗の妙典為り。……方便の権門を開き、真実の妙理を示す。……此の経は権を開き実を顕わす」とあるように、開権顕実を押韻の上から顕実開権とする。方便の教えを開いて真実の教えを明らかにする。

○善縁は、『碧巌録』九十九則、本則評唱に、「旬日静室の中に端然と静慮し、心を収め念を摂《おさ》め、善悪の諸縁、一時に放却して、自ら窮究し看よ」とあるところの善縁をいい、賛では悪縁を苦報と言い表わす。○業鏡は、『虚堂録犂耕』に、「径山の明　業鏡の如し、忠曰く、虚堂の智眼、物を照《うつ》して差誤せざること業鏡の如し」とあり、因果を映し取るあの世の鏡をいう。○大用現前は、『碧巌録』三則、垂示に、「大用現前、軌則を存せず」とあり、仏法の大いなる働きが展開する。○咦は、『碧巌録』十二則、頌に、「因って思う、長慶と陸大夫、解《よ》くぞ道う、笑う合《べ》し哭く合からずと。咦」とあり、ああ。

○娘生は、『臨済録』示衆に、「你は還《は》た是れ娘生なりや」とあり、母から生まれた。○面目は、『碧巌録』十六則、本則評唱に、「僧云く、子啐し母啄す。学人の分上に、箇の什麼辺の事を成し得るや。清云く、箇の面目を露《あらわ》す」とあり、本来の面目。○明月清風は、『碧巌録』六則、本則に、「誰《たれ》家にか明月清風無からん」とある。○一色辺は、『碧巌録』四十二則、頌評唱に、「眼裏も也《ま》た是れ雪、耳裏も也た是れ雪、正に一色辺に住在す」とあり、一切平等の世界。○咄は、『碧巌録』九十七則、頌に、「仏眼も覰《み》れども見えず。咄」とあり、言い尽くせぬところに用いている。

届かん。
○潙宗紹劉大姉は、潙山の禅を受け継いだ劉鉄磨のような大姉、夫人が南化の法を嗣いでいることを大姉号で言い表わしている。それを敷衍したものが肖像賛といってよい。
以上の典拠を踏まえ、以下に現代語訳を試みることにする。

劉鉄磨が潙山の禅をだましたのを罵《ののし》ったような力量を夫人も具える。袈裟を着け頭を剃った姿で、方便の教えを開いて真実の教えを明らかにする。深く四苦や八苦といった報いを恐れ、長く善縁を積んでいる。冥界の鏡を打ち破り、大いなる働きが展開する。ああ。

母から生まれたままの本来の面目は遮り覆われるものなく、澄んだ月 清らかな風といった一切平等の世界にある。届かん。

右、見性院殿潙宗紹劉大姉の肖像に賛をする。

元和四年（一六一八）七月吉日、前妙心単伝士印これを記す。

夫人は元和三年十二月四日に六十一歳で卒去しているので、南化の法嗣である単伝が一周忌（小祥忌）に間に合うよう肖像画に賛をしたことになる。夫妻の養子拾《ひろい》は、南化のもとで出家をし単伝の法を嗣いでいて、南化亡きのちの著賛者として単伝以上のものはいない。夫人の道歌に添えた奥書に（『山内一豊とその妻』ＮＨＫプロモーション、二〇〇五年、一四九号。『大日本史料』第十二編之三、慶長十年九月二十日の条）、

御うたいつれも〳〵きとくに候、此うへはしやかみろく一たいにて候、やかてだうがうかきてまいらせ候

御歌何れも何れも奇特に候、此の上は釈迦弥勒一体にて候、やがて道号書きてまいらせ候。

とある。この奥書が南化のものとすると、夫人に道号を授与することを約束している。とすると、見性院殿潙宗紹劉

大姉という大姉号は、南化の付与したものといえる。

土佐山内家宝物資料館所蔵の道歌七首を列記する。

すなわちの心ほとけおたつぬれハ無ねんむさうの所にそある

　即ちの心、仏を尋ねれば、無念無相の所にぞある。

三かひもたた一心ときく時ハちこくハ人の心にそある

　三界も唯だ一心と聞く時は、地獄は人の心にぞある。

しやうしあるそのたましいのみなもとは四大にきしてせいてんにあり

　生死あるその魂の源は、四大に帰して青天に在り。

ちちははのうまれぬさきはしらぬなりしらぬ所をこくうとそしる

　父母の生れぬ前は知らぬなり、知らぬ所を虚空とぞ知る。

しやかみろくぬひたとみれハけんさいハたたすいめんのうちにある物

　釈迦弥勒抜いたとみれば、現在は只だ水面のうちにあるもの。

しきさうのきやくいおきつて無の一ししゆしやうとうよりこくうにそゆく

　色相の客位を切って無の一字、衆生道より虚空にぞ行く。

さとりゐてまよいのくものはれぬれハ心如の月をみるそうれしき

　悟り得て迷の雲の晴ぬれば、真如の月を見るぞ嬉しき。

この道歌を見ると、南化が見性院殿瀉宗紹劉大姉と道号を付けるにふさわしい久参の大姉といいうる。(2) その参禅への初発心は、長浜地震による与禰姫の夭逝にあった。

二　南化住妙心山門疏

山内一豊夫妻の師といえる南化玄興が妙心寺第五十八世として詔を奉じ入寺したのは、元亀元年（一五七〇）十月七日のことであった。南化の語録『虚白録』巻一によると、このときに作成された入寺疏は、山門疏のみであり、本来は拝請する妙心寺の書記が作文するところを天竜寺の策彦周良の手になる。分ち書きをして示す。

初住平安城正法山妙心禅寺語

山門疏　　天竜策彦和尚製

正法山妙心禅寺山門、欽奉北闕綸旨、敦請前第一座南化禅師、住持本寺、為国開堂演法、祝賛皇図万安者。

右宓以、

碧瞳胡郷第二拈華、誰是破顔微笑、
白拈賊喫六十拄杖、唯要余喝商量。
三門境致勃焉叢隆、
十月好景自然春到。　（蒙頭）

共惟

新命堂上南化大禅師　玩義天月、続霊光灯。　（八字称）

将補衰手転正法輪、紫詔忽降、

抛選仏場佩毘盧印、緇礼已行。
不仮伽藍神護持、
丕整阿蘭若規矩。　過句

曹源一滴水、杯観五湖塊視三山、
韶陽九転丹、玲瓏八牎映徹万物。
雖現鳥跋於濁世、
復聞鳳鳴於岐山。　襲句

誦孔老言履夷斉行、儒釈揆一、
宣周邵風歌文武徳、君臣道同。　結句

謹疏。

今月日疏

初めて平安城正法山妙心禅寺に住するの語

山門疏　　天竜策彦和尚製す

正法山妙心禅寺山門、欽んで北闕の綸旨を奉じて、前の第一座南化禅師を敦請して、本寺に住持せしめ、国の為に堂を開き法を演べ、皇図の万安を祝賛する者なり。

右宓《ひそ》かに以《おもん》みるに、碧瞳胡の第二の拈華に嚮《おい》て、誰か是れ破顔微笑し、白拈賊の六十拄杖を喫して、唯だ喝を余して商量せんことを要す。三門の境致、勃焉として叢隆し、十月の好景、自然に春到る。共《うやうや》しく惟みるに、新命堂上南化大禅師は、義天の月を玩び、霊光の灯を続《つ》ぐ。

補袞の手を将て正法輪を転じ、紫詔忽ち降り、選仏場に拠り毘盧の印を佩び、緇礼已に行わる。伽藍神の護持を仮らず、丕《おお》いに阿蘭若の規矩を整う。

曹源の一滴水、五湖を杯観し 三山を塊視し、韶陽の九転丹、八牕に玲瓏として 万物に映徹す。烏跋を濁世に現すと雖も、復た鳳鳴を岐山に聞く。

孔老の言を誦し 夷斉の行を履み、儒釈揆を一にし、周邵の風を宣べ 文武の徳を歌い、君臣道を同じくす。

謹んで疏す。

今月日疏

息の長い隔対・単対からなる四六文であるけれども、八字称の義月霊灯の平仄が○●●○と二四不同になり、結句に単対が加わると蒲室疏法に適ったものとなる。(3) 以下に典拠を見ていくことにする。

○碧瞳胡は、碧眼胡に同じ。ここでは達磨のこと。『碧巌録』四十一則、頌評唱に、「任是《たと》い釈迦老子、碧眼の胡僧なるも、也《ま》た須らく再参して始めて得《よ》し。胡人の眼青し。故に碧眼と云う。今ま達磨を指す」とある。○白拈賊は、臨済をさす。『景徳録』巻十二、臨済義玄章に、「後に雪峰拈じて云く、臨済大いに白拈賊に似たり」とある。○唯要余喝商量は、『臨済録』序に、「唯だ一喝を余して、尚お商量せんことを要す」とある。字句に表わしえない一喝だけは、さらに問答してもらいたい。○三門境致は、この三は十との対からで、山門のことをいう。『臨済録』行録に、「師云く、一に山門の与《ため》に境致と作し」とある。○春到は、『白氏文集』巻十三、代レ書詩一百韻寄二微之一に、「寒さ銷《き》ゆ直城の路、春は到る曲江の池」とある。

○堂上は、堂頭のこと。○翫月は、『碧巌録』三十六則、本則評唱に、「一日、長沙と月を翫《め》でる次《つい》で、仰山 月を指して云く」とある。○義天は、美しい天。『景徳録』巻十三、圭峰宗密章に、「吾れ禅は南宗に遇い、教は円覚に逢う。一言の下、心地開通し、一軸の中、義天朗耀たり」とある。○霊光は、霊妙な光明。『景徳録』巻九、古霊神讃章に、「霊光独り耀き、迥かに根塵を脱す」とある。

○正法輪は、正しい仏の教え。『景徳録』巻二十七に、「玄覚和尚は鳩子の叫くを聞き、僧に問う、什麽《なに》の声。僧曰く、鳩子。師曰く、無間の業を招かざらんと欲得《ほっ》せば、如来の正法輪を謗ること莫れ」とある。○選仏場は、僧堂。『景徳録』巻十四、丹霞天然章に、「禅客曰く、今ま江西の馬大師出世す。是れ選仏の場、仁者往くべし、と」とある。

○毘盧印は、毘盧遮那仏の真理の印証《あかし》。『碧巌録』七十四則、垂示に、「明鏡高く懸けて、句中に毘盧印を引き出す」とある。○規矩は、『碧巌録』五則、本則評唱に、「古人は特地に做作し、後人をして規矩に依らしむ」とある。

○曹源一滴水は、六祖慧能の法源より流出した正法。『景徳録』巻二十五、天台徳韶章に、「有《あ》る僧問う、如何なるか是れ曹源の一滴水。浄慧曰く、是れ曹源の一滴水。僧惘然として退く。師は坐の側に於て、豁然として開悟す」とある。○五湖は、天下。『景徳録』巻十八、鼓山神晏章に、「鼓山 住してより三十余年、五湖四海より来る者、高山頂上に向《おい》て、山を看 水を翫でるも、未だ一人も快利に通じ得るを見ず」とある。

○韶陽は、雲門文偃のこと。『碧巌録』十四則、頌に、「韶陽老人一橛を得たり。文偃禅師は、韶州雲門山に住す。故に韶陽と云う」とある。○九転丹は、雲門の関を九回煉った丹薬にたとえる。[4]『抱朴子内篇』巻四、金丹に、「九転の丹、之を服すること三日、仙を得たり」とある。○玲瓏八窓は、八面玲瓏に同じ。いずれの方面にも透きとおって明らか。『碧巌録』八則、本則評唱に、「雲門大師、多く一字の禅を以て人に示す。一字の中と雖も、須《かなら》ず三句を具す。……若《も》是し明眼の人ならば、天を照し地を照す底の手脚有り、直下に八面玲瓏たらん」とある。○映徹は、明るく照らす。『世説新語』賞誉篇156に、「仲文曰く、一世を休明すること能わずと雖も、以て九泉を映徹するに足る」とある。

○鳳鳴は、鳳凰が山の東に鳴く。天下太平の瑞祥。『詩経』大雅、巻阿に、「鳳皇鳴く、彼の高岡に。梧桐生ず、彼の朝陽に。……雝雝喈喈たり」とあり、朝陽は山の東のこと。○岐山は、鳳翔の東にあたる。どちらも陝西省宝鶏市にある。花園法皇の塔所玉鳳院は、妙心寺の中心法堂《はっとう》からすると東に当るところから岐山といったのであろう。

以上の出典を踏まえ、以下に現代語訳を試みることにする。

正法山妙心禅寺一山は、天皇の詔を敬い受け、前の第一座南化玄興禅師を懇ろに拝請し、わが寺に住持とし、国のために法堂を開いて仏法を演べ、日本の万全をことほぎ称賛せんとする。

右、密かに思うに、

達磨が釈尊のように金波羅華を示すと、誰が迦葉のように、にこっとするのか、第二の臨済が三十棒を食らわし、字句に表わせない一喝だけはさらに問答商量してもらいたい。妙心寺の境内はにわかに興隆し、十月のよき景色は自ずと春が到来したようだ。

恭しく惟みるに、新命堂頭南化禅師は、美しい天にかかる月をめで、霊妙な光明の灯を継がれた方である。天皇を輔佐する手を用い、正しい仏の教えを説くため、詔がにわかに降され、禅堂を拠り所として毘盧遮那仏の真理の印証《あかし》を帯び、禅僧としての礼がすでに行われている。伽藍神の助けを借りず、りっぱに寺の規矩を整えている。

六祖慧能の法源より流出した正法は、(天下)五湖を杯のように観、三山を土塊のように視ており、雲門文偃の九回煉った丹薬のような関は、いずれの方面にも透き通って明らかで万物を明るく照らしている。烏が濁ったこの世に飛び立ったとしても、さらに天下太平の瑞祥として鳳凰が山の東に鳴いている。

孔子や老子の言葉を読み、伯夷・叔斉の行を践み行い、儒教と仏教が揆を一にし、周の成王を輔佐した周公旦と召公奭《セキ》の教えを広め、周の文王と武王の徳を歌頌し、君臣が道を同じくする。

恭しく拝請する。

今月日疏。

釈尊……達磨……そして関山慧玄云々……と次第してきた法を継ぐ南化を妙心寺へと拝請した山門疏は、入寺の日に南化が香を薫じて疏を挙し、「江海を硯席に吸い、風雲を筆端に肆にす」と法語を述べたのち、前堂首座に手渡される。それを前堂首座が宣読した。『虚白録』からすると、南化の入寺に当っては、山門疏のみが作製されたことになる。

おわりに

昨年は、NHKの大河ドラマとして司馬遼太郎原作の『功名が辻』が放送されたことから、山内一豊夫妻についての著書が多く出版された。その口絵として夫妻の肖像画が採用されるものの、不思議なことに本文において賛が解説されることはない。ここに画賛の現代語訳を試みたゆえんである。また夫妻が帰依した南化は、信長に恵林寺の三門楼上で火攻めにされ「安禅は必ずしも山水を須いず、心頭を滅却すれば火も自ずから涼し」と一句を唱えて亡くなった快川紹喜の法嗣である。(5)その南化の妙心寺入寺山門疏の作者が、遣明副使、正使として二回にわたり入明した策彦周良である点から、ここに取り上げた。

五山の策彦が林下である妙心寺の山門疏を作製していることは、五山だ林下だといっても、檀越が武家か公家かを表わしているに過ぎないのではないか、文字通りの林下ならば、入寺疏は必要ない。策彦が大徳や妙心の入寺疏を引(6)き受けていることは、室町後期にあっても、まだ五山に文学への侮れない力があったことになる。

注

（1）南化については、脇坂玄淳「南化玄興の行実を『虚白録』に見る」（加藤正俊先生喜寿記念論集『禅文化研究所紀要』二八号、二〇〇六年）がある。

（2）山本大執筆「土佐藩祖山内一豊と高知城」（『高知県史』近世編、一九六八年、七一頁）によると「夫人に法号を授与した単伝士印は」とするも、これは川上孤山『妙心寺史』（増補本、思文閣出版、一九七五年、四〇一・四〇二頁）に引き付けられて、出てきた説であろう。

（3）結句の「揆一・道同」は、「一揆・同道」を平仄の上から語順を変えたものといえる。

（4）妙心寺開山関山は、雲門の関を公案として師の大灯から与えられ透過したとき、関山という道号と頌を付与された（加藤正俊『関山慧玄と初期妙心寺』思文閣出版、二〇〇六年、一二一・一二二頁）。

（5）快川の唱えた一句は、杜荀鶴の夏日悟空上人の院に題す（『全唐詩』巻六九三。『碧巌録』四十三則、本則評唱）の転句、結句である。

三伏閉門披一衲　　三伏 門を閉じて一衲を披《つ》け、
兼無松竹蔭房廊　　兼ねて松竹の房廊を蔭《おお》う無し。
安禅不必須山水　　安禅 必ずしも山水を須《もち》いず、
滅得心中火自涼　　心中を滅得すれば火も自ずから涼し。

この七絶は、下平声陽韻。

（6）古渓宗陳が大徳寺に入ったさいの同門疏を作製する（『蒲庵稿』）。

同門茲審

吾法兄古渓禅師、以董其席。於是瓜葛于法門者、聞斯盛挙、弗勝忻慰。胥率緝詞製疏、抒賀忱云。

熊耳祖観気化赤県、丁普通初元之季、
竜翔師受詔赴金陵、校百丈清規之旧。
自匪禅林中興、
焉得嫩桂久昌

共惟

新命大徳古渓法兄禅師　賜紫方袍、
現烏曇鉢。
嚮風泉南仏国、
遍界海東児孫。

越格超宗、喝下正覚棒下正覚、
応機接物、寒時闍梨熱時闍梨。
会少陵天河詩、
足大中瀑布句。
葉波冠百万衆席、笑嶺頭花、
松源敲諸大老門、拈山形杖。
太冶鈍置千霜莫雪、
霊光塊視卞璧燕金。
一竜一夔林際雲門、宗風否振、
双鳧双鸞子卿叔夜、同気相求。

天正元年竜集癸酉穐九月

同門茲に審らかにす、吾が法兄古渓禅師は、以て其の席を董す。是に於て法門に瓜葛する者、斯の盛挙を聞き、忻慰に勝えず。胥《あい》率いて詞を緝《つむ》ぎ疏を製し、賀忱を抒《の》ぶると云う。

熊耳《達磨》の祖 気を観て赤県を化す、普通《五二〇》初元の季《秊》に丁《あ》たり、竜翔《笑隠大訢》の師 詔を受けて金陵《南京》に赴き、百丈清規の旧に校す。禅林の中興に匪ざるより、焉くんぞ嫩桂の久昌を得んや。

共《うやうや》しく惟みるに、新命大徳古渓法兄禅師は、紫方袍を賜い、烏曇鉢を現す。風を泉南の仏国に嚮《なら》い、界を海東の児孫に遍し。

格を越え宗を超え、喝下の正覚、棒下の正覚、機に応じ物に接し、寒時の闍梨、熱時の闍梨。少陵《杜甫》天河の詩に会い、大中瀑布の句に足る。

葉波 百万衆席に冠し、嶺頭の花を笑し、松源 諸大老門を敲き、山形の杖を拈ず。太冶 干霜・莫雪を鈍置し、霊光 卞璧・燕金を塊視す。

一竜一夔の林際《臨済》雲門、宗風否《丕》いに振い、双梟双鸞の子卿叔夜、同気相求む。

天正元年《一五七三》竜集癸酉秋九月

蒙頭単対の興は、仄声のつもりで作っている。隔対の季は、語録を編集するさいに、季（年）を起こし間違えて季としたものである。

第二章　機山信玄と禅宗関山派

はじめに

井上靖『風林火山』（新潮文庫）、新田次郎『武田三代』（文春文庫）、松本清張『信玄戦旗』（角川文庫）といった小説を読むと、戦争の話ばかりで、武田信玄（一五二一～七三）の人となりは伝わってはこない。幸いにも『大日本史料』十編之十五、天正元年（一五七三）四月十二日の条には、多くの信玄に関する史料を所収する（以下、引用するものは、断らない限り『大日本史料』による）。ざっと見たところ、『天正玄公仏事法語』は、信玄の人となりを知るのに有用と思われる。

すべての法語を読むのは手に余ることから、ここでは、東谷宗杲の掛《か》真法語を中心に読むことにする。

一　信玄公七仏事

雪岑光巴の一周忌書写法華経銘に、

天正甲戌（癸酉）四月十有二日、恵林寺殿機山玄公大居士、軍中に在り薨ず。大孝男勝頼公、遺命有るに依り、喪を送らず。今茲《年》天正四年丙子四月十有六日、葬礼を普第（府）に設け、同に小祥忌《壱周忌》の辰に充つ。

というように、陣営でにわかに亡くなってから遺命により秘匿し、四年目にして一周忌と兼ねて葬礼が行われた。七仏事は、住持や尊宿に準じたもので、法語からすると、次の七導師によって営弁されたことになる。

掛真　東谷宗杲
起龕　説三宗璨
奠茶　速伝宗販
奠湯　高山玄寿
下火《あこ》　快川紹喜
起骨　鉄山宗鈍
安骨　大円智円

ちなみに、夫人の円光院殿の場合は（『山梨県史』資料編6上、一一〇一号、円光院殿仏事香語）、

鎖龕　説三宗璨
掛真　大円智円
起龕　桂岩徳芳
奠茶　鉄觜道覚
奠湯　藍田慧青
下火　快川紹喜

図6　妙心寺法系

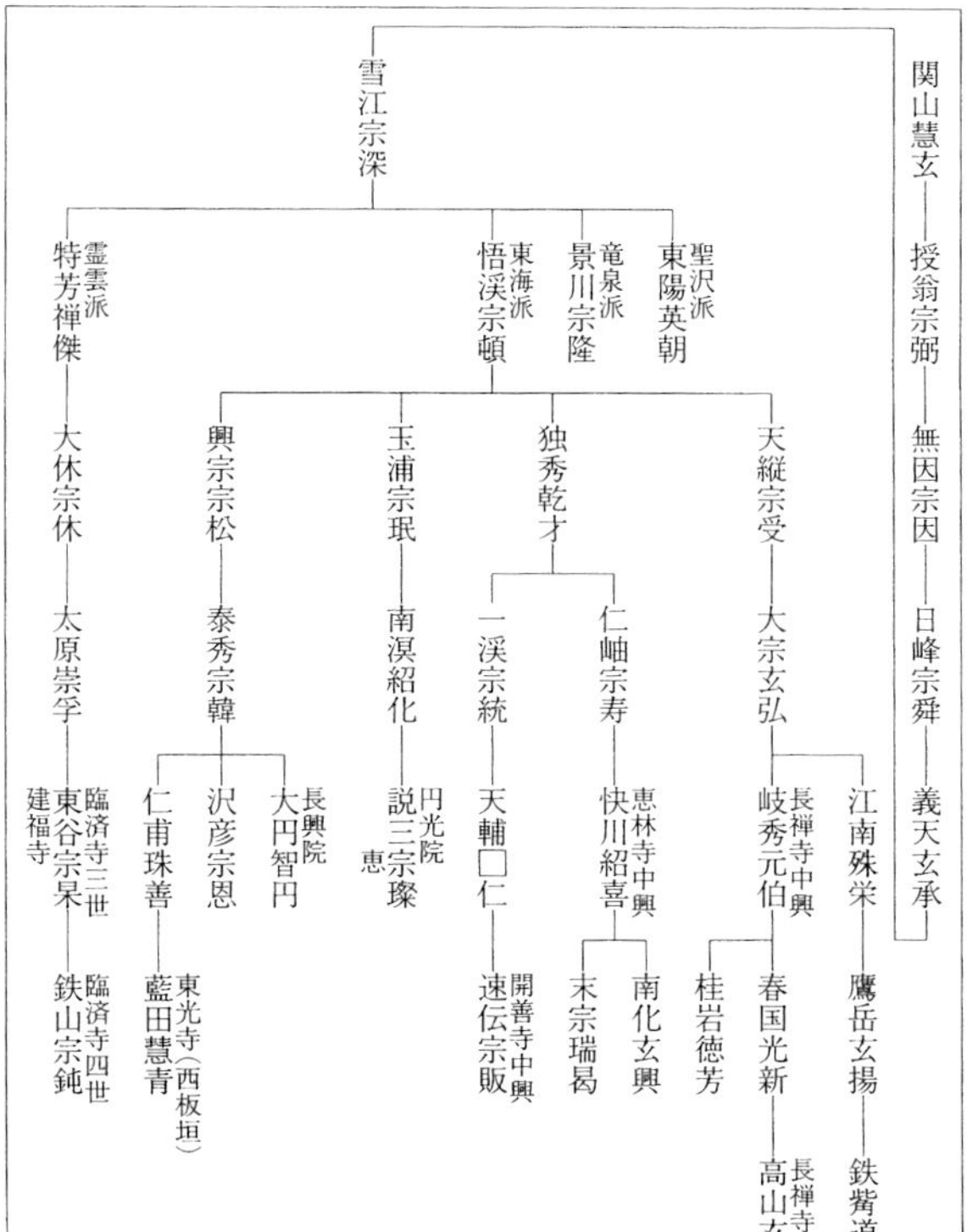

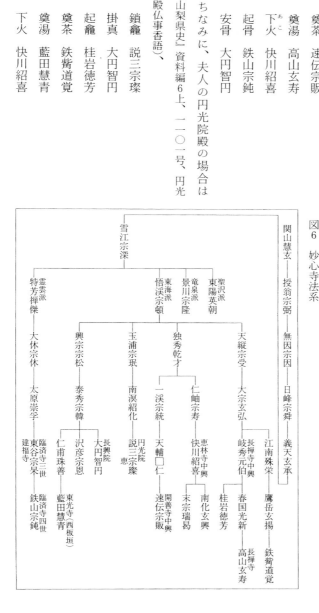

取骨　高山玄寿

安骨　末宗瑞曷

となり、七導師のはずだが、八導師となっている。後のことになるが、無著道忠『小叢林略清規』巻中、七仏事では、鎖龕・掛真・起龕・奠湯・奠茶・秉炬《ひんこ》・安骨とする。なにを七仏事とするかは、固定したものでなかったのであろうか。前頁に七仏事の導師を中心として妙心寺の法系を示す。

掛真は、肖像画を掛けて法語を読む。起龕は、龕を葬所へ移すとき、法語を唱え仏事を行う。奠茶は、茶を点て供えてのち法語を誦す。奠湯は、蜜湯を供える仏事。下火は、秉炬ともいい、松明で火を付ける仏事で、仏事の中心。起骨は、骨を塔所に送り出すこと。安骨は、荼毘ののち、拾集した遺骨を安置すること。七仏事の順序は、下火の後、安骨・起骨となる。

二　玄公掛真法語

信玄の肖像を掛けるさいの法語は、建福寺の東谷宗杲によって作文され読まれた。『信濃史料』第十四巻、天正四年（一五七六）四月十六日の条、『山梨県史』資料編6上に分ち書きを掲げるものの、なぜそこに句読が入るのか、平仄を付して提示することにする。

拈軸

扶桑国裡一英雄、

汗馬誰論蓋代功。

拈出法身無相々、
丹青容易画虚空

共惟

新捐館恵林寺殿機山玄公大居士　位登四品、
威体三公。

其芳声也伝天下、
其仁道也鳴寰中。
卜筮非熊、獲覇王之佐乎渭北、
徳輝儀鳳、開君子之国乎日東。
横槊賦詩、則学蘇新黄奇之句法、
揮毫落紙、則得顔筋柳骨之神工。
外著天台伽梨、到究竟即極果、
内唱関山佳曲、興仏心宗紹隆。
眉間掛金剛剣、
口辺吐栗棘蓬。
現法性身、住法性土、
迎正覚主、入正覚宮。
有余涅槃無余涅槃、実非滅度、

正因仏性了因仏性、本自円融。
洗滌情塵、心水清浄、
発明理地、胸月玲瓏。
一朝長星宮下墜、
世間甲子須臾終。
展軸指、咄。箇彩像。呼作真則触、呼作幻則背。
到這裡、如何弁異同。
良久。
須知背触拳頭外、
別有霊犀一点通。

蒙頭に当るところは、七言絶句の句作りで、押韻は上平声東韻である。八字称に当る所、以下、単対は二句目、隔対は四句目に東韻を踏む。四六文は、韻を踏まないのが原則なので、この法語は、賦の一種で、単対・隔対が多く用いられていることからすると、騈賦といわれるものである。(1)

軸を拈ず。扶桑国裡の一英雄、汗馬誰か蓋代の功を論ぜん。法身無相の相を拈出すれば、丹青容易に虚空に画く。

共《うやうや》しく惟みるに、新捐館恵林寺殿機山玄公大居士、位は四品に登り、威は三公を体す。其の芳声や天下に伝わり、其の仁道や寰中に鳴る。(2)卜筮は熊に非ず、覇王の佐を渭北に獲《え》、徳輝は鳳に儀《むか》い、君子の国を日東に開く。槊《ほこ》を横たえて詩を賦するとき、則ち蘇新黄奇の句法を学び、毫《ふで》を揮いて紙に落すとき、則ち顔筋柳骨の神工を得たり。

外に天台の伽梨を著けて、究竟即の極果に到り、内に関山の佳曲を唱えて、仏心宗の紹隆を興す。

眉間に金剛剣を掛け、口辺に栗棘蓬を吐く。

法性の身を現して、法性の土に住み、正覚の主を迎えて、正覚の宮に入る。

有余涅槃・無余涅槃、実に滅度に非ず、正因の仏性・了因の仏性、本自《もと》より円融す。

情塵を洗滌して、心水清浄に、理地を発明して、胸月玲瓏たり。

一朝長星 宮下に墜ち、世間の甲子 須臾に終る。

軸を展べて指し、咄《とつ》。箇の彩像。呼んで真と作さば、則ち触れ、呼んで幻と作さば、則ち背く。這裡に到って、如何に異同を弁ずるや。良久す。

須らく背触拳頭の外に、別に霊犀の一点通ずる有ることを知るべし。

東谷の「恵林寺殿機山玄公大居士掛真拙語」という法語について、以下に典拠を中心に見ることにしたい。

○汗馬は、『韓非子』五蠹篇に、「私家の事を棄てて、汗馬の労を必とし、家困しむとも上 論ぜず。則ち窮するなり」とあり、馬に汗をかかせて戦場をかけること。○拈出は、『碧巌録』四則、頌評唱に、「雪竇 一百則の公案を頌するに、一則ごとに則ち香を焚いて拈出す」とあり、とり出す。○法身は、仏の示す真理。『碧巌録』四十七則、本則評唱に、「又た教中に道う、仏の真法身は、猶お虚空の若し。物に応じ形を現すこと、水中の月の如し。又た僧 夾山に問う、如何なるか是れ法身。山云く、法身 相無し」とある。○無相々は、形を超えたものの形。○丹青は、『三体詩』高蟾、金陵晩眺に、「世間 限り無き丹青の手、一段の傷心 画くとも成らず」とあり、画家のこと。

○新捐館は、新たに亡くなった大檀那の戒名に冠する語。○芳声は、『三体詩』李群玉、贈魏三十七に、「名は珪玉に似て浄くして瑕無し、美誉 芳声 数車有り」とある。○仁道は、『文選』巻十九、張華、励志詩に、「仁の道遐からず、徳の輶《かる》きこと羽の如し」とある。○卜筮非熊、獲覇王之佐乎渭北は、『十八史略』巻一、周に、「呂尚という者有り。漁釣して周に至る。西伯《文王》将に猟せんとし、之を卜す。曰く、竜に非ず、彲《みずち》に非ず、熊に非ず、羆《ひぐま》に非ず、虎に非ず、貔《ひょう》に非ず、獲る所は覇王の輔、と。果して呂尚に渭水の陽《きた》に遇う」とある。西伯は信玄に当るとして、呂尚は誰に当てはめたらよいのか、不詳。○徳輝は、『文選』巻六十、賈誼、弔屈原文に、「鳳凰は千仞に翔けり、徳輝を覧て之に下る」とある。

○横槊賦詩は、『唐宋八家文』蘇軾、赤壁賦に、「舳艫千里、旌旗 空を蔽い、酒を釃《そそ》いで江に臨み、槊《ほこ》を横たえて詩を賦す、固に一世の雄なり」とある。○黄奇は、『詩人玉屑』巻十八、用新奇字（『臨漢隠居詩話』を引用）に、「黄庭堅は詩を作ることを喜び名を得たり。好んで南朝の人の語を用い、専ら古人未だ使わざるの一二の奇字を求め、綴葺して詩を成して、自ら以て工と為す」とある。○揮毫落紙は、『杜工部詩』巻十、飲中八仙歌に、「張旭は三杯にして草聖伝う、帽を脱し頂を露わす王公の前、毫《ふで》を揮いて紙に落せば雲烟の如し」とある。○顔筋柳骨は、『范文正公集』巻十、祭石学士文に、「曼卿の筆、顔精柳骨。人間に散落し、宝とし神物と為す」とある。○神工は、『集註分類東坡詩』登州海市幷敍に、「心《まこと》に知る見る所の皆な幻影なるを、敢えて耳目を以て神工を煩わす」とある。

○究《く》竟即は、『摩訶止観』巻一下に、「謂えらく、理即・名字即・観行即・相似即・分真即・究竟即と。此の六即は、凡より始め聖に終る」とある。修行の最後の階位を表わす完全な悟りの位。○関山は、妙心寺開山の関山慧玄のこと。

○紹隆は、『文選』巻四十四、鍾会、檄蜀文に、「今ま主上は聖徳欽明にして、紹いで前緒を隆《さかん》にし、宰輔は忠粛明允にして、王室に劬労す」とある。○金剛剣は、『碧巌録』七十三則、頌評唱に、「釈迦老子 一代時教を説き、末後に心印を単伝す。喚んで金剛王宝剣と作し、喚んで正位と作す」とある。一切のものを切るきわめて堅い剣。○栗棘蓬は、『五灯会元』巻十九、楊岐方会章に、「室中 僧に問う、栗棘蓬 你作麼生か呑み、金剛圏 你作麼生か透る」とある。とげのある栗や茨、といった呑みこむことのできないもの。

○法性身・法性土は、『臨済録』示衆に、「法性の身、法性の土、明かに知んぬ是れ建立の法、依通の国土なることを」とある。法性身は絶対の真理である真如そのもの、法性土は法性身の世界、仏国土をいう。○正覚主は、快川紹喜をさし、正覚宮は、恵林寺をさす。○無余涅槃は、『金剛経』第三、大乗正宗分に、「我 皆なをして無余涅槃に入れて之を滅度せしむ」とある。一切の煩悩を断ち切って生死の原因をなくした者が、なお体だけを残すのを有余涅槃といい、その身体までもなくしたときに無余涅槃という。○正因仏性・了因仏性は、『金光明経玄義』巻上に、「云何が三仏性。仏名づけて覚と為し、性は不改と名づく。不改は即ち是れ常に非ず無常に非ず。土内の金蔵の如く、天魔外道も、壊する能わざる所を、正因仏性と名づく。了因仏性とは、覚智は常に非ず無常に非ず、智と理と相応ずること、人の善く金蔵を知るが如し。此の智 破壊すべからざるを、了因仏性と名づく」とある。正因仏性は、本性として具わる仏性。了因仏性は、真如を明らかにする智慧を仏性といったもの。○情塵は、けがれ。『碧巌録』一則、本則評唱に、「便ち能く後頭《あと》の武帝との対譚、并びに二祖安心の処に於て、自然に見得して、計較情塵無く、一刀に截断して、洒洒落落たらん」とある。○心水清浄は、『景徳録』巻三十、牛頭法融、心銘に、「菩提の影現じ、心水常に清し」とある。○理地は、真如のこと。『景徳録』巻二十八、大達無業語に、「理地 明らめず、空しく老死に到りて成すこと無く、虚しく歳月を延ぶ」とある。○玲瓏は、『景徳録』巻三十、楽普、浮漚歌に、「外明瑩にして、内に虚を含む。内外玲瓏として宝珠の若し」とある。○世間甲子須臾終は、『三体詩』許渾、送宋処士帰山に、「世間の甲子須臾の事、仙人に逢著するも碁を看ること莫かれ」とある。

○咄は、『碧巌録』八十四則、頌評唱に、「雪竇道う、咄。這の維摩老」とある。どなること。○呼作―則触、呼作一則背は、『無門関』四十三則に、(3)「首山和尚、竹篦を拈じ衆に示して云く、汝等諸人、若し喚んで竹篦と作さば則ち触れ、喚んで竹篦と作さざれば則ち背く。汝諸人且く道え、喚んで甚麼と作す。……頌に曰う、竹篦を拈起して、殺活の令を行ず。背触交馳して、仏祖も命を乞う」とある。○拳頭は、『無門関』十一則に、「趙州一庵主の処に到り問う、有りや有りや。主 拳頭を竪起す。……無門曰く、一般に拳頭を竪起す、甚麼の為に一箇を肯《うけが》い、一箇を肯わざる」とある。○有霊犀一点通は、高橋和巳注『李商隠』(岩波書店、一九五八年、中国詩人選集)無題に、「身に綵鳳双飛の翼無きも、心に霊犀一点の通ずる有り」とある。神秘な犀の角の中心に細い穴があって通ずるのをいう。

以上の典拠を踏まえ、以下に掛真法語の現代語訳を試みることにする。

軸を取り上げていう、日本国内の並びない英雄といえる玄公の、馬に汗をかかせて戦場をかけ一世を覆う功績には誰も匹敵しない。仏法を悟った決った姿のないところを取り出し、画家は容易に虚空に肖像を描き出している。

恭しく惟みるに、新捐館恵林寺殿機山信玄公大居士は、位は四品に登り、威光は三公を体している。

その名声は天下に聞こえ、その仁の道は天下に鳴り響いている。

占いに言われた、竜でもなく、熊でもなく、諸侯の長とか天子とかを輔ける人を配下とする、と。渭水の北で太公望を釣った周の文王のような人が玄公であり、徳の輝きが鳳凰に反応したような玄公が、君子の国を東国に開いた。

矛を横ざまにかまえて詩を作ると、蘇東坡の新しさ黄山谷の珍しさといった句法を学び、筆を揮って紙上に落すと、顔真卿や柳公権の筆法の筋骨といった神の手わざを体得していた。

外には天台の衣を着け、究極円満な仏の位に到達し、内には関山慧玄の好い調べを唱え、禅宗の相承を引き立てた。

眉間には金剛王宝剣のような般若の智慧を表わし、口のまわりには栗や茨のような呑み込みがたいものを出している。

真如を悟り、仏の浄土に止まり、完全な悟りを開いた住持(快川)を迎えて、悟りの寺(恵林寺)に入れた。

有余涅槃、さらに無余涅槃というのは、まさに死没ではない。成仏のための正因・了因といった仏性は、もともと融け合い妨げのないものとなっている。

汚れを洗い去り、慈悲を映しとる心は清らかになり、真如を明らかにし、心の内はなんの曇りもない。

ひとたび長星が軍営に落ちると、この俗界の歳月はたちまち尽きてしまった。

軸を広げこれを指して、咄《どな》った。この肖像、と。これを喚んで真といったら、犯したことになり、これを幻と喚んだら、違うことになる。ここに到って、どう異同を識別したらよいだろうか、といって、しばらく黙った。

あれこれといった常識・非常識の枠外に、一点、犀の角の中に通ずる穴があるようなものを知らねばならない。それが玄公そのものを知ることになる。

この法語は、戦国大名として戦いに明け暮れただけの武将ではなく、知識人として教養をつみ、さらに関山派の禅を通して内面を掘り下げた信玄の姿を浮き彫りにする。

三　禅宗関山派

信玄の院殿号の由来をなす恵林寺は、夢窓疎石を開山とする五山派の寺である。『甲陽軍鑑』品第四、「晴信公卅一歳にて発心有て信玄と号する事」によると、信玄の若い時分には惟高妙安（一四八〇～一五六七）が住持し[4]、上条（甲府市古上条町）の法城寺では策彦周良（一五〇一～七九）が五年の間、住している[5]。信玄は、武田家はそのかみ天台宗といい、二、三代前から曹洞宗であったが、惟高・策彦に臨済宗の参徒になりたい、といったところ、両和尚は次のように答えている。

我等門派の五山は、京鎌倉共に、仏法はめつ（破滅）故、学問は門中にて仕、未来のために、参学をは、大徳寺・妙心寺へ立入申す由、被仰候。信玄公聞召、大徳寺・妙心寺、仏法いづれ勝劣ぞと、御尋あれば、両和尚御返事には、仏法に上下は無之候へ共、妙心寺は道学共に御座候。殊更、仏法少《ちと》け（険）はしく候。但大徳寺は不立文字をたて丶、一入《ひとしお》道がつよき故、妙心寺の衆も、我派中の参禅は《果》たして後、大徳寺の参禅五十（則）ほど、仕《つかまつる》げに候。いかにも大徳寺は、参が、こまか（細）なるよし承る。但入室説禅など仕たる、てい（体）たらくは、けはしき事、妙心寺関山派の様子、いさぎよく候間、大（太）守の御用には、妙心寺派御尤たるべきと、惟高・策諺（彦）両和尚の訓《おしえ》まいらせられ候は、甲州に長禅寺とて、妙心寺派の、寺あるにより、是を幸と、あるのこと（事）なり。

この記述にみえる惟高が恵林寺に、策彦が法城寺に住持していたことを史実と見ることはできない（山家浩樹「恵林寺をめぐる三題」『禅学研究』八六号、二〇〇八年）。しかし、惟高・策彦が入室参禅は、五山派ではなく、関山派の寺へ、と答えていることは、当時の五山派と林下の動向を踏まえているといえ、戦国期の多くの大名たちが妙心寺派の禅僧に師事する傾向を端的に物語っている。仁如集堯の『鏤氷集』（『山梨県史』資料編6下）に、恵林寺の住持になる策彦を送ったさいの詩と序がある[6]。

亀山（天竜寺）妙智主盟の策彦（周良）大禅師は、是れより先き航海し、大明繁華の上国に観光すること一再。帰朝の日、纜を西周に繋ぐ。西周の府君（大内義隆）、其の道風を欽《うやま》い、推奨の厚きこと、言を以て述ぶ可からず。以て国の多故と雖然《いえど》も、遂に旧址に帰す。晴月の嶺に生ずる如く、孰か仰ぎ慕わざらんや。謂っ可し亀山は師を得て其の重きを増すと。今ま也《ま》た甲州（塩山市）恵林禅刹は、正覚祖先（夢窓疎石）の挿草の大法窟なり。頃者《このごろ》主席を欠き、諸徒国君（武田晴信）に謀り、師を其の丈室に迎えんとす。峻拒することを獲ず軫《くるま》を発せんと欲す。蓋し其の志は士峰（富士山）を見んと欲するを以て心と為す者なり。是に於てか、平居 膠漆の交を講《はか》る者、鐙《あぶみ》を截《た》ち轍に臥するの情に堪えず、聊か小詩を製し、以て離索の懐を漏らすと云う。

一錫 飄然 雲又た風◎、昨遊 見尽す大明の宮◎。尋ねんと要《ほっ》す富士の天下に甲たるを、此れは是れ蓬萊 日本の東◎。
丙辰（弘治二年十月）小春日、乾城集堯。（上平声東韻）

策彦は、弘治二年（一五五六）十月には恵林寺に向ったことになる。前の住持と策彦の入院まで無住の期間があり、信玄にとって策彦の入院が待たれた。このころには人材が払底していたのであろうか、それとも、京鎌に五山僧が集住し、地方の諸山や十刹に住持するのを忌避したのであろうか。十刹の一つ興津の清見寺は、長年月に亙って断絶の地と成っていたのを今川義元の時分に臨済寺の太原崇孚が再興し、関山派に改められた。信玄が駿河に入国のさいには、臨済寺の東谷宗杲の隠居所に位置づけられている（『静岡市史』古代・中世史料、臨済寺文書三五号、千岩宗呂書状）。五山制の上では、二夏三年で次から次へと新命和尚が入寺するシステムのはずだけれども、戦国期にはそれが機能しなくなっていて、しだいに関山派の僧が、興廃していた寺を中興することになった。諸山の恵林寺の場合は、策彦に続く住持が、五山派、とりわけ夢窓派に見出せなかったといえる。

高山玄寿が信玄への奠湯法語の中で、「生前に瑞雲（岐秀元伯）の知識に親近し名字を賜い、末後に徳山（快川紹喜）の老漢に築著し挙揚を聴く」といい、岐秀元伯から名字、つまり諱と号を授けられている。これに対し信玄は戯れに次のようにいう（快川紹喜、恵林寺殿機山玄公大居士七周忌之陞座法語、散説）。

我は是れ関山の化現なり。関山の生縁は、即ち是れ高梨、号は是れ関山、諱は是れ恵〔慧〕玄。居士の生縁は、即ち是れ山梨、号は是れ機山、諱は是れ信玄。生縁と曰い、号と曰い、諱と曰い、符節を拼わすが如し、と。

快川はコメントして、「豈に戯言ならんや。全て真実の語なり。大集経に曰う、実性法性、差別有ること無し。而今　関山一派の興隆は、大居士崇敬の所以なり」とする。普通、号諱は関連し、諱の系字信は省略し、諱の二字目を号の上にもってくるので、玄機山となり、岐秀の頭の中には、『碧巌録』五十六則、本則評唱に、「良禅客は、也た不妨《いかに》も是れ一員の戦将なり。欽山の手裏に左盤右転し、鞭《むち》を墜《おと》し鐙《あぶみ》を閃《ひらめ》かすも、末後は可惜《おしい》許、弓折れ箭尽く。是の如くなりと雖《いえど》も、李将軍は自ら嘉声有るなり。封侯を得ざるも也た是れ閑。這箇の公案、一出一入、一擒一縦、当機覿面に提し、覿面当機に疾く、都て有無得失に落ちず、之を玄機と謂う」というところの玄機があったと言いうる。

信玄が、自分の号諱を関山慧玄に引き付けて解釈するのは、長禅寺の岐秀に参禅して、『碧巌録』七の巻まで参得し、さらに快川を恵林寺に拝請して檀越となる、(7)というようなことに因っている。信玄判物、恵林寺領之事（『戦国遺文』武田氏編、第二巻、九一八号）に次の文言がみえる。

右、恵林寺叢林の風度を改め、信玄(武田)の牌所と為し、一円に進献せしむるの上は、関山一派の規模を執行せられ、仏法御興隆専用なり。于《ここ》に然らば、師子〔資〕相承器量の仁を撰ばれ、御住山の事、万々の世に至るまで、相違有る可からず候。恐惶敬白。

永禄七年甲子　十二月朔日　信玄(武田)（花押）

拝進　快川(紹喜)和尚

侍衣閣下

恵林寺の五山派の規矩を改め、関山一派のための寺として寺領寄進が行われている。(8)ここで関山派という語彙を信玄が用いていることは、とくに注意すべきことといえる。この文書を見て思うことは、『甲陽軍鑑』の記載は、信玄のころの禅界の動向をも大まかに把握していると言いうるということである。

おわりに

二〇〇七年九月二十九日、東京野沢の龍雲寺にある禅センターで「信玄と禅宗関山派」と題して、東谷宗杲の掛真法語を中心に話した。それを骨子にしたのが、この小論である。

掛真仏事は、七仏事の第一に位置づけられている。信玄は戦の間に、蘇東坡や黄山谷の句法により作詩をし、顔真卿や柳公権の筆法を自己のものとして筆を揮った。天台の教えに到りえ、関山の禅に参究し、真如を悟り清らかな曇りのない心を持った人と讃える。東谷はこの法語により信玄の人となりを上手に描きだしている。残念なことに、呂尚を誰に当て、渭水はなんという川なのか、調べがつかなかった。

信玄は「何宗とても悪しくは、なされず候」と『甲陽軍鑑』に述べるように、偏執性はない。それは戦国大名として領国を経営する立場上、当然のことである。その中にあって、「我は是れ関山の化現なり」と自負しているくらいなので、妙心寺派に傾倒している一面もある。戦国期、五山派の寺が退転していくなかで、その無住の寺に住持を派遣し中興させる禅僧を供給できたのは、関山派であった。それは恵林寺のみならず、七仏事の導師を勤めた、東谷の建福寺は、もともと大覚派であり、速伝の開善寺は、大鑑派であり、高山の長禅寺は、夢窓派である、というようにかつて五山派の寺々であった。また、その寺のある信玄領国下の甲州・信州・駿州から導師が拝請されたことになる。

注

（1）『唐宋八家文』（清水茂、朝日文庫(二)、二三三頁）を手にしながら、それを再度読み直すきっかけになったのは、林田慎之助『富豪への王道 史記・貨殖列伝を読み解く』（講談社、二〇〇七年）であった。

（2）この単対を、笹本正治氏は、『武田信玄―芳声天下に伝わり仁道寰中に鳴る―』（ミネルヴァ書房、二〇〇五年）と副題に用いる。

（3）『無門関』は、山田無文老師『むもん関講話』（春秋社、一九七六年）を参看した。

（4）今枝愛真「玉塵抄著者考―惟高妙安について―」（中田祝夫編『玉塵抄』10、勉誠社、一九七二年、解説）。『山梨県史』通史編2、第十一章第一節七四一頁（二〇〇七年、山家浩樹執筆）に、「寺伝では、惟高妙安も恵林寺に住持したと伝えられるが、同時代の史料では確認できない。惟高は夢窓門派の僧である」とする。

（5）策彦が法城寺に五年間住したことは、確認できない。一住三年からすると、再住したことにもなり、首肯しがたい。

（6）策彦の恵林寺に住する山門疏が出されているはずだが、見出せない。古い山門疏では、曇芳周応が恵林寺に住持したときのものがある（『空華集』巻十九、応曇芳住慧林山門疏）。

（山名乾徳、肇元亨利貞之基、
寺拠上游、領東西南北之要。）
（登斯位者、
豈曰它人。）
某
（言簡行端、
道淳文朴。）
（著書輔教、猛陵大士袖手旁観、
分座提綱、迦葉師兄破顔微笑。）
（瞻茲慧林之喬木、
当現瑞世之曇華。）
（伯吹塤仲吹篪、心宗有頼、

（山如礪河如帯、叡算無疆。）

山を乾徳と名づけ、元亨利貞の基を肇め、寺 上游に拠り、東西南北の要を領す。斯の位に登る者、豈に它人と曰わんや。某、言簡に行端《ただ》しく、道淳に文朴《すな》お。書を著して教を輔け、猛陵大士 手を袖にして旁に観、座を分ち綱を提《さ》げ、迦葉師兄《すひん》破顔微笑す。茲の慧林の喬木を睠《かえりみ》るに、当に瑞世の曇華を現すべし。伯は塤《つちぶえ》を吹き仲は篪《ちのふえ》を吹き、心宗に頼有り、山は礪の如く河は帯の如く、叡算に疆無し。

（7） 快川の国師号は、正親町帝の宸翰は残っていないようだが、『南化玄興遺稿』（『山梨県史』資料編6下、一四八号）に写がある。

（本有円成国師(関山慧玄)九世的孫、
仁岫(宗寿)上人第一之神足、）
快川和尚（天下師表、
世上優曇。）
（令子令孫、刷恵林祥鳳羽翼、
大機大用、露徳山師子爪牙。）
（擬道体於東海百年鉄、
祝国運於南岳八字碑。）
朕遥聞師道風、睿感有余、特賜大通智勝国師之号。
天正九年辛巳九月六日
快川国師禅室

本有円成国師九世の的孫、仁岫上人第一の神足、快川和尚は、天下の師表、世上の優曇。令子令孫、恵林祥鳳の羽翼を刷し、大機大用、徳山師子の爪牙を露わす。道体を東海百年の鉄に擬し、国運を南岳八字の碑に祝す。朕は遥かに師の道風を聞き、睿感に余有り、特に大通智勝国師の号を賜う。

天正九年辛巳九月六日
快川国師禅室

なお、快川について、横山住雄「快川国師の生涯」（『禅文化』一九〇〜二〇四号、二〇〇三〜〇七年）があり、信玄について、竹貫元勝「武田信玄」（『花園史学』一九号、一九九八年）がある、あわせ参看されたい。

（8）快川の語録『紹喜録』に、「慮るに夫れ、本山遥かに隔たりて、主席数しば之を空しくするの謂《わけ》か。是に於て、源府君玄公大檀越、其の荒廃を嘆き、叢林の軌範を改め、林下の家風と作し、関山の尊宿を請じて之に住せしめ、山川観を改む」とあり、恵林寺は天竜寺から遠く、無住になることが多く、その荒廃を立て直すために、信玄は寺を五山派から林下の関山派と作した。

第三章　速伝宗販の機山玄公奠茶法語と古今事文類聚

はじめに

先に「機山信玄と禅宗関山派」（『日本歴史』七二六号、二〇〇八年。本書Ⅳ—第二章所収）と題して、東谷宗杲の武田信玄七仏事の一つ掛真法語を主に読んだ。信玄の人となりを探らんとしたものである。(1)

本章は、速伝宗販の作文になる奠茶法語（『大日本史料』十編之十五、天正元年〈一五七三〉四月十二日の条、『天正玄公仏事法語』）を中心に読んでみたい。そのさい、『信濃史料』第十四巻（一九五九年）天正四年四月十六日の条、『山梨県史』資料編6中世3上（二〇〇一年）を参看した点は、前章と同様である。

一　速伝宗販

奠茶法語の撰者速伝宗販は、号を速伝、諱を宗販といい、美濃の土岐氏の出といわれ、東海派の天輔宗仁の法を嗣いでいる。天文十八年（一五四九）信濃の小笠原信貴の懇請により開善寺を中興し、兼ねて飯田の大雄寺に住した。開善寺は飯田市上川路にあり、渡来僧清拙正澄を開山とし、諸山、ついで十刹となっている。遣明使天与清啓の住した寺としても知られる。速伝は美濃の瑞竜寺に法幢を移し、開善寺には三住し、慶長四年（一五九九）六月七日に遷化した。この間、妙心寺の住持職の詔勅を奉じて第六十一世となっている。

のちのことになるが、開善寺に速伝和尚の徽号（『信濃史料』第十八巻、慶長四年六月七日の条）が伝わる。

勅ス、

夫レ達ノ空上士、無念円明ニソ而鑑スルコトレ物ヲ、
猶ヲ二大宝蔵殿ノ、衆色交映ソ以放ツガレ光ヲ。

爰ニ妙心開山国師法裔速伝販和尚ハ

一渓ノ嫡孫、
天輔ノ真子。

戒珠琢キテ二摩尼ヲ一照シ二永闇ヲ一、
智剣磨キテ二鏌鋣ヲ一倚ル二太虚ニ一。

山畳ミテ二秀色ヲ一、拠リ二北州地勢ノ要衝ニ一、
人開キテ二善化ヲ一、応ズ二東海日多ノ識記ニ一。

曾テ有リ下固クソ二皇基ヲ一翊たすクルコト中世度ヲ上、
終ニ為ス下恢さかんニソ二宗綱ヲ一流スコトヲ中道風ヲ上。

旧価騰ガリ二桑門ニ一、
遺徳輝ク二鳳闕ニ一。

不レ堪エ二叡感ニ一、諡ソ曰ウ二本覚霊明禅師ト一。

慶応三年五月二十六日

この勅書の案文は、開善寺の書記が作成したものであろうか、最初の隔対の一句目の士●は仄●声ではなく平○声に、八

字称の渓は仄声に、輔は平声に、第二の隔対二句目の衛は平声に、三句目の化も平声にする必要がある。案文の作者は、四六文のつもりで作ったのであろう。ともあれ、速伝は本覚霊明という禅師号を慶応三年（一八六七）に賜わることになる。

北九州市の開善寺にある速伝宗販頂相（『中世信濃の名僧』四四号、飯田市美術博物館、二〇〇五年）は、頂相の向きから、左から右へと鉄山宗鈍によって賛が付けられている。

道樹一株天下涼　　道樹一株 天下涼し
英声茂実不曾蔵　　英声茂実 曾て蔵さず
袈裟角上花耶錦　　袈裟の角上 花耶錦
写出信州紅海棠　　信州の紅海棠を写《か》き出す
這ケ是信陽之開善堂頭　　這箇《これ》は是れ信陽の開善堂頭
速伝大禅仏遺像也。法乳老禅　　速伝大禅仏の遺像なり。法乳の老禅
筠州師見求賛卑語于厥上。　　筠州師見《われ》に卑語を厥の上に賛せんことを求む。
予於老禅　忝知者年維尚矣。　　予は老禅に知を忝くすること年維れ尚し。
仍不獲辞、謾綴埜偈一篇、以　　仍って辞することを獲ず、謾りに野偈一篇を綴り、以て
謹充其賛詞云。　　謹んで其の賛詞に充つると云う。
慶長十有四屠老作鄂林鐘日
鉄山叟小劣宗鈍薫手拝稿

下平声陽韻の七言絶句と後書きとからなる。

○道樹は、菩提樹のこと。『虚堂録』巻四、示妙源侍者病に、「奇なるかな一切衆生、如来智慧徳相を具有す。但だ妄想執着を以て、証《さと》ることを得ざるのみ。是に於て道樹を起《た》って鹿林に詣る」とある。○英声・茂実は、名声と大きな徳。『文選』巻四十八、司馬相如、封禅文に、「万世をして清流を激し、微波を揚げ、英声を蜚《とば》し、茂実を騰ぐるを得しめん」とある。○袈裟角は、けさのひとすみ。『五灯会元』巻十四、梁山縁観章に、「老僧の袈裟の角を湿却せしむること莫かれ」とある。○花・錦は、『景徳録』巻十七、雲居道膺章に、「設使《たと》い花を攢《あつ》め錦を簇《あつ》め、事事及び得、一切の事を及び尽すも、亦た只だ喚んで了事の人と作す」とある。○海棠は、『虚堂録』巻五、頌古、雲門云平地上死人無数に、「花の海棠に到って将に寂寞ならんとし、繡衣猶お麝香を熏ずるがごとし」とある。

菩提樹の一株は天下の人々を清《すが》すがしくし、名声と大きな徳はついぞ人目につかなかったことはない。袈裟の端には花や錦があり、信州の紅の海棠を写し出す。鉄山は、釈尊と寸分も違わない速伝の悟りの姿を読み込もうとする。速伝の行状によると、甲陽府主の信玄は速伝をことのほか礼遇し、蓮の繊維で織った袈裟を与えたという。

二　玄公奠茶法語

その殊遇を受けた開善寺堂頭の速伝が、信玄七仏事の導師の一人として奠茶師を勤めることになる。法語は次のように作成されている。

恵林寺殿機山玄公大居（士）奠茶法拙語

持茶盞

将謂濃煎北苑珍、

東呉瑞草似佳人。

挙茶盞

不籠双袖手供去、
万壑松風一盞春。切以

新捐館恵林寺殿機山玄公大居士
紅旗忠信、
玄璧精神。

武夷仙人所栽、范希文恣胸中甲兵而述意、
龐公居士要揖、松山老認手裏槖子以湿唇。

摘天産知天味、
試水路悟水因。

如瓠如梔如薔如櫚如香、雪花雨脚何足道、
曰茶曰檟曰蔎曰茗曰荈、露葉烟梢画不真。

陽崖陰嶺佳気依異、
昨日今朝品評未均。

七椀詩風清、儋州翁書盧同於壁上、
三篇経法備、竟陵僧得陸君於水浜。

両腋習々指蓬嶋帰去、
高志峨々到苕渓隠淪。

（殊絶也大瓢底為貯月、皓々乎尤可愛、
上品也浄器中雖経年、温々然竟無陳。

（香蒻封裏厚染菊水、
黄金碾畔細飛緑塵。

爰記、或人問僧、承聞大徳講得肇論、是否。曰不敢。曰肇有物不遷義、是否。曰是。或人遂以茶盞就地撲破曰、遮箇是遷不遷。僧無対。法眼代拊掌三下。即今山野不撲破、案上置茶盞、遮箇是遷不遷、大居士作麼生。正与麼時、茶炉棒（ママ）炉神出来、代大居士曰、説什麼遷不遷。諸人只看今日之霊芽、天地之英華。

（能使得日注無量奴、
快引率双井許多臣。

（碧玉枝頭億千万、
新香嬾（ママ）色秀於筠。

喝一喝。

先に見た東谷の掛真法語と同じ文章の構造になっていて、駢賦の一つといえる。上平声の真韻を踏んでいる。それを◎で示した。殊絶云々の隔対は、月愛年陳となっていて、平仄仄平とするべきであり、能使云々の単対は、奴を仄声の字にする必要がある。

茶盞を持つ

北苑の珍を濃煎せんと将謂《おも》いしに、東呉の瑞草佳人に似たり。

茶盞を挙ぐ

双袖を籠せず手づから供し去り、万壑の松風 一盞の春。／切に以《おもん》みるに、新捐館恵林寺殿機山玄公大居士は、紅旗の忠信、玄璧の精神。／武夷仙人の栽うる所、范希文 胸中の甲兵を恣にして意を述べ、龐公居士 揖を要《もと》め、松山老 手裏の棗子を認めて脣を湿す。／天産を摘みて天味を知り、水路を試みて水因を悟る。／瓠の如く梔の如く薔の如く櫚の如く香の如きは、雪花雨脚も 何ぞ道《い》うに足らんや、茶と曰い檟と曰い蔎と曰い茗と曰い荈と曰い、露葉烟梢 画くも真ならず。／陽崖陰嶺 佳気 異なるに依り、昨日今朝 品評未だ均しからず。／七椀の詩風清く、儋州翁 盧同を壁上に書き、三篇の経 法備わり、竟陵僧 陸君を水浜に得たり。／両腋習々として蓬島を指して帰去し、高志峨々として苕渓に到って隠淪す。／殊絶や大瓢底 月を貯うるを為し、皓々乎として尤も愛す可く、上品や浄器中 年を経ると雖も、温々然として竟に陳《ふ》るきこと無し。／香蒻封裏 厚く菊水に染み、黄金碾畔 細かく緑塵を飛ばす。／爰に記す、或《あ》る人 僧に問う、承聞すらく大徳は肇論を講じ得たると、是なりや。曰く、不敢。曰く、肇に物不遷の義有り、是なりや。曰く、是。或る人遂に茶盞を以て地に就いて撲破して曰く、遮箇《しゃこ》は是れ遷か不遷か。僧対うる無し。法眼代わって掌を拊すること三下。即今山野 撲破せず、案上 茶盞を置き、遮箇は是れ遷か不遷か、大居士作麽生《そもさん》。正与麽《よも》の時、茶炉の捧炉神出で来たり、大居士に代わって曰く、什麽《なん》の遷不遷とか説く。諸人只だ看る、今日の霊芽、天地の英華を。／能く日注を無量の奴に使得し、快《よ》く双井を許多の臣に引率す。／碧玉の枝頭 億千万、新香の嫩色 筠よりも秀でたり。／喝一喝す。

前近代において、下火《あこ》の法語は珍しくはないものの、奠茶の法語をそれほどは見ない。というのは、三仏事や五仏事などがあまり行われないからである。まれに行われることはあっても法語そのものが伝わらないことが多い。

三　典拠と現代語訳

右の奠茶法語について、意味を把握しようとすると、その典拠を探らざるをえない。

○北苑珍は、『夢渓補筆談』に、「建茶の美なるもの、北苑茶と号す。今ま建州鳳凰山、土人相伝えて之を北苑と謂う」とあり、『五灯会元』巻八、長慶蔵用章に、「問う、如何なるか是れ和尚の家風。師曰く、斎の前厨　南国の飯を蒸し、午後炉　北苑の茶を煎る」とあるも、直接には、『古今事文類聚続集』（以下『事分類聚』と略称）巻十二、北苑貢茶始末に、「建安北苑の茶は、太宗太平興国三年に始る。使を遣わして之を造り、象を竜鳳に取り、以て別に入貢す。……第《た》だ造る所の茶は、過数を許さず。入貢の後、市に貨る者無し、人の得ること罕なる所なり。惟だ壑源諸処の私焙茶、其の絶品亦た官焙に敵す可し。昔自り今に至るまで、亦た入貢す。その流れて四方に販うは、悉く私焙茶のみ。苕渓漁隠」とあるのによる。また丁謂の北苑焙新茶（『事文類聚』）に、「北苑の竜茶は、甘鮮的《まさ》に是れ珍」とあるのも、北苑珍という句造りに作用したであろう。

○東呉瑞草は、題茶山在宜興（『樊川文集』巻三）に、「山は実に東呉の秀、茶は瑞草の魁と称す」とあるも、直接には『事文類聚』詩句、「閩《（ママ）》実東呉秀、茶称瑞草魁」による。東呉は呉の地をさす。○似佳人は、『集註分類東坡詩』巻十三、次韻曹輔寄壑源試焙新芽に、「仙山の霊草　行雲に湿い、香肌を洗うこと遍く粉末だ匀《ととの》わず。明月来り玉川子に投じ、清風吹き武林の春を破る。氷雪心腸の好きを知らんと要《ほっ》せば、是れ膏油首面の新にあらず。戯れに小詩を作る君一笑せよ、従来佳茗は佳人に似たり」とある。これも『事文類聚』による。○松風は、『集註分類東坡詩』巻十一、試院煎茶に、「蟹眼已に過ぎ魚眼生じ、颼颼として松風の鳴を作さんと欲す」とある。『事文類聚』では、煎茶歌と題し、直接にはこれによる。松風は湯の沸く音で、松声ともいう。
○武夷仙人所栽は、『范文正公文集』巻二、和章岷従事闘茶歌に、「年年春は東南自り来り、建渓先ず暖くして氷微《や》や開く。渓辺の奇茗 天下に冠たり、武夷の仙人 古従《よ》り栽えたり。……北苑将て天子に献ぜんことを期し、林下の雄豪先ず美を闘わす。……黄金 碾く畔に緑塵飛び、紫玉甌心 翠濤起こる。……盧同は敢えて歌わざらんや、陸羽は須らく経を作るべし。……」とある。この歌も『事文類聚』に載せる。武夷山は、福建省南平市武夷山市にある。○范希文恣胸中甲兵而述意は、『十八史略』巻六、宋仁宗の条に、「范仲淹 朝に還り待制と為り、事を言うこと愈いよ急にして、数しば時政を議す。呂夷簡其の職を越ゆるを訴う。罷めて饒州に知たらしむ。……趙元昊……大夏皇帝と僭号し入寇す。西辺騒然たり。……時に軍興って多事なるも、張士遜 補う所無し。……夷簡復た相たり。韓琦・范仲淹を用いて辺帥と為す。仲淹嘗て兼ねて延州に知たり。夏人相戒めて曰く、延州を以て意を為すこと毋かれ。小范老子の胸中に自ずから数万の甲兵有り。大范老子の欺く可きに比せず、と」とある。これは『続資治通鑑長編』巻一二七、仁宗康定元年（一〇四〇）五月甲戌の条、巻一二八、八月庚戌の条、『范文正公別集』巻四、論西事箚子に基づく[2]。希文は范仲淹の字。
○龐公居士要揖、松山老認手裏槖子以湿脣は、『龐居士語録』に、「居士 松山和尚と茶を喫する次で、士 槖子を挙して曰く、人人に尽く分有るに、什麽の為に道い得ざるや。山曰く、祇だ人人に尽く有るが為に、所以《ゆえ》に道い得ず。士曰く、阿兄は什麽の為に却って道い得るや。山曰く、無言にし去る可からず。士曰く、灼然、灼然。山便ち茶を喫す。士曰く、阿兄茶を喫するに、什麽の為にか客に揖せざる。山曰く、誰ぞ。士曰く、龐公。山曰く、何ぞ更に揖するを須《もち》いんや」とある。
○如瓠如梔如薔如櫚如香、曰茶曰檟曰蔎曰茗曰荈は、『茶経』巻上、一之源に、「茶は南方の嘉木なり。……其の樹は瓜蘆の如く、葉は梔子の如く、花は白薔薇の如く、実は栟櫚の如く、葉は丁香の如く、根は胡桃の如し。……其の名は一に茶と曰い、二に檟と曰い、三に蔎と曰い、四に茗と曰い、五に荈と曰う」とあり、(3) 直接には『事文類聚』による。○雪花雨脚何足道は、『集註分類東坡詩』巻十三、和銭安道寄恵建茶に、「建渓の産する所 同じからずと雖も、一一 天は君子の性を与う。森然として愛す可く慢《あなど》る可からず、骨清く肉膩にして和して且つ正し。雪花雨脚何ぞ道うに足らん、啜過して始めて真味の永きを知る」とある。(4) ○陽崖陰嶺佳気依異は、『劉夢得文集』巻五、西山蘭若詩茶歌に、「驟雨松声 鼎に入り来り、白雲 椀に満ち花徘徊す。……陽崖陰嶺各おの気を殊にするも、未だ若かず竹下莓苔の地に」とある。『事文類聚』石園(ママ)蘭若試茶歌、劉禹錫による。

○七椀詩風清、両腋習々指蓬嶋帰去は、『玉川子詩集』に、「七椀にして喫し得ず、唯だ覚ゆ両腋習習として清風生ずるを。蓬萊山は何処にか在る、玉川子 此の清風に乗りて帰り去らんと欲す」とある。(5) これも『事文類聚』を本とする。○儋州翁書盧同於壁上は、『集註分類東坡詩』巻十三、諸仏舎に遊び、一日《あるひ》釅茶七盞を飲み、戯れに勤師の壁に書す、に、「病を示す維摩元《もと》より病まず、家に在る霊運已に家を忘る。何ぞ魏帝一丸の薬を煩わさん、且《しばら》く尽くす盧同七椀の茶を」とある。○三篇経法備、竟陵僧得陸君於水浜は、『事文類聚』陸羽茶経に、「竟陵の僧に水浜に嬰児を得る者有り、育てて弟子と為す。稍や長じて自ら筮して、蹇の漸に之《ゆ》くに遇えり。繇に曰く、鴻陸に漸《すす》む。羽用《もっ》て儀と為す可し、と。乃ち姓は陸氏、字は鴻漸、名は羽。文学有り、(6) 一物も其の妙を尽さざることを恥ず。茶術最も著る。鴻漸茶を嗜み、経三篇を著し、茶の原《おこり》・(茶)の法《つくりかた》・(茶)の具《どうぐ》を言うこと尤も備われり。天下益ます茶を飲むことを知る」とある。これは『唐国史補』巻中、『新唐書』巻一九六、隠逸の陸羽伝に基づく。

○高志峨々到苕渓隠淪は、『新唐書』本伝に、「貌《かお》は侻陋《みにく》く口吃にして弁ず。人の善を聞かば、己に在るが若く、過有る者を見れば、規《ただ》すこと切《きび》しく人に忤《さから》うに至る。朋友と燕処するも、意行く所有るや、輒ち去る。人其の多嗔を疑う。人と期すれば、雨雪虎狼も避けず。上元の初め更めて苕渓に隠れ、自ら桑苧翁と称す。門を闔《し》めて書を著し、或いは独り野の中を行き、詩を誦し木を撃ち裴回す。意を得ざれば、或いは慟哭して帰る。故に時のひと今の接輿と謂《おも》う」とある。苕渓は天目山に源を発して太湖に注ぐ川。浙江省湖州市。

○大瓢底為貯月は、『集註文類東坡詩』巻十三、汲江煎茶に、「活水還た須らく活火にて烹るべし、自ら釣石に臨んで深清を取る。大瓢 月を貯えて春甕に帰し、小杓 江を分って夜瓶に入る。茶雨已に煎処の脚を翻し、松風忽ち瀉時の声を作す。枯腸未だ易からず三椀を禁ずるを、坐して聴く荒城 長短の更」とある。○上品也浄器中雖経年、温々然竟無陳は、蔡襄『端明集』巻三十五、茶録序に、「日び進むる所の上品の竜茶は、最も精好なりと為す」とあり、炙茶に、「茶或いは年を経るときは、乃ち香色味皆な陳《ふる》し。浄器中に於て、沸湯を以て之を漬《ひた》し、膏油を刮《へら》し去り、一両重して乃ち止む。鈐を以て之を箝《はさ》み、微火炙り乾かす。然る後砕き碾《ひ》く」とあり、茶焙に、「茶焙《はいろ》は竹を編んで之を為り、裹むに蒻葉を以てし、其の上を蓋うて以て火を収む。其の中を隔てて以て容るること有り。火を其の下に納れ、茶を去ること尺許《ばかり》、常に温温然たり。所以《ゆえ》に茶の色香味を養う」とある。この茶録も『事文類聚』に収める。

○香蒻封裹は、茶録蔵茶に、「茶は蒻葉に宜しくして、香薬を畏れ、温燥を喜《この》みて湿冷を忌む。故に収蔵の家、蒻葉を以て封裹して焙中に入れ、両三日に一次火を用い、当に人体の温なるが如くすべし。温なるときは則ち湿潤を禦ぐ。若し火多きときは、則ち茶焦げて食《の》む可からず」とある。『欧陽修全集』巻一、嘗新茶呈聖兪に、「建安太守急に我に寄す、香蒻包裹して封題斜なり」とある。これも『事文類聚』にある。○染菊水は、楊万里『誠斎集』巻十七、木韞之舎人の講筵の賜茶を分送するを謝すに、「呉綾縫嚢して菊水に染む、蛮砂印を塗《ぬ》って進字を題す。……老夫七椀病みて未だ能わず、一啜猶お堪う秋夕に坐するに」とある。『事文類聚』に載録する。菊水は、『水経注』巻二十九に、「湍《たん》水又た南し、菊水之に注ぐ。水は西北石澗山芳菊渓に出ず。……源の旁悉《み》な菊草を生ず、潭澗滋液、極めて甘美を成すと云う。此の谷の水土、餐挹すれば年を長ず」とある。○黄金碾畔細飛緑塵は、右に引用した范仲淹の闘茶歌に見える。

○或人問僧……法眼代拊掌三下は、『景徳録』巻二十七にこの問答がある。『趙《じょう》州録』巻中に、「問う、如何なるか是れ不遷の義。師曰く、你道《い》え、者《こ》の野鴨子、飛びて東従《よ》り去くや、西より去くや」とあり、僧肇の物不遷論を取り上げる。僧肇は論の中で、「故に経に云う、三災弥綸するも、而も行業は湛然たりと、信に其の言なり。何となれば、果は因と俱にせず、因に因って果あり。因に因って果ありて、因は昔し滅せず。果は因と俱にせず、因は今に来らず。滅せず来らざれば、則ち不遷の致《いみ》は明らかなり」という。○茶炉捧炉神は、『碧巌録』四十八則、王太傅煎茶、本則に、「挙す、王太傅招慶に入り茶を煎す。時に朗上座、明招の与《ため》に銚を把る。朗　茶銚を翻却す。太傅見て上座に問う、茶炉下は是れ什麽ぞ。朗云く、捧炉神。太傅云く、既《すで》に捧炉神なるに、什麽の為にか茶銚を翻却す。朗云く、仕官千日、一朝に失在《うしな》う。太傅払袖して便ち去る。明招云く、朗上座　招慶の飯を喫却し了り、却って江外に去きて野榸を打す。朗曰く、和尚は作麽生。招云く、非人　其の便《たより》を得たり。雪竇云く、当時《ただ》ちに但だ茶炉を踏倒せん」とある。茶炉は風炉のこと。捧炉神は風炉を支える足に刻まれた鬼神。

○霊芽は、熊蕃『宣和北苑貢茶録』に、「陸羽の茶経、裴汶の茶述は、皆は建品を第せず。説く者但だ二子未だ嘗て建に至らずと謂いて、物の発するや、固自《もと》より時有るを知らざるのみ。蓋し昔者山川尚お閟《と》ざして、霊芽未だ露れず。唐末に至って、然る後北苑出でて之が最と為る」とある。速伝が見たのは、『事文類聚』始造建茶に、「建州大小の竜団、丁晋公に始まって蔡君謨に成る。宋の太平興国二年、始めて竜焙を置き竜鳳茶を造る。咸平中に、丁晋公は福建の漕監と為り、御茶を造り竜鳳団を進む。慶暦の間、蔡公端明は漕と為り、始めて改めて小竜団茶を造る。仁宗尤も珍惜する所なり。是の後最も精《すぐれ》し者を竜団勝雪と曰う。外に密雲竜の一品有り、号して奇絶と為す。霊芽敷圻の初に方《あた》って、常に民焙に先だつこと十余日進発す」とあるのによる。霊芽とは、よい茶のこと。○天地之英華は、右にも引いた『事文類聚』欧陽修の嘗新茶呈聖兪に、「乃ち知る此れ最霊の物為ることを、宜なり其の独り天地の英華を得ることを」とあるのによる。英華は、『宣和北苑貢茶録』に、「貢新銙大観二年造……竜鳳英華宣和二年造……興国巌小鳳」と、豊富な霊芽の一つとして、三六の細色の第一○に列せられている。

○日注無量奴、双井許多臣は、右に引用した蘇軾の和銭安道寄恵建茶の後半に、「葵花・玉銙 致し易からず、道路幽嶮にして雲嶺を隔つ。……団鳳を秕糠とし小竜を友とし、日注を奴隷とし双井を臣とす」とある。日注・双井は、欧陽修『帰田録』巻一に「臘茶は剣・建に出で、草茶は両浙に盛んなり。両浙の品、日注を第一と為す。景祐より已後、洪州双井の白芽漸く盛んとなり、近歳製作尤も精なり。……其の品遠く日注の上に出で、遂に草茶第一と為る」とある。○碧玉は、『集註分類東坡詩』巻二十二、宝山新開径に、「回観す仏国の青螺の髻、踏みて遍し仙人の碧玉の壺」とある。○新香嫩色は、右に二度引用した欧陽修の嘗新茶呈聖兪に、「新香嫩色 始めて造るが如く、遠く天涯より来るに似ず」とある。○秀於銙は、右に引いた『事文類聚』丁謂の北苑焙新茶の後半に、「頭進みて英華尽き、始めて烹て気味真なり。細香 麝に勝却す、浅色 銙よりも過ぎたり」とある。丁謂は『北苑茶録』を著わしているが伝わらない。

右の典拠を踏まえ、以下に奠茶法語の現代語訳を試みることにする。

（茶碗を持つ）天子に奉る北苑のような茶を濃く点てたところ、それは呉の地にある茶山にとれる瑞草随一と称される茶で佳人にも似ている。（茶碗を挙げて）懐手をしないで茶を点てると、多くの谷の松風のように茶釜がシュンシュンと沸き一碗の春が醸し出される。

つらつら惟みるに、新捐館恵林寺殿機山信玄大居士は、赤い旗のような忠信を持ち、黒色の璧玉のような精神の方である。

建渓（建州）の茶は武夷山の仙人が栽えたもので、范仲淹の胸中には数万の武装兵があって自由に動かせるように茶を知り、龐居士は松山和尚に会釈するように求めると、和尚は手にある茶托を持って茶を飲んだ。天からの恵みの茶を摘み、天の恵みの茶味を知り、水路を試して水因を悟った。

茶の樹は瓜蘆《かろ》のようであり、葉は梔子《くちなし》のようであり、花は白薔薇《ばら》のようであり、実は栟櫚《しゅろ》のようであり、茎は丁香《ちょうじ》のようであり、降る雪に似た泡や雨脚に似た澱《おど》みを論ずるには及ばない、その名は茶といったり、檟・蔎・茗・荈ともいったりし、露にぬれた葉やかすんだ梢は画こうとして画ききれない。日当りのよい崖、北側の峰の茶のよい匂はおのおの同じでなく、昨日と今朝とでは品評も均しくはない。

七椀の風は涼しく、という盧同の詩を蘇軾は壁の上に書き、竟陵の僧智積は陸羽を水浜で拾い育て、三巻の茶経が著わされ、茶の原《おこり》、つくり方、道具など備わったものになった。盧同の両腋の下に習々と風が生じ、その風で蓬萊山を目指し帰り去ろうとし、陸羽の高い志が山のように険しくりっぱなものがあり苕渓に到って隠れ住んだ。

とくに清軽甘潔な美《よ》い水は大きなふくべの中に月を宿し、光り輝きとりわけ愛でるべきものがあり、上品な茶は奇麗な器の中にあり年を経ていても、ぽかぽかと温めておくと少しも古びることはない。茶焙《ほいろ》は香ばしい蒲《がま》の若葉で封じ包み、水はよく甘美な菊水に染め、黄金の茶は碾《うす》でひいた側は細かく末茶が飛んでいる。

ここに思い起こす、ある人が僧に問うた、承りますのにあなたは肇論《じょうろん》を講義されているとのこと、そうでしょうか。僧がいう、どういたしまして。ある人がいう、肇論に物不遷の義があるそうですが、そうでしょうか。僧がいう、あります。ある人がかくて茶碗をその場で投げ壊していった。これは遷か不遷か。僧は答えられなかった。法眼が代って手を叩くこと三回。いま山野は打ち壊さず、机の上に茶碗を置き、これは遷か不遷か、大居士どう思います。ちょうどそのようなときに、風炉の足に刻まれた鬼神が出てきて、大居士に代っていった。どう遷とか不遷とかいう。諸人らは今日のよい茶、その一種、天地の英華だけを注目する。

日注の茶を多くの奴隷扱いをし、双井の茶を多くの臣下のように引率する。青く美しい茶の葉は億千万の多くであり、新しく香しい若い色は竹よりも優れている、といって、一喝した。

四　古今事文類聚

奠茶法語を読むことにより信玄の人となりを読み取れないものかと想ったのが、この拙文を書き出すきっかけであった。しかし、わずかに范仲淹が胸中の軍を恣にすると、タングートの西夏に対し、戦功のあった仲淹をここに挿入することは、信玄の戦国大名の資質を顕彰せんとする機縁の語と言いうるにすぎない。

ところが、典拠を調べていくうちに、速伝がこの騈賦を作文するのに用いた典籍の大半が『古今事文類聚続集』巻十二、香茶部、茶の項によっていることが判明した。この点が拙論の少しく成しえたことといえる。

栄西が『喫茶養生記』を撰述するのに用いた二二種の中国文献のほとんどが『太平御覧』に出ることを明らかにされたのは、森鹿三氏であった（『喫茶養生記』『茶道古典全集』第二巻、淡交新社、一九五八年）。その森氏が室町・戦国期には『事文類聚』や『翰墨全書』等の類書が愛用されたことを述べる。

義堂周信『空華日用工夫略集』巻二、永和二年（一三七六）三月十五日の条に、香林讖桂が韋皐のことを義堂に聞いたさいには、『事文類聚』によって調べている。「又引事文類聚」とあるので、手元においてこの百科事典を工具書として用いていたと見てよい。香林が韋皐のことを質問したことになっているが、それはおそらくは『景徳録』巻十八、玄沙師備章に、韋監軍のことがでてくる。そこで香林が義堂に韋監軍のことを訊ねたに違いない。『事文類聚』を見ると、外集巻五、斬朱泚使に、韋皐がでてくる。韋皐は節度使とはなっているが、監軍とはなっていない。監軍は節度使のお目付役で宦官の任命されるものであるので、韋監軍が韋皐であるはずがない。義堂が安易に『事文類聚』を用いたことになる。亀泉集証筆録の『蔭凉軒日録』延徳元年（一四八九）十月二十四日の条に、禅昌院殿細川政国が来訪のときに、話が『太平御覧』に及んだ。亀泉が一〇〇〇巻の書三部あり、御覧・冊府元亀・文苑英華だという。この『文苑英華』が一〇〇〇巻だということを証明するのに、亀泉は『事文類聚』の別集第二（儒学部、著書の項）、周必大、跋文苑英華後に、「臣伏して観るに、太宗皇帝……詔して三大書を脩す。太平御覧と曰い、冊府元亀と曰い、文苑英華と曰う。各おの一千巻。……」というのを引用する。とすると蔭凉軒にはこのとき『文苑英華』を架蔵していなかったことになる。万里集九『梅花無尽蔵』巻一（『五山文学新集』第六巻、243）慶暦郎官梅聖兪曰、……の七言絶句の自注に、「事文類聚第五に云う、郭祥正字は功甫母李太白を夢見て祥正を生む。少くして詩名有り。梅堯臣字は聖兪曰く、天才は是の如し、真に太白の後身なり」とある。

一つひとつ原典に当って典拠を確認することの不便な前近代にあって、類書はいかにもありがたい存在だった。五山派・林下を問わず禅林にあっては、作詩・作文は日常底のことであった。そういう社会にあっては、宋元に編纂された『事文類聚』（『事林広記』『翰墨全書』）等々の百科全書は、逸早く輸入されて工具書として用いられたといえる。上にあげた用例は五山派の人々であるが、速伝は林下の関山派に属する。

おわりに

速伝が奠茶法語を作るに当って、まず参看すべきものが『事文類聚』だったことになる。『十八史略』『龐居士語録』『集註分類東坡詩』『新唐書』『景徳伝灯録』『碧巌録』は、直接に速伝が見ているといえる。注目されるのは、『集註分類東坡詩』のうち『事文類聚』に所収されていない茶に関するものは、速伝が自分で蘇軾の詩に当らなければならない点である。室町期において五山では、「東坡山谷味噌醬油」（『芳賀幸四郎歴史論集』Ⅲ、思文閣出版、一九八一年）といわれるくらいに蘇軾や黄庭堅の詩が基礎教養として学ばれている。速伝は蘇軾をよく学んでいる点からいうと、そこに五山との差は認めがたい。

飯田の開善寺は、遣明使天与清啓の住持した寺としても周知のことであり、地方の禅刹とはいえ信州を代表する寺として諸山、ついで十刹として重きをなした。この寺を中興したのが、速伝であり、寺には禅籍をはじめ内典・外典が架蔵され、速伝が法語等を作詩・作文するのに閲覧に供しえたといえよう。

注

（1）信玄の人となりを法語を用いて探らんとしたものに、渡辺世祐『武田信玄の経綸と修養』（更級郡教育会、一九二九年）、山家浩樹「仏事法語にみる引用二題」（『山梨県史のしおり』『山梨県史』資料編6中世3上、附載、二〇〇一年）がある。

（2）竺沙雅章『范仲淹』（白帝社、一九九五年、一九九頁）参看。

（3）『茶経』は、布目潮渢『茶道古典全集』第一巻（淡交新社、一九五七年）を参看。

（4）『集註分類東坡詩』は、『蘇軾詩集』（中華書局、一九八二年）、それに小川環樹・山本和義『蘇東坡詩集』（筑摩書房、一九八三〜九〇年）を参看。

（5）拙稿「来々禅子謀茶榜」（『日本歴史』六九七号、二〇〇六年。本書Ⅲ―第三章所収）参看。
（6）陸羽について、西脇常記「陸文学自伝考」（『唐代の思想と文化』創文社、二〇〇〇年）がある。

あとがき

初校の校正中に、「栄西《ようさい》と中世博多展」が福岡市博物館二〇周年記念として始まり、展観の会場では引っ切り無しに「ようさい」というアナウンスが耳に入り、別な会場に足を踏み入れたかの感があった。建仁寺塔頭両足院の伊藤東慎氏は「寺伝では「ようさい」という」とするが、寺伝必ずしも正しいとはかぎらない。教場では「明庵栄西《みんなんえいさい》」と習った。明庵が号であり、栄西が諱である。庵も西も平声であり、二四不同とはならない。道号の明庵は、師匠の虚《き》庵懐敞が付けたのであろうか。本来は号と諱がある場合には号でいうのが筋だが、栄西の方が通称になっているのは、のちに禅宗が盛んになってから考えだされたのかもしれない。とはいえ、『元亨釈書』巻二、栄西伝には、「明庵と号す」とあるので、鎌倉末には号が知られていたことになる。

私の悪いくせで、細かいことが気になる。

ところで、本書は以下のような雑誌等に掲載されたものである。

Ⅰ　墨蹟文書にみる日中の交流

第一章　五島美術館蔵「山門疏」考（『日本歴史』六二八号、二〇〇一年七月）

第二章　板渡の墨蹟（『禅文化研究所紀要』二六号〈永島福太郎先生卒寿記念論集〉二〇〇二年十二月）

第三章　徳敷の墨蹟（『日本歴史』六五九号、二〇〇三年四月）

第四章　両浙の寺院をめぐった日本僧（『八―一七世紀の東アジア地域における人・物・情報の交流―海域と港市の形成、

民族・地域間の相互認識を中心に―』〈平成十二年～平成十五年度科学研究費補助金研究成果報告書、研究代表者村井章介〉二〇〇四年三月)
第五章　東隆寺蔵諸山疏（『禅文化研究所紀要』二八号〈加藤正俊先生喜寿記念論集〉二〇〇六年二月）

Ⅱ　墨蹟にみる法語・鐘銘・頂相・入寺疏・祭文・印可状
第一章　建長寺の鐘銘（『禅学研究』八五号、二〇〇七年二月）
第二章　蘭渓道隆の法語（『禅学研究』八六号、二〇〇八年一月）
第三章　禅林四六文小考（『文藝論叢』六二号〈河内昭圓教授退休記念〉二〇〇四年三月）
第四章　寂室和尚を祭るの文（『日本歴史』六八三号、二〇〇五年四月）
第五章　竺仙梵僊の墨蹟（『禅学研究』特別号〈小林圓照博士古稀記念論集〉二〇〇五年七月）
第六章　正木美術館蔵道旧疏（『禅学研究』七八号、二〇〇〇年三月）

Ⅲ　禅林の四六文・駢賦
第一章　五山における入寺疏（『東アジア海域文化交流のなかの五山禅林』(I)〈文部科学省科学研究費補助金特定領域研究「東アジアの海域交流と日本伝統文化の形成―寧波を焦点とする学際的創生―」文献資料研究部門シンポジウム、浅見洋二編輯〉二〇〇七年九月）
第二章　蘭渓道隆の四六文（『文藝論叢』六八号〈若槻俊秀教授退休記念　中国学論叢〉二〇〇七年三月）
第三章　来々禅子諜茶榜（『日本歴史』六九七号、二〇〇六年六月）

Ⅳ　戦国武将への肖像画賛と法語
第一章　山内一豊夫人と南化玄興（『日本歴史』七一二号、二〇〇七年九月）

第二章　機山信玄と禅宗関山派（『日本歴史』七二六号、二〇〇八年十一月）
第三章　速伝宗販の機山玄公奠茶法語と古今事文類聚（『日本歴史』七三七号、二〇〇九年十月）

ここ一〇年に亙る小論集ということになる。前著第八章「外交官としての禅僧」で、日本の禅僧が中国の士大夫官僚にも準えられる教養を備えた知識人であったことを跡付けようとして入寺疏を読み、それに連なるのが本書の各章である。森三樹三郎先生から音通や反切を習い、入矢義高先生から平仄を習った、そのことが禅林四六文へと連なっているように思われる。その四六文の典拠を調べていて、『碧巌録』にも目を通すことになる。『碧巌録』を岩波文庫や、同じ岩波の現代語訳を見ても、なかなか理解できない。そのようなときに、山田無文老師の『碧巌録全提唱』（禅文化研究所、一九八五〜八八年）を見ると、納得がえられることが多く、今更のように老師の力量を再認識することになった。

ともかく読めなくて、あちらこちら探りながらどうにか一つひとつの小論を発表した。小論の中には、竺沙雅章先生や衣川賢次教授の指摘により訂正を加えたところもあり、お礼申し上げる。
古稀に近くなり、このままではいけないと思い、ご相談したところ吉川弘文館で出版できることになり、それには同社、一寸木紀夫・並木隆の両氏、製作に当たっては歴史の森の関昌弘氏にお力添え戴いた、この上なく感謝申し上げたい。

二〇一〇年十一月十五日

栽松館に之を記す

西　尾　賢　隆

索　　　引

あ　行

か　行

さ　行

た　行

な　行

は　行

ま　行

や　行

ら　行

わ　行

著者略歴

一九四二年　石川県に生まれる
一九六四年　花園大学仏教学部卒業
一九七〇年　大谷大学大学院文学研究科博士課程単位取得
現在　花園大学文学部特任教授、博士（文学、大谷大学）

〔主要著書〕
中世の日中交流と禅宗　中国近世における国家と禅宗

中世禅僧の墨蹟と日中交流

二〇一一年（平成二十三）二月十日　第一刷発行

著　者　西《にし》尾《お》賢《けん》隆《りゅう》
発行者　前田求恭
発行所　株式会社　吉川弘文館
郵便番号一一三―〇〇三三
東京都文京区本郷七丁目二番八号
電話〇三―三八一三―九一五一〈代〉
振替口座〇〇一〇〇―五―二四四番
http://www.yoshikawa-k.co.jp/

印刷＝株式会社　理想社
製本＝株式会社　ブックアート
装幀＝山崎　登

中世禅僧の墨蹟と日中交流（オンデマンド版）

Digital Publishing

2018年10月1日　発行

著　者　西尾賢隆《にしおけんりゅう》

発行者　吉川道郎

発行所　株式会社 吉川弘文館
〒113-0033 東京都文京区本郷7丁目2番8号
TEL 03(3813)9151(代表)
URL http://www.yoshikawa-k.co.jp/

印刷・製本　株式会社 デジタルパブリッシングサービス
URL http://www.d-pub.co.jp/

西尾賢隆(1942〜)
ISBN978-4-642-72894-2